从零开始学炒股：新手炒股入门两星期

范旗◎编著

XINSHOU CHAOGU RUMEN LIANG XINGQI

SPM
南方出版传媒
广东经济出版社
·广州·

图书在版编目（CIP）数据

从零开始学炒股：新手炒股入门两星期／范旗编著. —广州：广东经济出版社，2015.4（2015.7）
ISBN 978－7－5454－3736－2

Ⅰ. ①从… Ⅱ. ①范… Ⅲ. ①股票投资－基本知识 Ⅳ. ①F830.91

中国版本图书馆 CIP 数据核字（2014）第 296348 号

出版发行	广东经济出版社（广州市环市东路水荫路 11 号 11～12 楼）
经销	全国新华书店
印刷	广东天鑫源印刷有限责任公司 （广州市海珠区工业大道南瑞宝路）
开本	787 毫米×1092 毫米　1/16
印张	13.25
字数	226 千字
版次	2015 年 4 月第 1 版
印次	2015 年 7 月第 2 次
书号	ISBN 978－7－5454－3736－2
定价	38.00 元

如发现印装质量问题，影响阅读，请与承印厂联系调换。
发行部地址：广州市环市东路水荫路 11 号 11 楼
电话：（020）38306055　37601950　邮政编码：510075
邮购地址：广州市环市路水荫路 11 号 11 楼
电话：（020）37601980　邮政编码：510075
营销网址：http：//www·gebook. com
广东经济出版社常年法律顾问：何剑桥律师

序　言

股票市场是一个魅力无穷的市场，我们只需要选对时机、买对股就可以轻轻松松地从股市获取利润，实现“睡觉时也能赚钱的梦想”。相对于其他的投资产品（如：基金、银行理财产品、保险、储蓄、期货等）来说，股票的魅力无疑是巨大的。一种投资产品的魅力主要体现在三方面：一是它的预期收益性如何，二是它的风险程度如何，三是它的入门门槛如何。股票在相对较短的时间内上涨的潜力往往是巨大的，有些黑马股极有可能在短短几十日内出现翻倍走势，这种巨大的预期收益率是股票吸引众多投资者的最为重要的原因之一。但股票市场毕竟也是一个涉及专业知识较多的市场，而且，要想稳健地获利，我们就要控制好风险，善于分析、善于学习，并在实践中积极摸索股市的运行规律。但是，对于仍然徘徊于股市之外的投资者来说，如何能快速、真正地理解这个市场？如何能快速掌握关于股票市场、上市公司、股价走势等方面的内容？如何在最短的时间内熟悉股票交易的获利方式，并较为熟练地掌握它？这些疑问对于新入股市的股民来说是迫切需要解决的。解决得好，我们可以节省精力并在最短的时间开始我们的股市交易之路；解决得不好，我们既浪费时间与精力，也难以实现在股市中获利的目的。

股票市场是一个面向广大普通投资者的市场。在本书中，我们将在深入浅出的理论介绍与丰富多样的实例讲解的基础之上，来看看股票的价格是如何随着企业的高速成长，或是随着大盘的持续上涨而出现成倍增长的，通过股票价格在二级市场中的快速上涨而获得巨大的差价利润正是股民所梦寐以求的。本书由浅入深地介绍了投资者在开始炒股后所遇到的方方面面的知识、技能、方法等。在第一天的内容中，我们以初学者的身份来接触股票这种看似熟悉、但我们却仍不了解的概念，使读者快速了解到股票究竟为何物，我们常听到的“股份公司”、“绩优股”等概念又具体指代了什么。在第二天的内容中，我们详细地介绍了股票市场这一交易场所，可以使读者对股票市场有一个整体的认识。在第三天的内容中，我们介绍了参与股票市场的不同投资主体的特点。股票市场是不变的，但介入某一只个股、某一类个股的资金主力往往是截然不同的，这是促使个股走势发生根本变化的内医所在。在第四天的内容中，我们讲解了投资者入市流程及交易指南。这一部分内容主要用于指导尚未入市的投资者，及对股市基本交易制度仍较为陌生的投资者。在第五天的内容中，我们结合投资者申购新股的流程讲解了新股上市流程。要知道，我们除了可以在股票市场中通过买卖股票来获利外，还可以通过申购新股实现获利；虽然新股的中签率较低，但是对于资金量较多的投资者来说，这不失为一种无风险的套利模式。第六天与第七天是本书的重点内容之一，我们把目光重点放在了上市公司的市场行为上。如果不理解上市公司的这些市场行为，对于股价的变化，我们往往就会感到莫名其妙，只有很好地理解这些市场行为的实质，我们才能真真正正地提高把握价格走势的能力。在第八天的内容中，我们讲解了大盘指数的概念，并解读了大盘指数与个股之间的牵制关系。不了解大盘指数，我们就难以理解个股的走势，因为个股的走势往往是在大盘的牵制下运行的。股市的获利之道在于“低吸高抛”，低价买入、高价卖出就可以实现获利，但是，想要成功地展开低吸高抛的操作，绝不是一件易事；而且，长久的获利之道也不能取决于运气。此时，我们就需要掌握预测股价走势的方法。对于预测股价走势的方法而言，虽然形式上有各种各样，但是，我们可以把它们统分为两种：一种是基本面分析法，一种是技术面分析法。在第九天的内容中，我们初步介绍了这两方面的内容。第十天与第十二天是用于介绍股市的趋势运行规律的，这同时也是个股的运行规律。第十天为知识性内容，第十二天则为指导实盘操作的技术性内容，两天的侧重点不同，以帮助读者快速地理解趋势，并学会判断趋势、把握趋势。第十一天、第十三天、第十四天的内容在结合实例的基础上，详细地讲解了股市中的两大分析方法，内容主要介绍提高投资者的买卖能力、掌握预测价格走势的方法，是对前面基础性知识的一种升华；毕竟在股市中，只有真正地准确预测价格的走势才能打开获利之门。

Contents 目　录

第四天　投资者入市流程及交易指南

第五天　新股上市全程接触

第六天　上市公司的市场行为解读 1

第七天　上市公司的市场行为解读 2

第一天　全方位接触股票这种“票”

第一节　股票交易的历史渊源

股票市场作为一种金融交易市场，它有着的悠久的历史渊源，股票至今已有将近400年的历史。在17世纪初，由于工业革命的推动、资本主义的快速发展，使得很多企业有着迫切的融资要求。为了可以更好地吸引社会的闲散资金，将其集中起来用于企业发展、推动工业化进程，于是，出现了向社会公开发行、由股东共同出资经营的企业组织，即：股份公司形态，投资者通过买股份企业所发行的股票后，就等于拥有相应份额的企业资产、并可以从企业的发展中获得较高的利润回报。

从16—18世纪的一两百年间，是所谓的“重商主义”时代。当时的欧洲各国政府为了掠夺大量的黄金、白银，于1602年成立了全世界第一家国营企业——荷兰东印度公司，而这家公司就是世界上第一家公开发行股票的公司。荷兰东印度公司是一家从事海运业务的公司，主要从事荷兰至亚洲之间的贸易运输。由于当时各国、各洲之间的频繁贸易往来，这一业务的发展前景可以说潜力十足，荷兰东印度公司当时发行了价值650万荷兰盾的股票。荷兰东印度公司之所以能成功发行如此多的股份，根本原因是它合理的治理结构，保障了股民的利益，但是远洋航行所承担的风险也是极大的，而且很多持股者在买入一段时间后也往往有将股票变现的要求。基于这些需求，股份制的公司、股票以及股票市场就在人们这种分散投资的需求中诞生了。据文献记载，早在1611年就有一些商人在荷兰的阿姆斯特丹进行荷兰东印度公司的股票买卖交易，形成了世界上第一个股票市场，即股票交易所。

股份制公司制度使得企业可以面向社会公众募集资金，而买入股票的投资者则可以分享企业赢利后的利润回报；股票市场的出现则使得这些股票可以转手买卖，方便了股票的兑现，使股票具备较高的流通性。当股份有限公司这种企业形态及股票市场这种交易方式出现以后，它的优越性立刻被很多快速发展的资本主力国家所借鉴、引入，成为资本主义国家企业组织的重要形式之一，也成为近代以来最为重要的一种金融组织形态。正是基于股份制的公司组织形态可以将社会上的大量闲散资金形成一股“合力”来做大、做强、做精，这才演绎了近代以来经济走势的高速发展。

虽然面向大众的股份制公司制度看似对企业的发展起到了极大的推动作用，但它同样极大地惠及了那些买入股票的股民，可以说，只要企业发展潜力大、赢利能力强，股民从中所获利的回报是要远远高于同期的银行利率的。就以荷兰成立的这家东印度公司为例，从1602年到停发股息的1782年，平均每年股息高达18%，而鼎盛时期的股息竟然高达40%；1602—1782年，荷兰东印度公司分配给股东的股息总额大约等于股本的36倍。

相比于国际而言，我国的股票交易市场的出现要晚得多。随着改革开放、计划经济向市场经济的转型，股票市场作为推动经济发展、提供企业融资渠道的一种重要形态，股份制和股票也适用于我国社会主义市场经济。对于企业来说，可以通过向社会公开发行股票筹集资金用于生产经营；对于国家来说，国家可通过控制多数股权的方式，用同样的资金控制更多的资源；因而，这种组织形式在国内也顺理成章地开花结果。中国内地股票交易市场目前有两个，分别是位于上海的上海证券交易市场和位于深圳的深圳证券交易市场。对于股票市场的知识，我们会在后面的章节中进行介绍。

第二节　什么是股票？它有哪些特点

股票（Stock or Share）是由股份有限公司发给投资者以证明其所持股份的一种有价证券。股份制公司通过向社会公众或是特定对象发行股票来募集资金用于企业的发展，而购买了股票的持有者（即股东）则对股份公司的部分资本拥有所有权。简单来说，我们可以这样理解股份制公司、股票、股东之间的关系：股份制公司将其全部资产等额划分为若干股，投资者每买入一股就相当于拥有了相应份额的上市公司资产。股份制公司是一个以营利为目的经济体，公司经营得好，其总资产自然会节节高升，因而，原来的每一股股票也会相应的出现增值；反之，若公司经营不善，则股票会贬值。此外，公司创造的利润往往还会以红利的方式回馈给持有股票的股东。

虽然股票仅仅是一种有价证券，但它的特点绝不止这些，对于任何一种金融衍生品来说，投资者在买入它时，都希望它可以不断地升值，且有良好的兑现性；同样，对于股票来说，收益性与流通性正是其最大的特点。

一、股票的收益性

对于持有股票的股东来说，他所买入的其实并不是股票，而是股票直接指代的企业，这样，通过股票的方式，股东与企业之间建立起了利益共存的特点。好的企业可以创高额的利润，作为对投资人的回报，企业或是通过送股的方式、或是通过派发红利的方式来将这些利润回报给股东。通过买入股票从而分享企业所创造的利润，这是投资者买入股票的最初目的。但是，通过企业的分红或送股来获取收益显然已不是投资者当前买股票的根本原因，投资者买股的根本原因在于股票价格可以不断上涨。促使股票价格上涨的因素主要有两种：一是随着企业的赢利能力不断增强、规模不断扩大，原有的每股股票的价值及价格自然也会是水涨船高。例如：某一企业最初的资产只有100元，它发行了100股，则每股只值1元。随后，由于企业的不断成长、不断赢利，企业成功地将原有的100元总资产升值到1000元，那么，此时的每股就值10元了。二是由于股票具有流通性，可以在二级市场转手买卖，这使得股票的价格可以被人为地“炒”高。正是由于这两点因素，使得股票的预期收益率往往极为诱人，从而使得大量的投资者参与到股市的买卖交易中。

二、股票的风险性

收益永远是与风险共存的，预期收益率越大，则预期的风险度也越高。投资者在买入股票后，自然希望企业的赢利能力可以步步高升；然而，有的时候并非如此：基于同行业内的不同企业之间的竞争加剧，或是企业管理层的不作为、宏观经济运行不理想等要素，都极有可能使得企业赢利较为艰难，甚至出现亏损的情况。股票直接反映着这家企业的经营状况，因而，股票价格也往往会出现下跌。此外，买股票的风险还在于时机的错误。当一家企业的股票价格远远高于它的实际价值后，即使企业的赢利不下滑、发展前景仍旧不错，但是这种过高的价格还是会经常出现。例如：某家企业的总资产为100元，共有100股，而当时的股票价格却达到了5元/股，股票价格远远高于其实际价值。这些股价远高于价值的情况一般称为“泡沫”，当股价达到泡沫区后，若投资者买入该股，则往往会面临着较大的风险，而且这种风险远大于企业赢利能力下滑所导致的股价下跌的风险。

三、股票的流通性

所谓的流通性，是指股票可以转手卖出。在全球任何一个股票市场中，对于持有流通股的股东来说，股票都是可以转手卖出的（特别情况除外，例如限售股），股票的持有者可将股票按照相应的市场价格转让给第三方，这种卖出行为也意味着同时将股票所代表的股东身份及各种权益转让给受让者。流通性只体现了股票可以转手卖出这一层含义，但是，依据当前的市场价格，投资者是否可以顺利卖出呢？这就涉及流通性的高与低了。一件艺术品，人们可以说它值1亿元甚至10亿元，但是这并不能代表什么，单方面的叫价并不代表有买家会买它，很明显，这件艺术品的流通性是较差的。但对于股票来说，这种情况是不存在的。股票市场是一个参与数众多、流通性极强的市场，据中国证券登记结算有限公司最新披露的数据显示，截至2010年4月30日，沪深两市共有A股账户1.426亿户，B股账户247.45万户；有效账户1.242亿户，由此可见参与A股市场的交易者队伍庞大。可以说，国内的股票市场是一个流通性极好的市场，对于持仓量不是很大的投资者来说，只要股票能涨到多高的价位，他就可以在多高的价位上获利抛售。

四、股票的法律效力

股票是股东身份的象征，它象征着股东对上市公司的一种资产所有权；同时，它也具有明确的法律效力：一旦投资者买入某一企业的股票后，就意味着企业与股东之间具有了受法律保护的经济关系。股票是与发行企业共存亡的，企业的发展可以为股东带来丰厚的回报；若企业经营不善、出现破产时，则企业必须结清负债，并把余下的资产平分给持有股票的股东。

第三节　投资者获得股票的途径有哪些

股票代表了企业的资产，但对于企业的这些净资产而言，不同类型的投资者其获得股票的途径往往也不同。一般来说，获得股票的途径有四种：

第一种是企业的发起人在将企业改制为股份制公司后，会依据其持有的资产数量而获得相应份额的股票数量。例如：国内的很多国有企业或私营企业其原有组织方式并非是股份制的形式，当这些企业转型为股份制后，资产所有者就以获得股票的方式来代表其所拥有的资产份额。

第二种是企业转型为股份制公司后，为了扩大经营、发展业务，此时往往需要募集较多的资金，但这些企业此时并没有上市面向大众发行股票，而仅仅是面向特定的内部投资者、机构投资者、专门的风险投资基金等对象筹资。这种股票也称为原始股，是指在公司申请上市之前发行的股票原始股都是面值 1 元，若企业经营得好，后期可以上市的话，则上市后净资产会有很大幅度的提高。原始股的购买机会是十分有限的，这些股票由于没有上市，因而并不具有流通性；而这些企业一旦成功上市，则持有原始股的股东将获得高额回报，因而“原始股”也是“赢利”的代名词。

第三种是投资者在新股上市前从一级市场中申购得来的（注：关于新股的上市流程，我们将在随后的章节中进行介绍）。股份制公司在上市前要通过一级市场来发售，机构投资者一般在网下申购，其中签概率较大；但申购所得的股票往往有一个限售时间，即股票上市交易后，这些机构投资者要过一段时间后才能卖出这些在网下申购所得的股票。对于普通的散户投资者来说，则可以通过在网上申购的方式获得股票，但中签率相对较低（即由于申购资金远远大于股份公司所募集的资金数额，从而出现严重的求大于供的局面），因而会经常出现无法申购成功的情况。对于那些可以在网上幸运地申购到股票的投资者来说，当这些股票正式登陆二级市场后，则可以随时卖出。而且，新股在上市首日的涨幅往往极大，多的能达到几倍，少的一般也有百分之几十，成功申购到新股的投资者既可以选择持股待涨，也可以选择获利了结。

第四种是普通投资者获得股票的最为广泛的一种方式：直接从二级市场中购得股票。只要投资者在券商处办理了开户手续、并在保证金账户中存入资金后，即可以直接从A股市场中（上证A股市场及深证A股市场）购入上市公司的股票。这些经批准上市的企业所发行的股票首先在一级市场发售，一级市场发售完毕后，这些股票才可以登陆二级市场进行买卖交易；当企业成功登陆二级市场后，这些企业就称为“上市公司”。除了较为特别的限售股外，上市公司的股票最具流通性，投资者可以在二级市场中方便地买进卖出。

第四节　什么是股份公司

股份公司（也称为股份有限公司）是指由一定人数以上的股东组成，公司全部资本分为等额股份，通过发行股票及其他证券，把分散的资本集中起来经营的一种企业组织形式；股东以其所持股份为限对公司承担责任，公司以全部资产对公司的债务承担责任。

一、股份公司与独资企业的不同之处

通过对股份公司的定义，我们可以看出，股份公司与个人独资经营的企业存在着显著的不同。首先，股份公司的资本不是由一人独自出资形成的，而是由众多的股东共同出资形成的，可以说，股份公司的资产是属于全体认购股份的投资者的。投资者依据其所持有的股份数额，从而获得了与公司资产相对应的那部分份额，即股份公司的资产所有权属于全体股东。其次，股份公司的组织方式极大地方便了企业募集资金的渠道。企业为了后期的发展或是还清债务，往往有着募集大量资金的需求。对于个人独资企业来说，它所能募集资金的方式往往只有向银行借贷、寻求合作伙伴、自己掏腰包等为数不多的几种途径；但对于股份公司，特别是对于那些

成功上市的股份公司来说，它们还可以通过向全体股东增发股份，或是发行债券的方式等途径来募集资金。这些募集资金的方式无疑更利于企业的发展，因为募集所得的资金（除公司债券外）是既没有利息，也不偿还的。在国内股市中这种情况最为常见，我们经常可以看到上市公司增发股份募集资金的行为。

二、股份公司制度的优点

股份公司制度是社会化大生产的必然产物。社会化大生产要求企业应有足够的实力与规模在某一领域内做大、做强，只有企业具备了一定的规模，它才更有竞争力、才能生产出更多质优价廉的商品，而股份公司这种制度恰好能够满足这些要求。这是因为：首先，股份公司通过招股集资的方法能够集中巨额资本，满足大生产对资本的需求；其次，股份公司在组织管理上采取了资产所有权与企业经营权分离的方式。这种组织管理模式借鉴了资产阶级政治理论中三权分立的学说，是一种权利明确、分工详细的组织方式，管理层与股东有着共同的利益关系，企业发展得好，则管理层的薪金也会水涨船高，而股东也能够实实在在地获得企业发展所带来的利润。这种组织方式既有利于企业管理层部署经营战略，也有效地保证了股东的资产所有权。而且，股份公司的股东仅以自己的出资额为限对公司债务负责，当公司资不抵债而宣告破产时，此时股东最多就是赔掉了购买股票时的本金，并不需为公司变卖资产后仍亏欠的债务进行偿还。

三、股份公司的组织管理结构

一般来说，股份公司的组织管理结构主要包括：股东大会、董事会、董事会下设的专门委员会、监事会、经理部等。股份有限公司的股东大会由股东组成。

股东是公司资产的所有者，股东依法享有参与公司重大决策，并对相关问题进行表决的权力。但由于股东往往并不是直接参与公司的经营管理，因而，股东需要有一个可以行使其权力的机构，股东年度大会正是股东行使其权力的机构。股东年度大会一般是一年召开一次，且应在每个会计年度终结之后半年内召开。此外，当公司有重大事项需要决议时，也可以召开临时性的股东大会。股东大会依法可行使以下职权：（1）决定公司的经营方针和投资计划；（2）选举和更换董事，决定有关董事的报酬事项；（3）选举和更换由股东代表出任的监事，决定有关监事的报酬事项；（4）审议批准董事会的报告；（5）审议批准监事会的报告；（6）审议批准公司的年度财务预算方案、决算方案；（7）审议批准公司的利润分配方案和弥补亏损方案；（8）对公司增加或减少注册资本作出决议；（9）对发行公司债券作出决议；（10）对公司合并、分立、解散和结算等事项作出决议；（11）修改公司章程。

董事会是依照有关法律、行政法规和政策规定，按公司或企业章程设立并由股东大会选出，同时由股东大会授予决策、管理权的部门。股东是公司的资产所有者，为了让公司可以更好地发展、使公司的资产不断增值，股东们需要选出一批精明能干、训练有素、业务精通、眼光独到的专业人士来领导公司发展。正是基于此种原因才出现了董事会。对于本公司内部各部门来说，董事会是从事组织、管理的领导机构，对于本公司的经营战略、发展目标来说，董事会全权处理公司的对外经济活动。董事会行使的职权主要包括：（1）制定公司的基本规章制度；（2）执行股东大会的各项决议；（3）负责召集股东大会，并向股东大会报告工作；（4）审核和批准公司的重大经营决策并确定经营方针；（5）制定公司的发展规划、年度经营计划、年度财务预算方案、决算方案、赢利分配方案等；（6）决定公司内部管理机构的设置；（7）聘任或者解聘公司经理，并根据经理的提名，聘任或者解聘公司副经理、财务主管人员等高级管理人员，决定其报酬事项。

董事会是一个独立的、完整的决策层，但上市公司规模庞大，若董事会事必躬亲，不仅没有必要，而且也是对管理层运行效率的极大浪费。在董事会下设若干独立的委员会，并由这些专业委员会部分地行使董事会的职权，可以更为有效地发挥董事会的作用。委员会的权力来源，主要是来自董事会的授权；董事会对各委员会的授权方式，主要是通过由董事会制定各委员会的议事规则或工作职责来实现。根据中国证监会和前经贸委联合发布的《中国上市公司治理原则》（2002 年），中国上市公司已经普遍设立了审计委员会、薪酬与考核委员会、提名委员会和战略委员会四个委员会。

监事会由股东代表和适当比例的公司职工代表组成，是由股东选举产生的监督董事会领导下的公司管理机构经营绩效以及是否履行了相关职责的机构。一般来说，监事会行使下列职权：（1）检查公司财务；（2）对董事、高级管理人员执行公司职务的行为进行监督，对违反法律、行政法规、公司章程或者股东会决议的董事、高级管理人员提出罢免的建议；（3）当董事、高级管理人员的行为损害公司的利益时，要求董事、高级管理人员予以纠正；（4）提议召开临时股东会议；（5）依照《公司法》的有关规定，对董事、高级管理人员提起诉讼。

总经理主要负责管理各个部门、主持公司日常生产经营管理工作；根据董事会决定，对公司大额款项的调度和财务支出款项进行审批；代表公司对外洽谈、处理业务，签署合同和协议；提请聘任或者解聘副经理、财务负责人等高级管理人员。

第五节　普通股、绩优股是如何区分的

股票是股东身份的象征，但在股票市场中，我们常听到关于股票类型的各种说法，例如：普通股、优先股、蓝筹股、绩优股、大盘股、小盘股，等等。其实，这些称呼是基于不同的划分标准而得来的：普通股与优先股是以股东享有的权利与义务为划分标准；绩优股、蓝筹股、ST 股等则是以上市公司的业绩为划分标准；大盘股、小盘股是以上市公司的股本为划分标准。（注：对于普通投资者来说，一般只能参与已上市公司的股票买卖，因而，我们在讨论时只讨论那些已上市公司的股票，上市公司的股票可以在上海或深圳证券交易所自由买卖。）

一、普通股的明确定义

普通股，通俗地说，也就是我们常说的股票，它是指那些在上海和深圳证券交易所上市交易的股票。这种类型的股票在上市公司的经营管理、赢利、财产的分配等方面享有普通权利，对公司的剩余财产（公司的剩余财产是指公司在偿还了债务之后的余下资产）具有索取权。普通股是发行量最大、最为重要的股票，也是股票的一种基本形式。

在了解普通股时，我们还应关注普通股的持股者身份。依据投资主体的不同，可分为国家股、法人股、个人股，等等。国家股是有权代表国家投资的部门或机构以国有资产向公司投资而形成的股份，包括以公司现存国有资产折算成的股份。由于我国大部分股份制公司都是由原国有大中型企业改制而来的，因此，国有股在上市公司股本中占有较大的比重。在A股市场中，那些规模庞大的公司大多是国家持股比例较高的企业，这使得公司的经营权与绝大多数资产所有权仍牢牢地掌握在国家手里，既巩固了公有制的主体地位，也使得国家可以通过控股的方式来控制更多的资金、资源以寻求发展。法人股是指企业法人或具有法人资格的事业单位和社会团体以其依法可支配的资产投入公司形成的股份，法人股的出现可以说是法人经营自身财产的一种投资行为。个人股是社会个人或公司内部职工以个人合法财产投入公司而形成的股份，对于广大投资者来说，其所持有的股票均为个人股。普通股的持股者，（即股东）依法享有公司决策参与权、利润分配权、优先认股权（如果上市公司因扩张而增发股票募集资金时，现有的普通股持股者有权按其持股比例，以低于市价的某一特定价格优先购买一定数量新发行的股票，从而保持其对公司所有权的原有比例）、剩余资产分配权等基本权利。

二、蓝筹股、成长股、垃圾股、大盘股、小盘股的模糊区分

“普通股”这一概念可以说是一种置身于股市之外的术语，当我们在股市买卖股票时，往往更关注上市公司的业绩情况、发展潜力等因素，因为这些因素直接决定了该股票的后期价格走势。从中长期的角度来说，股票的价格是与上市公司的资产情况相对应的，上市公司发展得好、资产增值的速度快，则其股票的含金量自然也会是水涨船高、步步上升；反之，若上市公司赢利下滑、资产逐步缩小，则其股票也自然会相应贬值，从而导致其价格走低。依据上市公司的经营情况、业绩情况、后续发展潜力等因素，我们可以把股票分为蓝筹股、绩优股、成长股、垃圾股、ST股等类型；此外，我们还可以依据上市公司的股本规模将其划分为大盘股、中盘股和小盘股。

大盘股、中盘股和小盘股这种划分方法很好理解，它体现了上市公司的总股本情况。对于国内的股票市场来说，我们可以把总股本超过 10 亿元的股票看作是大盘股，把总股本在 3 亿～10 亿元之间的看作是中盘股，把总股本小于 3 亿元的看作是小盘股。当然这种划分方法并不严格，例如：对于工商银行（601398）与中联重科（000157）这两只股票来说，我们可以认为它们都是大盘股，但工商银行的总股本达到千亿元的数量，而中联重科的总股本只有近 20 亿元；因而，在实际讨论时，我们也许会称呼像工商银行这一类的股票为超级大盘股，但这种过细的划分是没有必要的。之所以要介绍大盘股、中盘股、小盘股的概念，是因为上市公司的未来发展潜力、业绩增长预期等因素往往与股本规模有着密切的联系，投资者只需知道股本规模对于上市公司的发展、股票价格的变动有较大的影响力即可。

下面我们再来看看蓝筹股、绩优股、成长股、垃圾股、ST 股是怎么回事。蓝筹股也可以称为大盘蓝筹股，它往往是价值投资的重点对象。在海外股票市场上，投资者把那些在其所属行业内占有重要支配性地位、业绩优良、成交活跃、红利优厚的大公司股票称为蓝筹股。在国内股市中，蓝筹股的含义与此相似，这类上市公司往往有着较大的市场占有规模、销售渠道广、公司规模大、市场形象良好，而且公司的业绩增长也较为稳定、红利优厚、股价走势稳健。我们可以很容易地判断出一只股票是否为蓝筹股，这类股票是机构投资者及价值投资者关注的重点。但是蓝筹股也有明显不足之处，这就是企业因为已经具备了庞大规模，因而其未来增长过于明确、其增长潜力往往并不值得期待。

成长股与蓝筹股不同，成长股是指那些具备高速成长、高速扩张、潜力十足的上市公司股票。一般来说，这类上市公司在某一领域内做得很专、很精，并且由于公司规模仍然不大（相对于大盘蓝筹股来说），因而，后续的发展、成长潜力及市场空间仍然十分巨大。如果说买股票就是选择公司的未来的话，那么，购买成长股无疑是最好的选择。但相对来说，成功选中一只成长股往往是极为困难的，这需要投资者既能准确地把握住行业的发展前景、也要对上市公司的管理能力、开拓能力有一个清晰的认识。对于普通投资者来说，虽然可以从财务报表、年报等公开披露的信息中了解到上市公司的一些情况，但仅凭这些来捕捉成长股是远远不够的。此外，布局成长股往往也是一种“压宝”的方式，毕竟在各行各业中都存在着较强的竞争，企业的未来发展仍然面临着很多不确定的因素。

绩优股是介于蓝筹股与成长股之间的一类股票，这类股票的业绩较为明确，而且上市公司的规模也不像蓝筹股那样过于庞大。但是这类公司的未来发展潜力却并不突出，未来业绩增长点有限；此外，由于公司在同行业中地位不如蓝筹股公司那样突出，对整个行业的走势影响有限，它往往也会受到经济波动或是产品价格暴涨暴跌等因素的影响，其业绩稳定性相对蓝筹股而言要差一些。

垃圾股与ST股同指那些业绩较差公司的股票。国内股市有规定，对于那些连续两年亏损的企业要实施特别对待，即在其股票名称前面加一个ST；而对于连续三年亏损的企业则还要在ST前面加一个“*”，表示这只股票有退市的风险。垃圾股是指那些业绩微薄或处于亏损边缘企业的股票。这类企业所创造的利润既无法实施分红派息，甚至还难以维持企业自身运转所需要的各项费用。垃圾股与ST股只代表企业某一阶段所处的境地，但当企业成功地引入优质资产，或是大胆改革、开始增强赢利能力后，它一样可以变为绩优股。而那些绩优股若是管理层不思进取、对市场判断错误，也一样可以慢慢地沦为垃圾股。可以说，垃圾股与绩优股并不是绝对的，我们应辩证地看待它们。

第六节　股票的魅力何在

股票市场的诞生及上市公司发行股票的制度虽然对经济发展起着不可或缺的作用，但是对于广大的普通投资者来说，股票不过是众多投资渠道中的一种，而相对于其他的投资产品（如：基金、银行理财产品、保险、储蓄、期货，等等）来说，股票的魅力无疑是巨大的。投资产品的魅力主要体现在三方面：一是它的预期收益性如何；二是它的风险程度如何；三是它的入门门槛如何。股票的上涨潜力是巨大的，有些黑马股极有可能在短短几十日内出现翻倍走势，这种巨大的预期收益率是股票吸引众多投资者的最为重要的原因之一。风险与收益成正比，股票的风险自然也相对地高于银行理财产品、保险等投资方式。但是股票的这种风险并不是不可回避的，它取决于投资者对后市的判断能力，只要善于分析、善于学习，并在实践中积极摸索股市的运行规律，投资者就可以最大限度地规避股市所带来的风险。可以说，预期性收益较高，而且可以通过积极的战略部署来规避它所蕴含的风险，正是广大投资者偏爱股票投资并积极学习股票投资的最大原因。此外，投资者入市炒股的门槛是极低的，它不需要投资者有太多的专业知识，也不需要投资者拥有大数额的资金，因而可以说，股票市场是一个面向广大普通投资者的市场。下面我们结合实例来看看股票的价格是如何随着企业的高速成长，或是随着大盘的持续上涨而出现成倍增长的，通过股票价格在二级市场中的快速上涨而获得巨大的差价利润正是股民所梦寐以求的。

图1－1为置信电气（600517）2006年7月至2008年2月期间走势图（注：笔者用K线图来显示此股的走势过程。关于K线的具体解读方法，将在随后的章节中介绍，在此，读者只需通过K线图看懂此股的大概走向即可）。从图中标注可以看到，此股在这一年半的时间内竟然出现了近30倍的上涨幅度，其涨幅足以令人瞠目结舌！虽然此股的大幅上涨有2007年牛市带动的原因，但牛市的带动还不足以致使此股如此上涨。股票的价格在很大程度上取决于上市公司的价值，上市公司的高速成长、赢利能力快速增强是催生大牛股的关键所在。查看此股在2006—2008年间的业

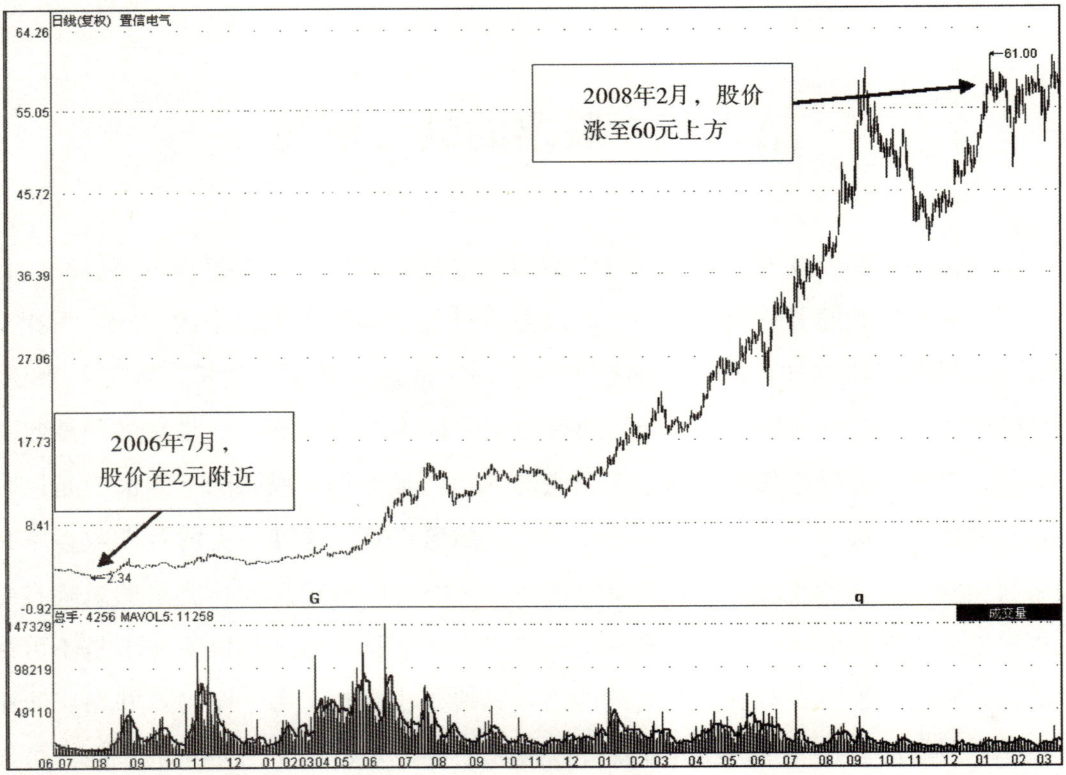

图1－1 置信电气2006年7月至2008年2月期间走势图

绩预报可以看出，此股的业绩是呈几何级数速度上涨的。下面我们就来详解一下此股的业绩高速增长与股价成倍上涨是如何同步呈现出来的（注：对于新入市的股民来说，在理解以下的内容时可以遵循一条线索，即公司的业绩高增长与股价的上涨往往是同步出现的。能否理解公司的业绩是否出现快速增长是关键所在）。

2006 年 4 月 24 日，此股发布业绩公告："置信电气 2006 年 1～3 月每股收益 0.052 元，净利润同比增长 102%；报告期内，在利润总额中所占的比例比上一报告期大幅增加，主要原因是公司持股 40%的上海日港置信非晶体金属有限公司非晶合金铁芯产量增加，利润较上年同期大幅度增加所致。"可以看到，此股的业绩高速增长是源于子公司主营业务的大幅提升，而且这种增长潜力仍有待释放。要知道：一种产品一旦出现供不应求的情况，则上市公司就极有可能借助此产品生产数量的快速扩大而实现业绩的高速增长。对于置信电气来说，这种销售火暴的产品是"非晶合金铁芯"。2006 年 8 月 14 日，此股发布半年报："G 置信 2006 年 1～6 月每股收益 0.151 元，净利润同比增长 330.61%。"而且置信电气给出了业绩高速增长的原因，只要我们善于分析这些内容，很容易就看出置信电气的发展前景是极大的。

首先，置信电气的发展前景与国家的经济战略布局完全吻合：在我国"十一五"规划中，明确提出要"实现 2010 年人均国内生产总值（GDP）比 2000 年翻一番"，"单位国内生产总值能源消耗比'十五'期末降低 20%左右"的要求。同时，国家也加大了对城乡电网改造的投资力度，这些都使置信电气面对着全新的市场机遇和巨大的市场空间。国家发改委 2005 年 11 月 28 日发布了《中华人民共和国电力行业标准——配电变压器能效技术经济评价导则》，并从 2006 年 6 月 1 日正式实行。其中，提出了综合能效费用法（TOC 法），"该方法综合考虑了变压器价格、损耗、负荷特点、电价等技术经济指标对变压器经济性的影响，帮助变压器用户全面、正确地认识高效节能变压器的经济性，选择最经济、合理的配电变压器，并推动高效节能变压器的使用"。这一办法的发布，对置信电气非晶合金变压器的销售起了很大的推动作用。置信电气的非晶合金变压器相对于传统的硅钢型变压器，在寿命期内持续节能，效果显著，因此，国家和各地电网公司对使用非晶合金变压器这一环保节能产品的认识上趋于统一，并加大对非晶合金变压器的推广力度。报告期内，置信电气非晶合金变压器获得配电变压器节能产品认证资格，并将入选政府采购节能产品清单。

其次，上市的置信电气在这一历史机遇面前进行了大胆的扩张：“（1）公司与江苏帕威尔电气有限公司共同向江苏帕威尔置信非晶合金变压器有限公司增资1000万元，扩大非晶合金变压器的生产能力，为江苏电力市场提供环保节能的非晶合金变压器。（2）公司使用募集资金1000万元，在青浦工业园区成立全资子公司上海置信电气非晶有限公司，生产和销售非晶合金变压器。”

当然，这两笔各1000万元的增资还稍显力度不足，随后，置信电气继续进行快速的资本扩张。2006年10月16日发布消息：“置信电气拟将募资3757.93万元改投对非晶公司增资。”2007年2月5日发布消息：“置信电气拟公开增发不超过2200万A股，投向非晶合金变压器项目。”在面对难得的历史机遇的情况下，上市公司实施的快速扩张、充分地把握住了机会，因而其业绩也是成倍的增长：此股在2006年的业绩同比增长幅度达332.86%；2007年的业绩同比增长幅度达150.18%；与业绩成倍增长相呼应的是上市公司二级市场中的股价也打着滚地往上翻。

图1-2为五粮液（000858）2005年1月至2008年1月期间走势图。如图所示，

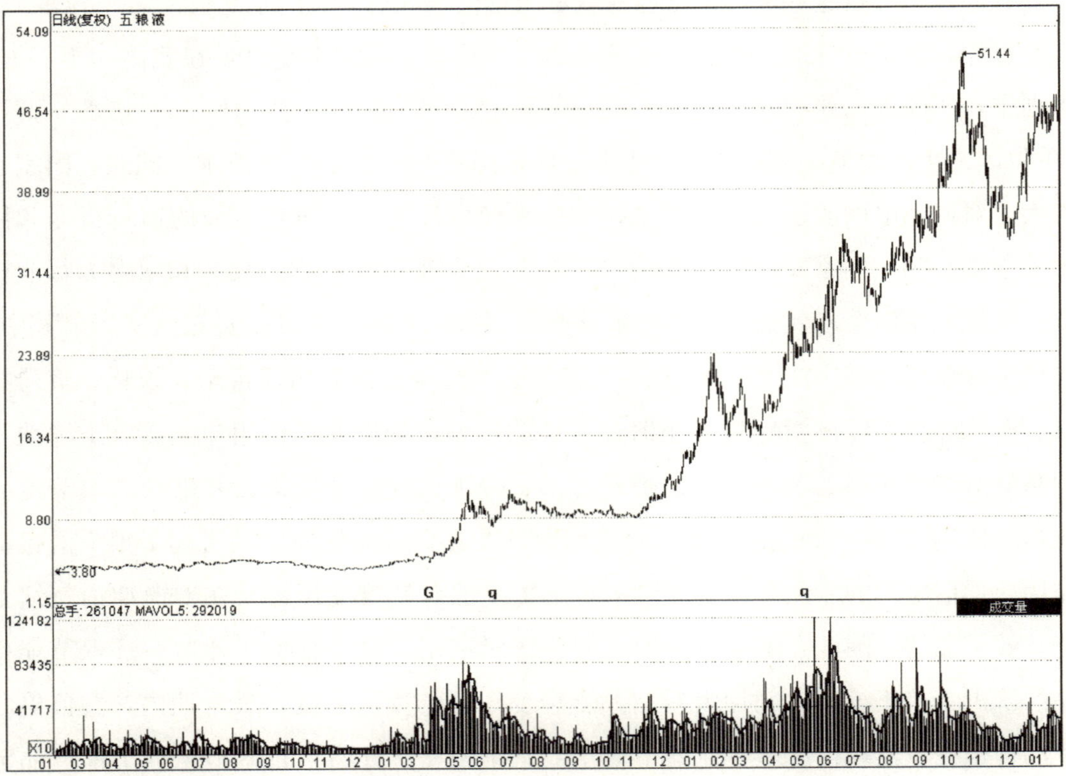

图1-2　五粮液2005年1月至2008年1月期间走势图

此股在这长达3年多的时间里，股价的上涨保持了又稳又快的势头，这种股价的持续上涨正是源于上市公司业绩的逐步增长。买股票就是买预期，是买股价上涨这种预期，当然，从中长线的角度来看，也是买企业的成长预期。如果我们认为一家企业有着良好的发展前景、开阔的市场空间，就可以在个股股价估值合理的状态下买入。（注：对于什么是股价的估值合理区间，笔者会在随后的章节中讲到。一般来说，当二级市场中的股价明显地高于上市公司实际价值时，我们称这种状态为“高估”或“泡沫”；反之，当股价明显低于上市公司的实际价值时，我们则称这种状态为“低估”；估值合理区间则是上市公司的二级市场股价能较好地反映出其当前的实际价值。很明显，“低估区”是最好的中长线买入布局时机，但这样的机会并不多。对于广大投资者来说，在估值合理的区间买入那些成长性好的企业股票也不失为一个好选择。）

当然，通过买股票投资于上市公司的未来发展自然是股票的一大魅力所在，但股票的魅力却远不止此；以上市公司的发展潜力、发展前景为依据来购买股票的方法，只能算是一种中长期的买入策略。如果我们查看一下沪深两市的个股走势就会发现：很多个股在没有业绩支撑的情况下，或是由于消息刺激、或是由于资金推动、或是由于符合当前市场热点等原因，竟然可以出现短期内翻倍的走势。这种个股我们将其称为短线黑马股，它们创造了时间与收益的最完美组合，它们也是投资者梦寐以求的投资品种。对于如何操作这些个股？如何提前把握这些个股？如何结合消息、题材、主力资金的动向进行操作？笔者将在后面的章节中详细地介绍。

下页图1-3为海虹控股（000503）在2009年8月8日至12月13日期间走势图。如图标注所示，我们可以看到，此股不仅在短短数日内出现了快速上涨走势（短期涨幅达50%），而且在随后的一个多月时间里更是持续攀升。总的来说，此股在短短一个多月的时间里出现的翻倍走势，结合当时的市场热点，我们了解到，2009年正是国家大力推动扶持物联网产业的一年。2009年8月7日，国务院总理温家宝在无锡微纳传感网工程技术研发中心视察并发表重要讲话，表示中国要抓住机遇，大力发展物联网技术；2009年8月26日，工信部总工程师朱宏任在中国工业经济运行2009年夏季报告会上表示，我国也正在高度关注、重视物联网方面的研究；2009年9月11日，工信部传感器网络标准化工作小组的成立，标志着我国将加快制定符合我国发展需求的传感网技术标准，力争主导制定传感网国际标准。从一系列

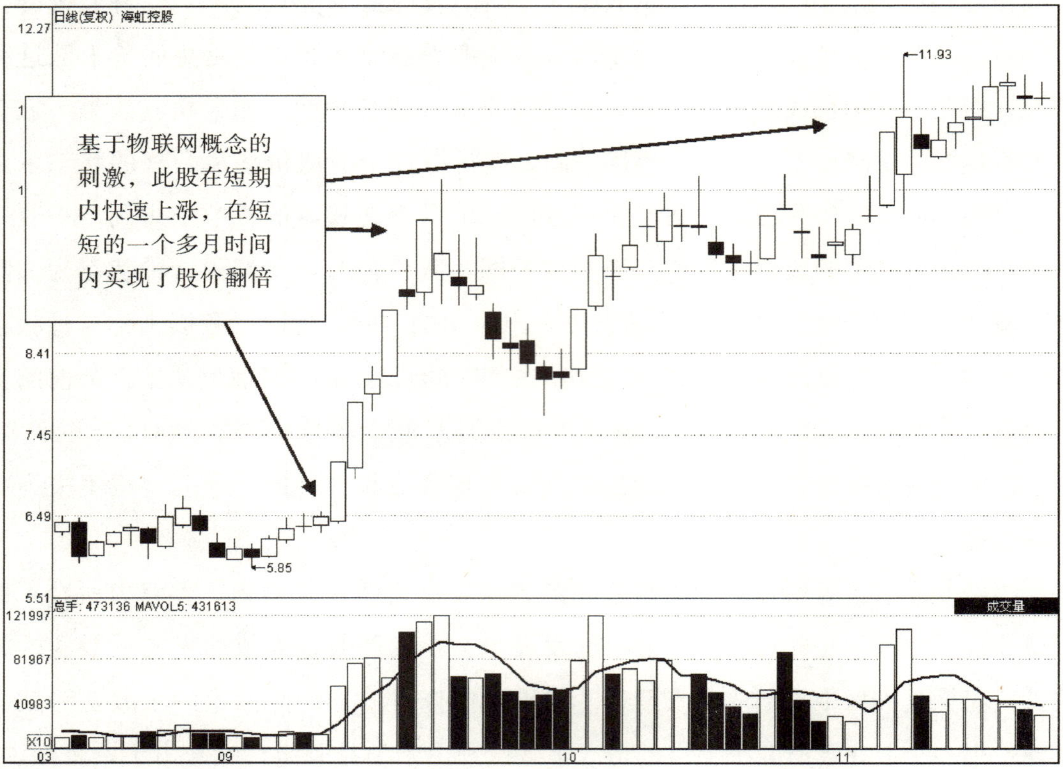

图 1－3　海虹控股在概念刺激下的短期翻倍走势图

的政策导向来看，物联网行业的发展前景无疑是广阔的。那么，什么是物联网呢？“物联网”的概念是在 1999 年提出的，它的定义很简单：把所有物品通过射频识别等信息传感设备与互联网连接起来，实现智能化识别和管理。结合政策导向，股市中的热点也开始转向物联网概念。海虹控股正是基于其所具有的物联网概念而获得了主力资金的炒作，从而出现了这种短期快速上涨直至翻倍的走势。可以说，把握好市场热点就可以从股票的短期快速上涨走势中获取高额的利润；相对于那些长期持股以获利的中长线投资策略来说，股市的这种短期高额回报率更具魅力。当然，催生个股短期快速上涨的原因有很多，例如：主力资金建仓后对个股的拉升、产品价格上涨对公司的利好刺激、重大资产注入事项、区域或行业利好政策引导，等等。虽然这些事项具有利好性质，似乎可以为上市公司的未来发展描绘出诱人的前景，但这并不是促使个股上涨的根本原因所在。在个股短期强势上涨的背后，我们也应了解股市特有的运行方式：重时、重势，当然也重在主力资金的参与炒作。本书在随后的章节中，将详细介绍个股是如何实现短期快速上涨的，这也是新股民在入市后最关心的话题之一。

图 1－4 为深天健（000090）在 2009 年 8 月 19 日至 12 月 11 日期间走势图。如图所示，此股在短短一个多月的时间内，股价实现了翻倍的增长，而这种上涨甚至没有明确的消息面来支撑。一般来说，我们可以将这种上涨归结为主力资金的推动所致。那么，什么是主力资金呢？主力资金就是股票市场中主导力量，它们手握重金，可以通过大量买入一只个股以达到对个股的走势有较强的控制力。如何发现主力踪迹、如何分析主力意图呢？这就需要我们对个股的盘面走势进行技术性分析。这些内容也是新股民在涉足股市后提升自己预测价格走势能力的关键所在。对于这些技术性分析的内容，笔者将在随后的章节中进行讲解。

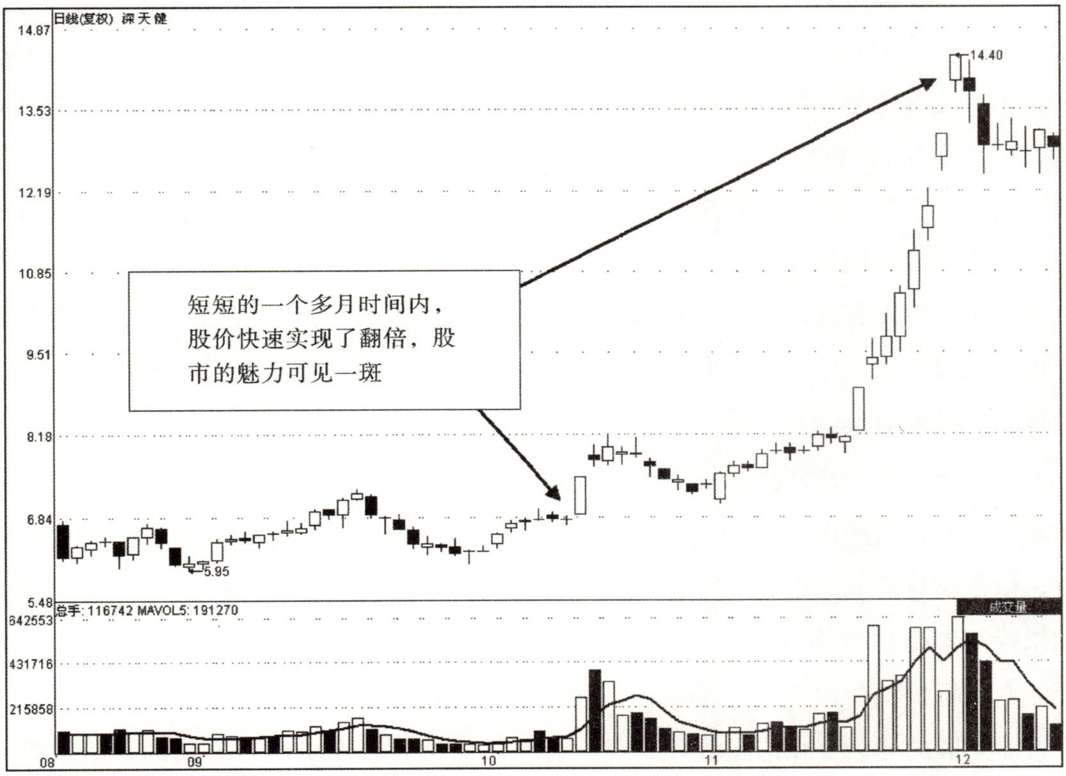

图 1－4　深天健股价短期暴涨示意图

第七节　股票的风险何在

股票的魅力是建立在其巨大的潜在预期收益上，但经济学的常识告诉我们，风险永远与收益成正比。股票的风险性是指投资者在买入股票后很可能会因买入时机错误、企业赢利逐步下滑等原因促使股价下跌，从而使投资者产生经济利益损失。股票的最大风险是投资者亏掉了所有的本金：投资者在买入一只股票后，这家企业逐年亏损，最后退出股票市场，这样投资者就会亏掉所有本金。在此，我们要记住的是：持有股票的股东并不承担企业在资不抵债而宣布破产后的债务责任，当上市公司资不抵债而进入破产清算程序后，股东最多也就是亏掉了买股票时所投入的资金。对于企业的亏损、破产、退市这种风险，投资者是完全可以防范的，因为上市公司若是连续两年亏损，即会被扣上 ST 的帽子；连续三年亏损而有破产、退市倾向时，则还会在 ST 前面加一个“*”号。只要投资者不参与这些连年的亏损股，是不会出现亏掉全部本金的这种风险的。当然，亏掉所有本金只是一种最极端的风险形式，投资者在买股票时，更多的是面临着个股业绩下滑、股市系统性下跌、利空消息突然来袭等因素从而导致亏掉部分本金这种风险的。下面我们结合实例来看看股市中的风险何在？炒股的风险何在？了解这些内容，有助于我们从一个更为全面的角度理解投资股票的利与弊。

下页图 1－5 为浦发银行（600000）2007 年 9 月至 2008 年 11 月期间走势图。如图标注所示，此股在 2007 年 9 月至 2008 年 1 月这段时间内，其股价还处于 30 元附近；但是随着其下跌走势的展开，到 2008 年 9 月之后，此股的股价已跌至 8 元区间。如果投资者在 2007 年 9 月买入此股并且一直持有至 2008 年年底，则每股将亏损 20 元左右，亏损幅度达 70%。那么，此股的这种大幅下跌原因何在呢？其实，如果我们查看此股的业绩变化情况就会发现，它的业绩是一直保持稳步增长的，似乎股价的变动已经脱离了业绩。其实，只要我们对此股的走势进行深入研究的话，这种大幅度的下跌是完全可以预测出来的。首先，此股在 2006 年中期至 2007 年 9 月这段时间内，其股价一路从 5 元区涨至 30 元区，股价的上涨速度远远超过了上市公司的业绩增速。可以说，这使得其二级市场的股价处于明显的高估状态，即我们所说的泡沫区间；而从中长线的角度来看，泡沫状态是难以持久的，股价必然要向上市公司的真实价值靠拢。“涨得过多、过快”，而公司的业绩又跟不上，这是导致此股出现暴跌走势的原因之一。其次，国内的整个股市在 2008 年也是处于持续下跌的走势中，个股的走势往往与股市整体息息相关，在股市整体下跌的带动下，此股自然也是一路下滑。

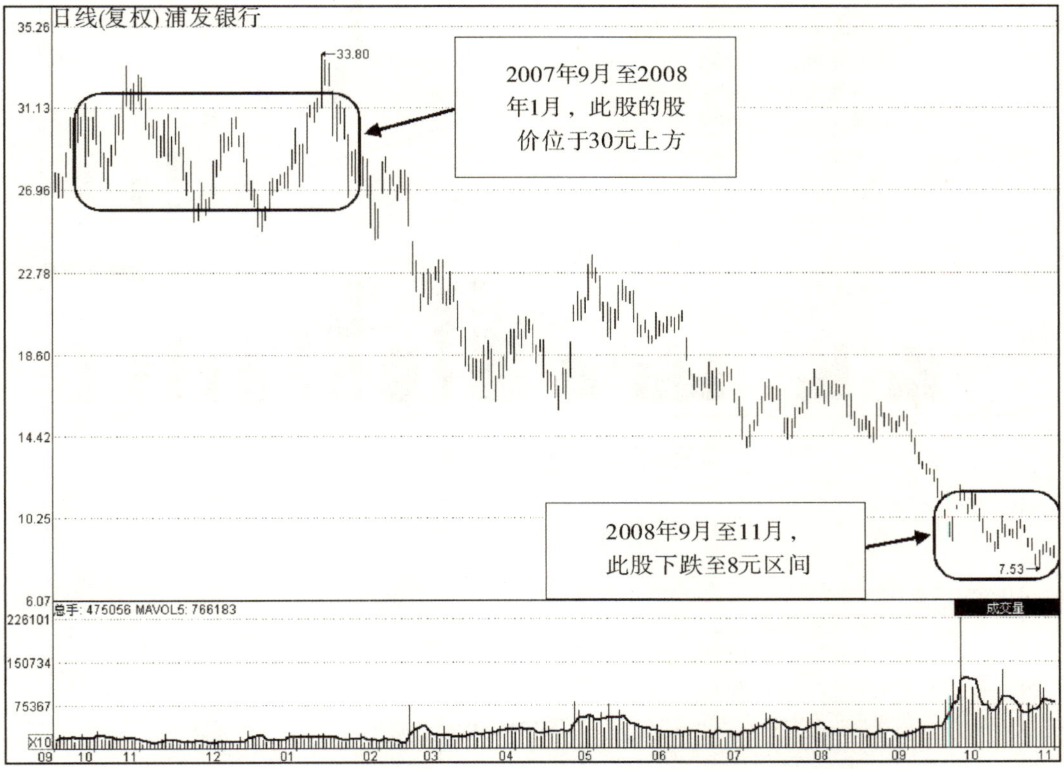

图 1－5　浦发银行 2007 年 9 月至 2008 年 11 月期间走势图

下页图 1－6 为招商地产（000024）在 2010 年 3 月 1 日至 5 月 13 日期间走势图。如图所示，此股在 2010 年 4 月 6 日至 5 月 6 日短短的一个月时间内出现了 40%左右的下跌幅度，股价从原来平台区的 25 元跌至 15 元。引发这一波下跌走势出现的诱因是国家在此期间出台的一系列调控房地产市场的政策，这一系列的调控政策对于相关的房地产类企业属于利空消息，因而导致了很多房地产上市公司股票在此期间出现了快速下跌走势，招商地产就是其中的一只。

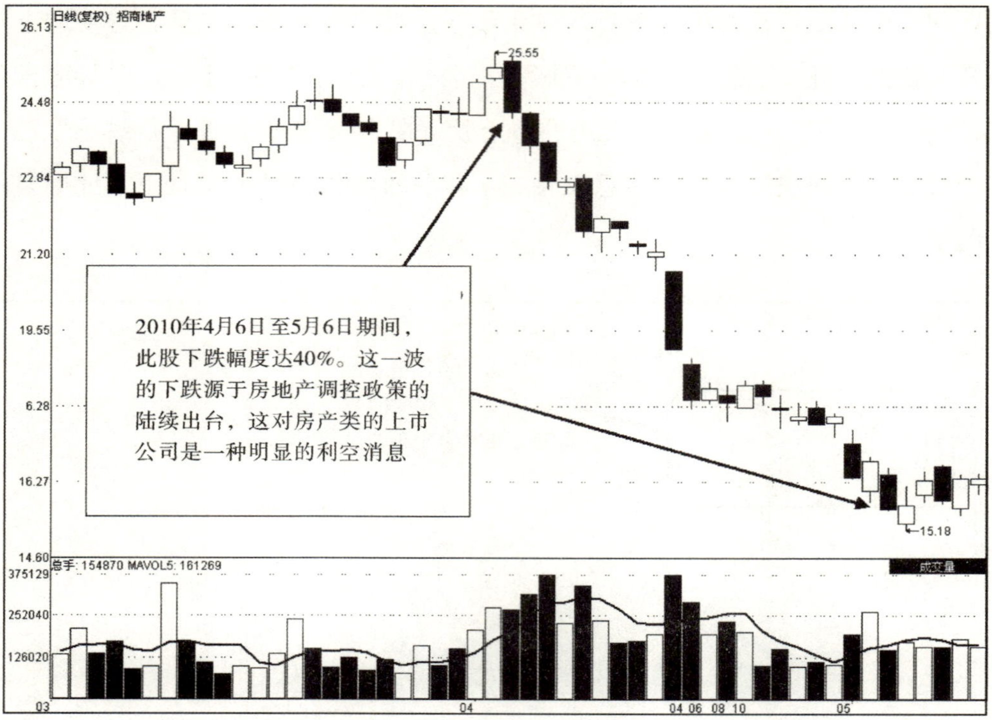

图 1－6　招商地产 2010 年 4～5 月期间大幅下跌走势图

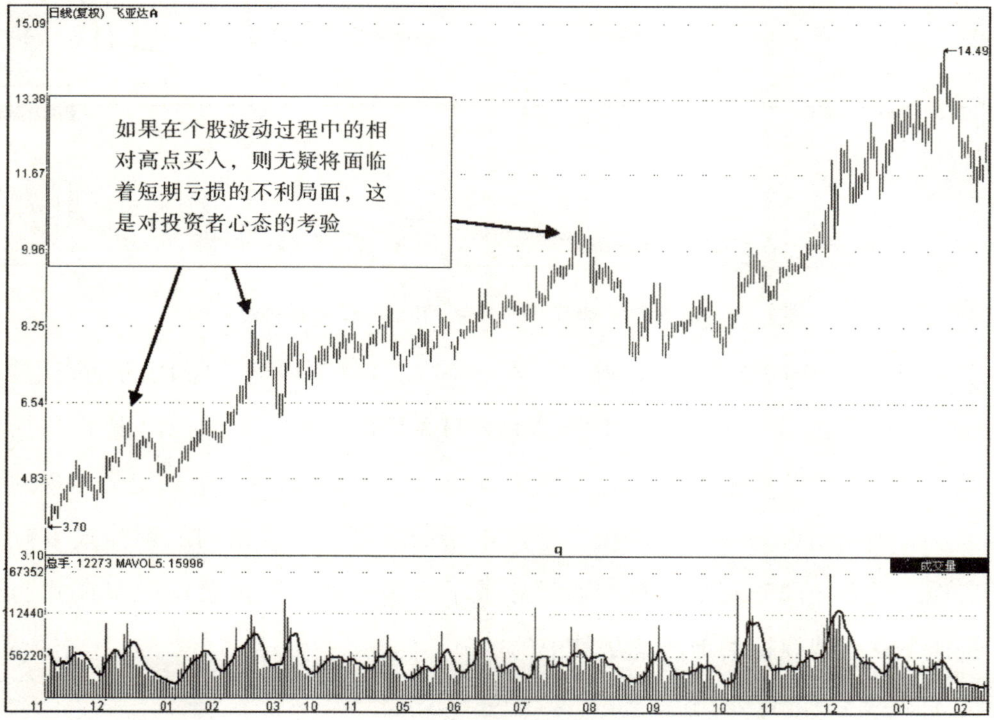

图 1－7　飞亚达 A 波动过程中的短期风险示意图

除了上述所介绍的股价大跌至投资者本金出现快速亏损的这种风险之外，投资者所面临的风险还有很多，例如：在个股上涨走势中，由于个股是以波动甚至是宽幅波动的形态呈现出来的，因而，如果投资者买在了个股波动中的相对高点，则无疑要面临着短期亏损的不利境况。详见图 1－7 飞亚达 A（000026）波动示意图。这种风险虽然是暂时的，但基于股票走势的不确定性，如果投资者对于个股的中长期走势没有一个很好的判断，则在随后很可能出现低位止损出局的错误操作。这种对投资者心态、技术分析能力、把握价格走势能力等方面的高标准要求，同样是炒股时所面临的一种风险。

第二天　熟悉股票交易的场所——股票市场

◆第一节　了解证券市场的组织结构

◆第二节　交易所与证券公司的区别

◆第三节　A股、B股、创业板所指代的不同市场

◆第四节　看懂K线走势图

第一节　了解证券市场的组织结构

股票仅仅是诸多证券中的一种而已。什么是证券呢？证券是用来证明持有人享有某种特定权益的凭证。除股票之外，其他的证券还有债券、基金、本票、汇票、支票、保险单、存款单、借据、提货单等多种形式；其中，股票、债券、基金这三种证券的性质较为接近，它们也称为资本证券。可以说，证券是一种资本载体，它主要有两种功能：一种是筹资功能，即为经济的发展筹措资本；另一种则是配置资本的功能，即通过证券的发行与交易，按利润最大化的要求对资本进行再分配。而证券市场正是这些股票、债券、基金等证券发行和交易的场所，依据不同的标准，我们可以从不同的角度来理解证券市场的组织结构。见图 2－1：

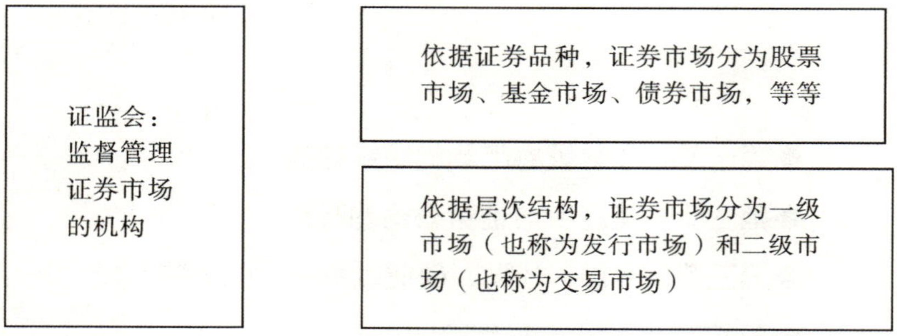

图 2－1　证券市场结构图

依据证券品种的不同，我们可以把证券市场分为股票市场、债券市场、基金市场等。股票市场是专门用于股票发行与交易的场所，债券市场与基金市场则专门用于从事债券与基金的发行和交易。基金，是一种利益共享、风险共担的集合投资制度，基金公司通过向社会公开发行一种凭证来筹集资金，并将资金用于证券投资，买卖决策由基金公司负责管理，而基金公司所募集到的资金则由银行代为托管。这是一种经营权与资金管理权相分离的运作模式，它保证了客户资金的安全性。基金根据组织形态的不同，可分为公司型基金和契约型基金。

依据层次结构的不同，证券市场一般可以分为一级市场与二级市场。一级市场也称为发行市场，是发行人直接募集资金的市场，在这一市场中，发行人发行股票、基金或债券等资本证券，而投资者则用自有资金去申购这些证券。对于股票市场中的一级市场来说，投资者可以在上市公司作为新股正式登陆二级市场前去申购这家公司面向社会公众所发行的股票。对于如何申购新股，笔者将在后面的章节中进行讲解。二级市场又称交易市场或次级市场，投资者在一级市场中申购到的证券可以在二级市场中卖出，其他投资者也可以在二级市场中自由地进行买卖交易。平常我们买卖股票的场所，或者说我们通常所说的“股市”，其实就是指股票市场中的二级交易市场。

在了解了股票市场的组织结构后，我们还要了解一个必备的概念——证监会。证监会全称为证券监督管理委员会，是国务院直属机构，也是全国证券期货市场的主管部门，按照国务院授权履行行政管理职能，依照法律、法规对全国证券、期货业进行集中统一监管，维护证券市场秩序，保障其合法运行。中国证监会成立于1992 年 10 月，这标志着中国证券市场统一监管体制开始形成。证监会在国内的证券市场中（包括股票市场）充当着监管者的角色，它的作用是不可或缺的。证监会的主要职责包括：①研究和拟定证券期货市场的方针政策、发展规划；起草证券期货市场的有关法律、法规；制定证券期货市场的有关规章。②统一管理证券期货市场，按规定对证券期货监管机构实行垂直领导。③监管股票、可转换债券、证券投资基金的发行、交易、托管和清算；批准企业债券的上市；监管上市国债和企业债券的交易活动。④监管境内期货合约的上市、交易和清算；按规定监督境内机构从事境外期货业务。⑤监管上市公司及其有信息披露义务股东的证券市场行为。⑥管理证券期货交易所；按规定管理证券期货交易所的高级管理人员；归口管理证券业协会。⑦监管证券期货经营机构、证券投资基金管理公司、证券登记清算公司、期货清算机构、证券期货投资咨询机构；与中国人民银行共同审批基金托管机构的资格并监管其基金托管业务；制定上述机构高级管理人员任职资格的管理办法并组织实施；负责证券期货从业人员的资格管理。⑧监管境内企业直接或间接到境外发行股票、上市；监管境内机构到境外设立证券机构；监管境外机构到境内设立证券机构、从事证券业务。⑨监管证券期货信息传播活动，负责证券期货市场的统计与信息资源管理。⑩会同有关部门审批律师事务所、会计师事务所、资产评估机构及其成员从事证券期货中介业务的资格并监管其相关的业务活动。⑪依法对证券期货违法违规行为进行调查、处罚。⑫归口管理证券期货行业的对外交往和国际合作事务。⑬国务院交办的其他事项。（注：以上引自《中国证券监督管理委员会职能配置、内设机构和人员编制规定》。）

第二节　交易所与证券公司的区别

证券交易所与证券公司是投资者进入股票市场后应首先了解的概念。证券交易所指国家认定的进行证券交易的基本场所，是证券市场的组织者，也是证券市场发展到一定程度的产物，是集中交易制度下证券市场的组织者和一线监管者。根据我国《证券交易所管理办法》规定，证券交易所是指依法设立的，不以营利为目的，为证券的集中和有组织的交易提供场所、设施，履行国家有关法律、法规、规章、政策规定的职责，实行自律性管理的会员制事业法人。我国的证券交易所实行会员制，是不以营利为目的的组织，即由会员共同出资联合组建，每个会员享有同等的权利与义务；同时必须遵守交易所的规则、交纳会费以维持交易所的正常运行。只有会员及享有特许权的经纪人，才有资格在交易所中进行交易，而其中的会员多是指那些从事中介买卖服务的券商。

从实际情况来看，证券交易所具有保证股票市场运行的连续性、形成合理的价格、实现资金的有效配置、减少证券投资的风险等功能。我们可以将其所具有的几种重要功能概述如下：（1）提供交易场所及所需设备和各种服务。买卖证券需要有一个可供交易的场所，而证券交易所即为这些有买卖证券意愿的投资者提供一个买卖场所，使那些手中持有证券的投资者可以方便地卖出，同时也使那些有买入意愿的投资者可以方便地买入。此外，为了方便买卖双方可以顺利地展开交易，证券交易所还需提供一系列的服务，例如：实时的信息发布、对相应的会员（多指券商）进行管理、提供完善的软硬件设备，等等。（2）提供实时的价格变动情况，为买卖双方的交易进行撮合。买卖双方要通过证券交易所来达成交易，但是买方如何报价、卖方如何报价，往往取决于当前的交易价格，买卖双方只有通过交易所提出的实时价格信息才能了解到交易价格的实时变动情况；而且有的时候卖方的报价明显低于买方的报价，或者是卖方的报价明显高于买方的报价，那么应按什么价位来成交呢？证券交易所须提供一套完善的撮合机制以实现买卖双方的公平、合理的交易过程。

（3）为企业的发展募集资金，同时也为社会的闲散资金提供了一个投资渠道。募集资金是证券交易所的最大功能之一，企业在通过审查、核准之后，可以在证券交易所中挂牌上市交易，而企业在上市时可以通过发行股票募集到大量的资金用于企业的生产与发展。同时，证券交易所为那些社会上的闲散资金提供了一个好的投资渠道，资金量不大的普通投资者完全可以凭借对上市公司的分析、对股市走向的预测去买入股票来实现资金的增值。

目前我国内地有两个证券交易所，即上海证券交易所与深圳证券交易所。那些想要登录股票市场、上市募集资金的企业，可以在这两个交易所进行交易，也可以在这两个交易所中买卖股票，其企业也称为上市公司。当然，要想登录这两个交易所成为上市公司，企业要经过严格的审批；而且一家企业想要成为上市公司也要符合一些硬性条件，比如：企业的组织方法为股份制，该股份有限公司的主体企业设立或者从事主要业务的时间（即涉足营业记录）应在 3 年以上，且具有连续赢利的营业记录、最近一年度有形资产净值与有限资产总值的比例应达到 38%以上，且无累计亏损、税后利润与年度决算的实收资本额的比率（即资本利润率）要求在前两年均应达到 8%以上，最后一年达到 10%以上，等等，可以说，这些条件对于一家普通的企业来说是难以达到标准的，这也是我们为什么常说上市公司多是同行业中较为出色、是同行业中佼佼者的缘故。

在了解了证券交易所的概念之后，我们还有必要了解一下券商的概念。在讲到证券交易所的概念时，我们提到券商是证券交易所中的会员，证券交易所实行会员管理，只有具备了会员资格才能在证券交易所中进行买卖交易。券商也称为证券公司，证券公司是指依照公司法的规定，经国务院证券监督管理机构审查批准，从事证券经营业务的有限责任公司或者股份有限公司。它是非银行金融机构的一种，是从事证券经营业务的法定组织形式。对于广大普通投资者来说，是通过券商这个中介从而间接地在证券交易所中进行交易的。此时，券商接受投资人委托代为买卖证券，并收取一定手续费即佣金。具备这种功能的券商称为证券经纪商。此外，券商还可以自行买卖证券（具备这种功能的券商称为证券自营商），或是以包销或代销形式帮助发行人发售证券（具备这种功能的券商称为证券承销商）。一般来说，对于大多数的券商而言，同时具备以上三种功能，即：证券经纪商、证券自营商、证券承销商。

第三节　A股、B股、创业板所指代的不同市场

投资者在股市中经常会听到“A股”、“上证A股”、“B股”、“上证B股”、“H股”等概念，它们究竟代表了什么含义呢？“上证”与“深证”分别是上海证券交易所和深圳证券交易所的简称。而像A股、B股、H股则是指面向不同投资者群体的股票市场。

A股的正式名称是人民币普通股票，其发行主体是我国的境内公司，在境内（上海、深圳）证券交易所上市交易的；所面向的投资者群体为：境内机构、组织、或个人（不含台、港、澳投资者），投资者在认购这些股票时以人民币为货币单位。A股市场也是国内广大投资者所参与的股票市场。由于境内有上海与深圳两个证券交易所，因而，我们可以把在上海证券交易所上市的股票称为上证A股，把在深圳证券交易所上市的股票称为深证A股。（注：上市，是指股份有限公司在证券交易所公开发行股票后并公开上市交易。）每一只股票都有一个唯一的代码，例如：大秦铁路这只股票的代码为601006。不同的股票市场有不同的代码组织方式，对于上证A股来说，其代码是以“600”或“601”打头的；对于深证A股来说，其代码是以“000”或“002”打头的。

此外，国内新推出的创业板也隶属于深圳证券交易所。创业板也称为二板市场，它可以说是一个单独的股票市场，因为它的入门门槛较低、企业类型也多属于高新科技类。相对除创业板以外的主板市场（主板市场即是指创业板之外的股票市场）而言，由于创业板对于企业的入门要求较低，例如：创业板要求拟上市企业连续2年赢利，总额不低于1000万元，而主板要求连续3年赢利，总额不低于3000万元；创业板要求最近一年营业收入不低于5000万元，最近两年增长率不低于30%，而主板要求最近3年营业收入不低于3亿元。很显然，相对较低的入门门槛也代表投资者买入在此上市的企业股票将面临着更大的风险。但风险总是与收益成正比的，创业板的企业由于规模较小、发展潜力较大，因而往往会孕育出一批高速成长的企业。像开设创业板较早的美国，其纳斯达克市场就是一个典型的创业板市场，它曾孵化出像微软、英特尔、思科等一批世界500强企业。由此可见，为有融资发展需求而

又无法满足主板上市要求的企业提供创业板这样一个融资平台，其作用无疑是巨大的。在深圳A股市场中，创业板这一单独的板块是以代码“300”打头的。

B股是则是为境外投资者买国内股票提供的一个窗口。B股的正式名称是人民币特种股票，以外币认购和买卖，其发行主体是我国的境内公司，在境内（上海、深圳）证券交易所上市交易。沪市挂牌B股以美元计价，而深市B股以港元计，投资者在查看B股的股价时最好将其换算成人民币单位，这样就可以了解A股与它们的差价情况。B股所面向的投资者群体为：外国的自然人、法人和其他组织，香港、澳门、台湾地区的自然人、法人和其他组织，定居在国外的中国公民，中国证监会规定的其他投资人。现阶段B股的投资人，主要是上述几类中的机构投资者。B股与A股的相同点是其上市公司的注册地和上市地都在境内，不同点则是两者所面向的投资者群体是完全不同的，对于国内的广大投资者来说，是难以参与B股买卖的。同理，我们把在上海证券交易所上市的B股称为上证B股，把在深圳证券交易所上市的B股称为深证B股。

H股（H是英文“Hong Kong”首个字母）指注册地在内地、上市地在香港的外资股，也称国企股。很明显，H股既为内地上市公司提供了一个新的融资渠道，同时也为在香港证券交易所买卖股票的投资者提供了购买中国境内公司股票的投资机会。如果我们查看一些在国内已上市的大盘蓝筹股就会发现，很多公司都是既在国内的A股市场中上市，也同时在H股市场中上市的。虽然上市的地点不同，但对于同一家企业来说，它的A股与H股的股票是“同股同权”的，即：每一份A股股票与每一份H股享有相同的分红权、派息权等权利。

第四节　看懂K线走势图

为了方便后面的讲解，我们首先来了解一下K线走势图。K线走势图即是描绘股票或大盘（大盘指代股市整体）价格变动过程的走势图，要看懂K线走势图，我们只需了解K线的构成方式即可。

K线图是当前证券分析中的主要工具，又被称为日本线、蜡烛图、棒线等，它起源于300多年前的日本德川幕府时代（1603—1867年），被用于记载当时米市中的米价变动情况。由于K线图具有直观、清晰、立体感强等特性，后被引入到金融市场中。1990年，美国人史蒂夫·尼森以《阴线阳线》一书向西方金融界引进“日本K线图”后立即引起轰动。由于这一图形形似蜡烛，故在英文中将其称为“Candle”，而“Candle”这一单词发“k”的音，故得名“K线”。在实际应用中，我们一般用一根K线记录一个交易日的价格涨跌情况，将每一个交易日的单根K线在相同的坐标系中（以时间为横轴、以价格为纵轴）进行依次排列，就会得到反映价格走势全过程的K线图。透过K线图，我们不仅能在宏观上了解到价格总体走势情况，甚至还可以明确地了解到此股在每一个交易日内的价格大致波动情况。那么，单独的一根K线是如何反映这一交易日中的价格波动情况的呢？这就要从K线图的构成来谈起。

单根K线的构成并不复杂，它是基于开盘价、收盘价、最高价、最低价来描绘的，由中间的实体部分和上下影线两部分构成，图2－2为单根K线的构成示意图。若个股当日的开盘价高于收盘价，即个股当日从开盘至收盘这段时间内是处于上涨状态的，则K线称为阳线，在股票行情软件中阳线多以红色且中部的矩形实体为空心（或是红色实心）来表示；反之，个股当日从开盘至收盘这段时间内是处于下跌状态的，则K线称为阴线，在股票行情软件中阴线多以绿色或黑色，且中部的矩形实体为实心来表示。矩形实体的长短表明了当日开盘价与收盘价之间的差价，实体长度越长则说明开盘价与收盘价之间的价差越大。上影线的最高点是当日的最高价，下影线的最低点则是当日最低价，影线的长短表明当日价格的波动幅度大小。

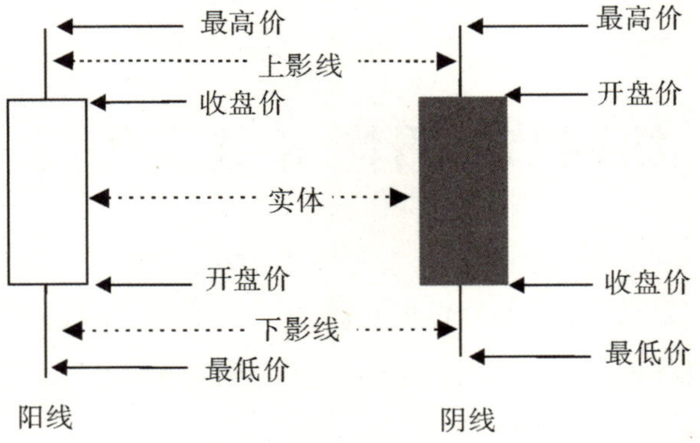

图2－2　K线构成示意图

单根K线既可以表示股票价格在某一个交易日的波动情况，也可以表示价格在某一小时或某一周的波动情况，这取决于我们对 K 线周期的设定。依据单根 K 线所表示的时间长度不同，我们可以把 K 线分为分钟 K 线、小时 K 线、日 K 线、周 K 线、月 K 线。在看盘、操盘中，我们更多的是应用日 K 线，在本书后面的章节中，如不特别强调的话，其所指称的“K 线”或“K 线图”均默认指代“日 K 线”及“日 K 线图”。

通过上面的介绍，我们知道单根 K 线是由开盘价、收盘价、最高价、最低价这四个要素构成，因而，我们有必要了解开盘价、收盘价、最高价、最低价这四个概念。国内 A 股在每个正常交易日中的交易时间段为：9:30～11:30，13:00～15:30。9:30 之前要通过集合竞价产生开盘价（关于集合竞价的方式，笔者将在后面的章节中介绍），开盘价是一只个股当日开市后所成交的第一笔交易的价格。开盘价确定了个股的开市价格，而收盘价与开盘价正好相反，它确定了个股的收市价格。在计算收盘价时，沪深两市存在着一定的区别：沪市以每个交易日最后 1 分钟内的所有交易的加权平均价计算得出，而深市的收盘价则是通过最后 3 分钟内的竞价方式产生。最高价与最低价这两个概念很好理解，最高价就是指个股当日交易中的最高一笔成交价格，最低价则指个股当日交易中的最低一笔成交价格。

通过每一根 K 线中所反映出来的阴阳形态及这四个价位，我们就可以对个股当日的波动情况有一个较为细致的了解。例如：一只个股当日收于一根大阳线，则表明此股当日开盘后出现了大幅上涨，其涨幅较大；反之，如果一只个股当日收于一根大阴线，则表现此股当日开盘后出现了大幅下跌走势，其跌幅较大。当然，阳线并不代表当日此股的收盘价一定高于上一个交易日的收盘价，它只是表明了此股在开盘与收盘这段时间出现的上涨。如果一只个股出现大幅低开，随后走高，但收盘时的价格却低于上一个交易日收盘价，虽然此股当日的 K 线也为阳线，但当日的收盘价却低于上一个交易日的收盘价，即相对于上一个交易日而言，此股当日出现了一定的下跌。因而，投资者在理解阳线、阴线的时候，一定还要结合它的开盘价与收盘价来综合考虑。

下页图 2-3 为紫江企业（600210）在 2009 年 6 月 23 日至 11 月 23 日期间的日 K 线走势图。如图所示，通过将每一个交易日的 K 线在同一坐标系中连接起来，以价格为纵轴、以时间为横轴，我们就可以清晰地看到此股的价格是如何随着时间的推移而运动的了。值得注意的是，在 K 线图的下方还有由一根根的柱形条组成的柱形图。这些柱形代表了此股的成交量，每一根K线下方都有一根柱形，它们是一一对应的，每一根柱形都反映了此股当日的成交量大小。透过柱形图放大与缩小的变化过程，我们还可以清晰地看出此股的成交量是如何变化的。下面我们来单独讲解一下成交量，以使读者对成交量形成一个初步的概念。

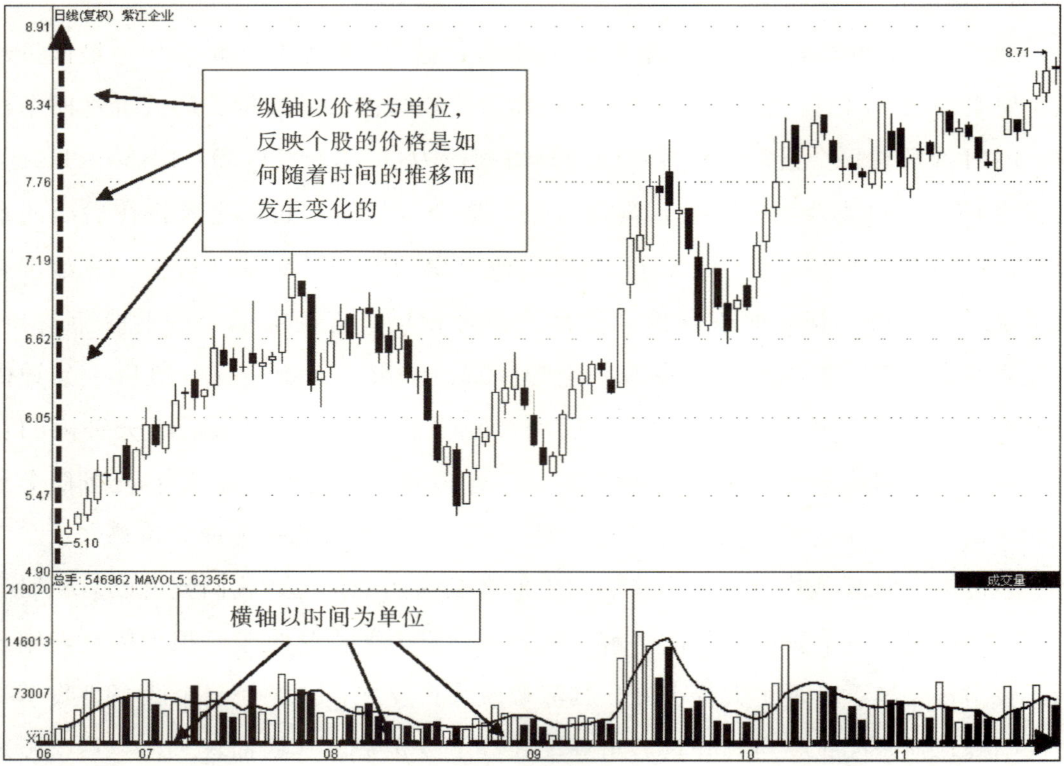

图2-3 紫江企业K线走势图

所谓成交量，就是指一个时间单位内对某项交易成交的数量，它既可以反映某只个股的交易数量，也可以反映市场总体的交易数量，两者的含义基本接近。我们先来看看个股的成交量是如何表示的。我们知道，股票在二级市场中，只能通过转手的方式进行买卖，即手中没有股票的投资者要想买入股票的话，就得从那些手中持有股票的投资者手中买。这样，股票交易是一对正好相反的操作：投资者成功地买入一定数量的股票也代表同时有相应的持股者卖出了数量相同的股票。所谓成交量，就是指买方买入了多少股票，或者是卖方卖出了多少股票。例如：对于一只股票来说，假设其当日的成交量为10000股（注：1手＝100股，因而，我们也可以把这 10000 股称为 100 手。“手”是买卖交易时的术语，它是一笔股票交易中的最小成交单位，投资者不能 1 股、2 股地买卖，只能 1 手、2 手地买卖，即买卖的股票数量必须是 100 股的整数倍)，那么，这就代表当日的买方买入了 10000 股，并且卖方也卖掉了 10000 股。这种计算方法称为单边计算方法，即仅以买方买入的数量或是卖方卖出的数量来表示成交量，国内股市即以这种方法计算成交量。成交量看似仅仅是反映了当日的成交数量这一信息，然而，只要我们善于分析，是可以从成交量中挖掘出重要的信息的，特别是通过成交量放大或缩小的变化形态，我们可以很好地提前了解并准确预测一只个股的未来走势。笔者将在本书的后续章节中介绍关于利用成交量分析价格走势方面的知识。

第三天　不同投资主体的交易风格与特点

◆第一节　散户投资者的特点（对比分析主力的特点）

◆第二节　公募基金的操作风格与特点

◆第三节　QFII 的操作风格与特点

◆第四节　大小非的操作风格与特点

◆第五节　民间资金的操作风格与特点

虽然A股市场是面向境内的投资者，但不同类型的投资者往往有着明显不同的投资风格，不同的买卖风格，其所持有的资金数量也相差悬殊，因而，在关注个股类型的时候（我们在第一天中的“第五节　普通股、绩优股是如何区分的”已依股票的业绩、股本对其进行了初步的介绍）。我们还应关注有哪些资金在购买股票，不同类型的投资者又会对何种类型的股票感兴趣？今天，我们就来了解一下国内A股市场中的投资主体。

一般来说，我们可以依据投资者对股票走势的影响力大小，把国内的股票投资者统分为两大类：一类是散户投资者群体，一类是主力资金投资者群体。散户投资者持有资金数量少，其在股市中的买卖行为对股价的运行只能产生极小的影响；而主力资金投资者则不同，他们手持重金，在股市中可以通过大笔的买入或卖出从而达到对股价走势具有较强的控制力。

第一节　散户投资者的特点（对比分析主力的特点）

对于那些投入股市资金量较小的个人投资者，我们可以将其称为散户投资者。相对手持巨额资金的主力投资者来说，散户的资金可能只有几万元左右，这一点资金在进行股票买卖时，是几乎无法对股价的走势产生影响的，因而，我们常常说散户要追随主力，散户只能是价格走势的追随者，而不是制造者。很多投资者可能不明白一个问题，即：单独的一个散户也许持有资金数额极少，但是大量的散户加在一起不就是同样持有巨额资金了么，为什么散户只能充当价格走势追随者的角色呢？其实，这是因为“散户”这一概念不仅仅指某一个投资者持有资金数额少，它同样也指大量的散户投资者在进行买卖时，其交易方向是极为分散的。大量的散户投资者在从事一只个股的买卖交易时其行动是极为分散的，有的买入、有的卖出，根本无法形成合力。即使是大量的散户投资者都参与一只个股的买卖，但由于缺少引导股价上涨或下跌的“合力”，因而，此股的走势也只能是被动地跟随于股市，是无法走出独立行情的。

通过以上分析，我们可以得出散户投资者的两大特点：一是持有资金数额少，二是行动分散。此外，相对于主力资金来说，散户投资者还存在很多缺点与不足之处，了解这些内容，将会使阅读本书的投资者能更好地了解自身。兵法云，“知己知彼，百战不殆”，成功的开始就是要首先对自身的优点与缺点进行详细的审视。相对于主力资金来说，散户投资者在信息的获取、买卖行为的掌控、对价格走势的研判能力等方面都存在着明显的劣势。

对于信息的获取方式与途径来说，散户投资者往往只有两种获取方式：一是上市公司或传媒等公开发布的信息，二是道听途说的市场传闻。公开发布的信息其准确率是百分之一百的，但是它对于预期性极强的股票市场来说，通过这种方式来获取消息往往是较为滞后的，会使投资者处于一种较为被动的局面。如果查看盘面走势，我们就可以发现这样一种现象，很多股票往往出现“莫名其妙”的连续上涨。然而这种上涨的内因是什么呢？随后，上市公司发布的重大利好事项解释了此股的上涨原因。“原来此股有重大利好将要发布”，如果散户投资者仅仅从公开发布的信息来作为获取信息途径的话，那是无法在此股的相对低位区进行布局的，甚至在利好消息发布后，往往会由于重大利好事项导致的连续缩量涨停板而无法买入此股。但此股在停牌前有明显异动、有资金强力介入却是不容置疑的事实。显然，这股资金已经提前准确地捕获了这一利好消息。这股资金就是主力资金，主力资金往往会凭借其便捷可靠的消息渠道而在上市公司发布消息前获知，从而提前布局、提前运作。获取消息途径的不同，这一点也是主力资金与散户投资者的最大不同之处。散户投资者的另一个获取消息的渠道即是市场传闻。股票市场永远充斥着各式各样的传闻，一会是这家公司要被借壳，一会是那家企业要被收购，总之，股市中的传闻多是一些“利好”性质的传闻，但是这些“利好”传闻到最后能真正兑现的却屈指可数。如果散户投资者依据这种空穴来风式的传闻来操作股票，则其账户资金无疑将面临着极大的不确定性与风险性。

对于买卖行为的掌控上，散户投资者的买进卖出往往较为随意，其买入卖出往往并不是基于充分的分析与判断，而是基于股价波动对于情绪的影响。例如：很多投资者在看到一只个股强势上涨而自己手中的个股又“潜伏”不动时，多会出现急躁的心态，从而卖出手中价位较低的个股而追买那些短期已上涨较大幅度的个股，这种行为我们称为“追涨”行为。追涨操作具有较大的风险，它很有可能使资者买在个股短期上涨走势中的高点，从而出现短期快速亏损的不利局面。同样，在股价本已下跌较大幅度后，很多投资者由于过于关注账户资金的浮动从而在账户资金短期快速减少的情况于低点位卖出，这种行为我们称为“杀跌”行为。追涨杀跌的操作风格是很多散户投资者共同心态的体现，这是一种极不成熟的交易方式。因为这种交易方式不是以分析判断为前提，也不是严格按操作纪律为前提，它是以最不可靠的狂热或恐慌的情绪为前提的，这种操作风格在应对风险较大的股票市场时，其最终的结果也只能是亏损。但是主力投资者对于买卖行为的掌握则完全不同，他们或是基于详尽的分析、或是基于准确的判断、或是基于周密的布局，其买入、拉升、卖出等操作都显得有据可依、从容自如。

对于研判市场后期走势的能力上，由于股票市场也是一个专业知识较强的市场，投资者如果想很好地理解上市公司的赢利能力、发展前景、上市公司所处的行业走向等信息，既要懂得公司理财方面的知识，也要具备相关的经济学基础。这对于从事各行各业的散户投资者来说，无疑要求较高；因而，我们可以说，散户投资者是难以准确把握上市公司的发展前景的。以上关于上市公司发展潜力方面的分析属于基本面的分析范畴，对于广大散户投资者来说，由于参与的交易多属于中短线交易，因而没必要将眼光过多地局限于企业的发展前景上，而应把重点放在市场本身的交易行为上，即从盘面上的各种数据分析出当前市场做多力量与做空力量的变化情况，这种分析方法称为技术分析法。本书后面的章节中，将以技术分析方法为核心进行讲解，力图可以在最短的时间内提高读者对于股票价格后期走势的研判分析能力。与散户投资者不同，主力投资者具备了较高的专业素养，他们对于股市后期走势的判断往往是极为准确的，而且主力资金还有灵活的消息、巨额的控盘资金作为保障，这就使主力在掌握自己的买卖行为时往往是游刃有余的。

下面我们主要介绍一下国内股票市场中的主力资金有哪些，它们的选股思路如何，交易特点有哪些等内容。了解这些有助于投资者依据自身的投资风格去挑选相应的个股，并及时从个股的异动走势中判断出其背后的主力资金属于哪一类型。

第二节　公募基金的操作风格与特点

基金也称为证券投资基金、公募基金。简单地说，基金是帮人买卖股票、债券等的一种投资品种，它是一种间接的证券投资方式。基金由相应的基金公司发行与管理，面向广大普通投资者，由指定的银行对所募集到的资金进行托管。我们可以依据不同的标准对各种基金进行分类，例如：依据投资对象的不同，可分为股票基金、债券基金、混合基金、货币市场基金、期货基金等；依据投资风险与收益的不同，可分为成长型基金、收入型基金和平衡型基金；依据基金规模是否固定，可分为封闭式基金和开放式基金。在某一只基金发行时，每1份面额多为1元，认购下限多为1000份，即投资者往往只需以1000多元即可以成功地买入基金。而这1000多元在买股票时，往往只能买那些相对数量较少的低价股，而且将面临着个别上市公司持续亏损而产生的个股风险，即我们在用少量的资金直接买股票时，只能买到极少数的个股，而个股的走势有较大的不确定性，这使得我们的风险无疑大大增加。但是若通过买基金，则这少量的资金就可以间接地分散布局于很多大盘蓝筹股或是绩优股身上，避免了个股走势不确定性所带来的风险。

以上是关于基金的基本知识，对于参与股票市场投资的股民来说，我们更应关注基金在股票市场中的选股思路、交易风格。例如：对于股票型基金来说，当其募集到足够的资金后，基金公司就要通过在股票市场中买入相应的个股来管理、运作这些所募集到的资金，而那些被基金大量买入的个股，可以称之为基金重仓股。在一般的股票行情分析软件中，我们可以通过查看其基本资料（也称为F10资料）中的前十大流通股东明细，来看看此股是否是某只基金重仓股。如果在前十大流通股东中，可以看到很多基金，则此股就是一只典型的基金重仓股，基金成为此股的主力资金，基金的大力介入或是出局都会对此股的价格走势产生明显的影响。那么，一般是什么类型的个股更受基金青睐呢？基金在买进卖出这些个股时又有什么样的风格呢？

在股票行情分析软件中，我们多会看到“基金重仓”这一板块，查看其中的个股，我们会发现，它们多是一些大盘蓝筹股、绩优股，这些企业在同行业中往往具有较强竞争力。其实，这正是基金投资理念的体现。基金的投资理念更多地偏向于价值投资，而且很多个股都是由多只基金共同参与的，这种现象称为“基金扎堆”现象。在股票市场操作上，基金的买卖行为多是围绕着基民的申购与赎回，当基民申购多时则加大持股力度，反之则进行减仓应付基民的赎回。在操作风格上，基金往往跟随大势（即股市的整体走势情况），持股方式是大部分时间被动持股不动，少数时间会在大盘持续攀升或持续下跌时推波助澜：如果大势向好，则基金重仓个股往往也走势强劲；如果大盘疲软，基金重仓个股也难有好的表现。

在基金扎堆的个股中，我们还应关注一种情况，这就是单独某只基金出逃或是强力拉升此股从而引发的连锁效应。股市中的散户投资者有跟风习惯，看到其他的投资者大力买入个股或是大力卖出个股时，则往往也会采取同向的操作。同样，这种跟风的操作风格也经常体现在基金扎堆的个股中：当某只基金经过调研而大力买入一只个股，这就往往会引发其他各路基金纷纷跟进，从而使得此股的上涨如火借风势般快速向上蔓延；反之，当很多基金已扎堆布局在一只个股身上，若个股出现利空消息或传闻，从而使得某只基金大肆抛售出逃，这也很有可能引发其他各路基金纷纷效仿，从而引发股价的雪崩走势。

下页图 3-1 为五粮液（000858）2006 年 9 月至 2009 年 1 月期间走势图。如图标注所示，图中叠加了同期的上证指数走势。此股是一只典型的基金重仓股，查看其前十大流通股东我们可以发现，除了控股大股东之外，其余的九大流通股东均为证券投资基金。五粮液之所以会成基金扎堆的重仓股，这也与它在同行业的地位密不可分：无论是“五粮液”品牌的知名度，还是其在生产能力、销售能力，在同行业中均有较强的竞争力及影响力。而白酒行业又是一个市场前景开阔、极具潜力的成长型行业，这种类型的个股是符合基金经理的价值投资理念的；而且此股的股本规模较大，可以轻松地容纳大资金，也可以方便大资金的买入、卖出。基本面与技术面的种种优势，使得此股几乎成为了基金重仓股中的必配品种之一。那么，对于这种基金重仓股来说，它在股市中的表现如何呢？

从下页图 3-1 中可以看到，在 2006—2007 年大盘走势极好、持续上升的背景下，此股也与大盘“共舞”，同步上涨，而且，我们常常可以看到此股在某一阶段的上涨走势中要强于同期大盘。这正是基金重仓股的典型特点之一，即在大盘好的时候，由于市场人气旺盛，基民申购力度较大，使得基金掌控的资金数量快速变多；手中有了钱，自然就要去买股，此时的基金会合力拉升其坐镇的重仓股，既汇聚了市场人气，又对大盘的上涨起到了推波助澜的作用。随后在 2008 年的熊市下跌中，因该股 2007 年的股价上升速度远远超出了此股的业绩增长速度，从而在泡沫明显的条件下，此股自然也是随大盘一路下跌。在同期的下跌中可以发现，此股在某一阶段的跌势往往要明显超出大盘。这也是基金重仓股的典型特点之一：由于在大盘下跌时，基民的赎回力度往往会加大，一方面为应对基民的赎回，另一方面也是为了降低持仓数、规避风险，基金往往会加大抛售力度，这使得其阶段性的跌势、跌幅往往要明显大于同期大盘。（注：“大盘走势”就是指股市的整体走势，一般用指数来表示；“牛市”是指大盘指数持续攀升的市况；“熊市”则是指大盘指数持续下跌的市况。这些概念笔者会在后面的章节中进行详细讲解，在此，投资者只需要了解这些不同投资主体参与的个股总体走势的特点即可。）

虽然基金重仓股在股市中的表现与同期的大盘可能会有一些出入，其阶段性的涨跌幅要大于同期大盘，但是从图 3－1 中我们可以看到，其总体运行趋势还是与大盘极为相近的，若基金重仓股并没有持续高增长的业绩来为其上涨作支撑，则其走势多与大盘相近。

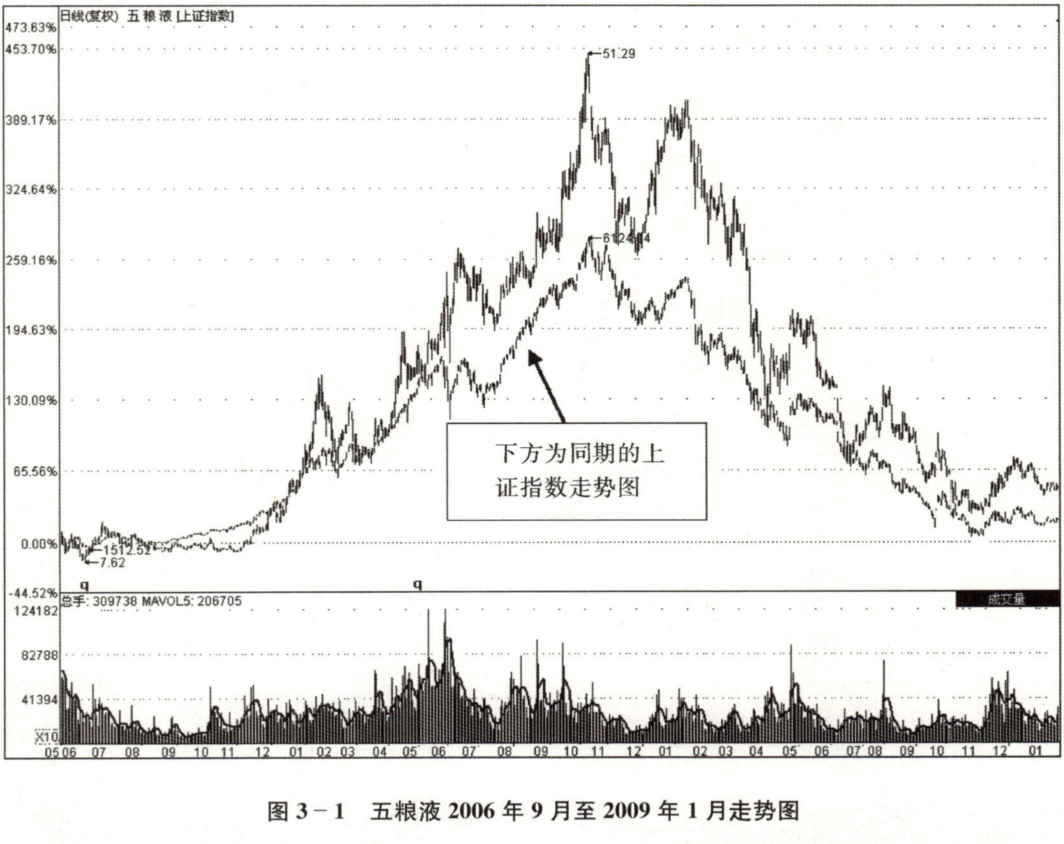

图 3－1　五粮液 2006 年 9 月至 2009 年 1 月走势图

下页图 3－2 为浦发银行（600000）在 2007 年 9 月 14 日至 2008 年 4 月 22 日期间走势图。如图所示，此股在经历了高位区的振荡走势后，其股价重心有下移倾向，同期的大盘走势也处于弱势状态。在这种情况下，此股当日又传出一天量再融资方案的利空消息，这对资金推动型的股票价格走势来说，无疑是雪上加霜。在这种背景下，此股出现了一部分基金大幅减仓的情形，如图标注所示，长长的阴线及大幅度的放量，说明这种抛售行为并非来自那些行动分散的散户投资者。查看此股的前十大流通股东，我们可以看到基金占据的大半份额。可以说，这是一只典型的基金重仓股，而当日的这种大幅度的放量下跌正是源于一部分基金的大量抛售所致。利好具有传导效应，但利空的传导效应却往往更快、更具杀伤力，在一部分基金夺路而逃的背景下，其他各路基金往往也会效仿这种行为，此股随后的雪崩走势也就在情理之中。因而，当我们在关注一只基金重仓股时，若发现此股有基金出逃的现象，而此股又正处于累计涨幅较大或是阶段性涨幅较大的背景下，就应注意此股随后可能出现的大幅下跌风险。因为一旦少量的基金抛售引发其余基金出现抛售，则此股后期走势必然是大幅下跌的。

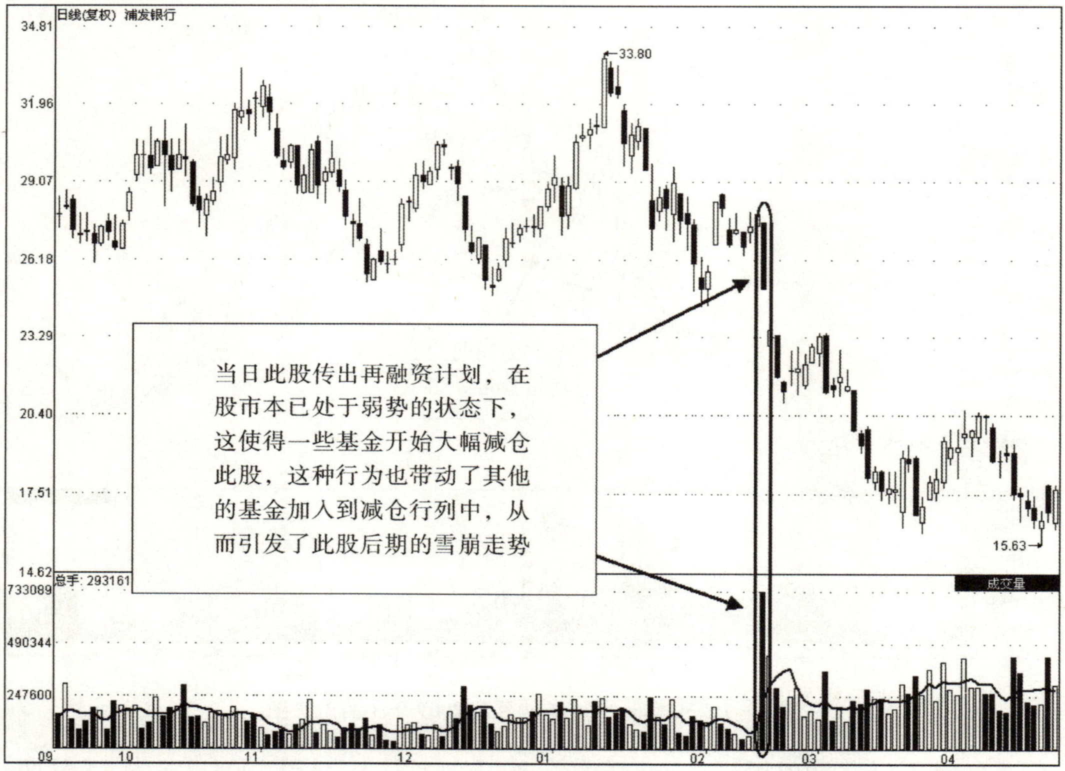

图 3-2 基金重仓股浦发银行走势图

与基金操作风格及特点相似的另一类主力资金是券商。券商重仓股的形成原因往往有以下两种，一种是主动性投资形成，只是券商的资金往往来自其自营的集合资产管理业务，这一类业务与基金公司发行的基金有相似之处，是由证券公司发行的契约型“准基金”产品，是一种介于公募基金与信托产品之间的理财产品。它集合客户的资产，由专业的投资者（券商）进行管理，在产品运作上与证券投资基金相近。一般来说，这一类产品主要具有私募性质（与基金公司发行的面向公众的基金产品有所不同，基金具有公募性质），此外，它的入门门槛一般也较高，一般最低认购额度都在5万元以上。我们所说的券商重仓股，主要是指这种券商集合理财产品的重仓股，这类个股多是业绩优秀、主营业务突出的绩优股。与公募基金的重仓股最大的不同点在于，券商重仓股往往更偏爱中小盘型个股，一方面是因为券商的总体资金规模相对较小，在中小盘个股中就可以从容地进出，另一方面是因为中小盘个股的成长性往往更好，而且，券商的最大优势就可以借助强大的上市调研能力、行业分析能力为其选股提供依据。此时的券商买卖股票与公募基金是相同的，从二级市场寻觅战机然后伺机介入。这属于券商的自营业务。由于券商重仓股多属于中小盘类个股，因而，其波动系数往往会更大一些，在大盘涨时，这些个股的涨停板往往明显强于大盘；反之，当大盘跌时，这些个股的跌幅往往也大于同期的大盘。在实盘操作中，股市总体运行趋势向上时，买入并布局这一类个股比较合适，但是大盘呈持续下跌走势时，这一类的个股往往并不抗跌。券商重仓股的另一种成因是包销而来的，新股包销与配股或增发包销会导致券商重仓一只个股。对于这一类的个股，我们可以通过上市公司的重大事项来查看。

下页图3-3为西飞国际（000768）2008年8月至2010年5月期间走势图。此股是一只券商重仓股，图中叠加了同期的上证指数走势。从图中可以看到，此股的总体走势是较多地受制于大盘的，但是其阶段性的走势却往往显得很独立：大盘稳步攀升时它很可能加速上涨，大盘持续上涨时它可能横盘。虽然局部走势与大盘存在着较大的不同，但这只是它对大盘前期走势“补涨”、“补跌”的一种表现。在参与这种个股时，我们一定要看清大盘的趋势运行情况。

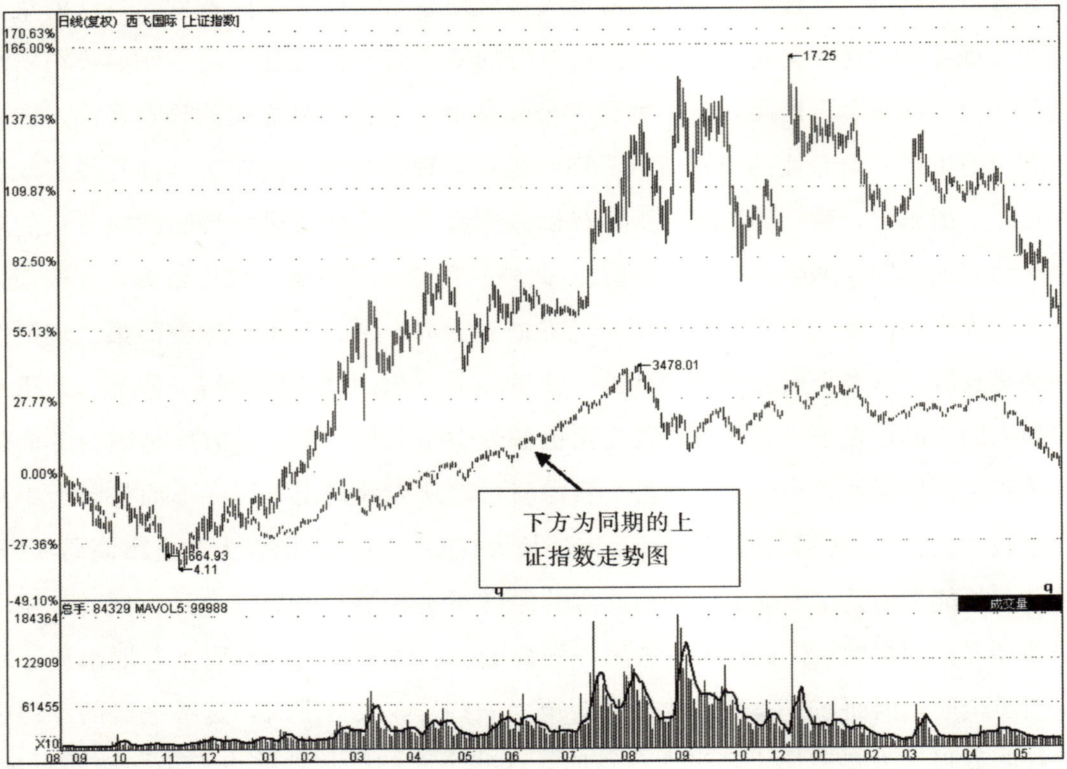

图 3－3　西飞国际 2008 年 8 月至 2010 年 5 月走势图

第三节　QFII 的操作风格与特点

QFII 是英文 Qualified Foreign Institutional Investors（合格的境外机构投资者）的缩写。QFII 制度是指允许经核准的合格境外机构投资者，在一定规定和限制下汇入一定额度的外汇资金并转换为当地货币，通过严格监管的专门账户投资当地证券市场，其资本利得、股息等经审核后可转为外汇汇出的一种市场开放模式。根据中国人民银行与中国证监会联合发布的《合格境外机构投资者境内证券投资管理暂行办法》，QFII 的投资范围包括：在证券交易所挂牌交易的 A 股股票、国债、可转换债券、企业债券及中国证监会批准的其他金融工具。

中国是全球最大的发展中国家，近年来，中国的经济呈现出高速发展的势头，而作为经济晴雨表的股票市场自然也会随着经济的高速发展而水涨船高。可以说，中国的股票市场对于外资有着强烈的吸引力，而且，通过引入外资也可以活跃资本市场、为上市公司多提供一种融资渠道，在此背景下，QFII 制度应运而生。如果说基金、券商等还容易受到申购、赎回的压力而出现追涨杀跌行为的话，那么，QFII 则更趋近于真实的价值投资者。一般来说，QFII 所布局的个股都比较有战略眼光，而且这也代表了国际资金在国内资本市场的主流投资方向。它们所选的个股多是一些从行业发展前景、个股在行业的发展潜力（是否龙头企业、主营业务是否突出）等因素为着眼点，这类个股往往就是中国经济高速发展的典型代表。例如：QFII 近年来比较看好于消费、资源、物流等行业的发展，这类个股就成为 QFII 重点布局的对象。事实证明，这类个股的总体走势的确强于市场平均水平，而支撑这些个股上涨的动力正是其行业的发展前景及上市公司的业绩增长。QFII 把外国人的投资策略、操作理念带入了中国市场，它为国内投资者提供了一种新的选股思路；而且，由于 QFII 在长远的战略性上眼光往往更为独到，对于一般投资者特别是中长线的价值投资者来说，应该对 QFII 的持股加以必要的关注。

下页图 3－4 为古井贡酒（000596）2008 年 9 月至 2009 年 4 月期间走势图。如图所示，我们可以看到，此股在此期间出现了巨大幅度的上涨。查看此股的前十大流通股东，我们可以发现，这是一只典型的 QFII 重仓股，前十大流通股东中，除控股大股东外，QFII 占据了 5 席。那么，此股为什么会受到 QFII 如此青睐呢？查看一下它的公开资料或许有助于为我们释疑，公司隶属于白酒消费行业，而这一行业正符合 QFII 的战略眼光，此外，上市公司本身也很突出，“公司主营业务拳头产品古井贡酒是我国老八大名酒之一，有着 1800 多年的历史，可谓历史悠久，文化底蕴深厚，分别在 1963 年、1979 年、1984 年和 1989 年连续 4 次夺得全国白酒评酒冠军，被誉为‘酒中牡丹’，具有‘色清如水晶，香醇似幽兰，入口甘美醇和，回味经久不息’的优良品质，在广大消费者心目当中具有很高的品牌认知度。在 2009 年中国 500 最具品牌价值排行榜中，古井贡以 46.6 亿元位居第 175 位”。此外，白酒行业较高的毛利率也是 QFII 布局此股的另一个关键原因。据该上市公司 2009 年报披露，在 2009 年内，该公司高档酒实现主营收入 35343 万元，同比增长 88.45%，高档酒毛利率 80.80%，同比增长 9.74%；中档酒实现主营收入 61812 万元，同比增长 66.71%，毛利率为 65.74%。

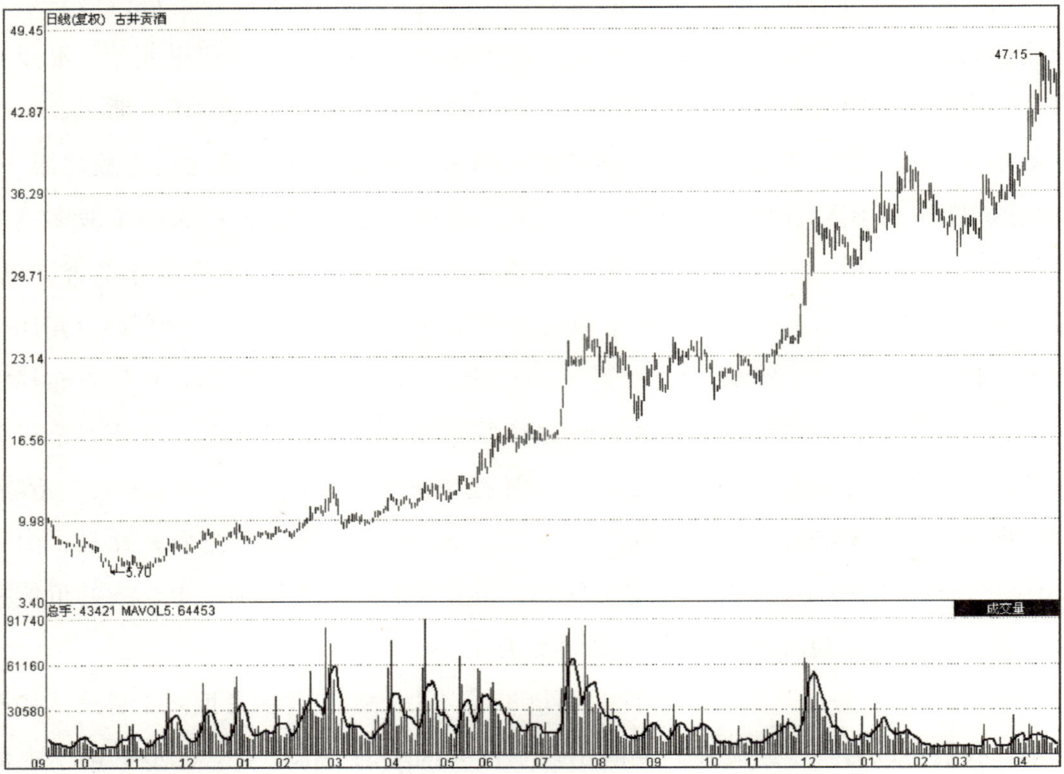

图 3－4　古井贡酒 2008 年 9 月至 2009 年 4 月走势图

下页图 3－5 为柳工（000528）2008 年 12 月至 2010 年 1 月期间走势图。如图所示，此股在此期间的股价走势表现也不俗，也是一只典型的 QFII 重仓股。此股隶属于机械制造业，且在整体装载机行业中具有明显的龙头优势地位。查看此股的公开资料，可以看到它的优势地位还是比较明显的："公司具有年产超过 2 万台各类工程机械整机制造能力。近年来公司的销售收入、利润等始终保持全国装载机行业首位，在中吨位细分市场上具有绝对竞争优势。柳工已连续两年进入世界工程机械 50 强。公司 2009 年各类整机销量达到 38920 台。2009 年公司装载机市场占有率 22.6%，销售额行业排名第一；挖掘机占有率 3.5%，销售额行业排名十三；压路机占有率 11.6%，销售额行业排名第三；起重机占有率 4.77%，销售额行业排名第三。"可以说，在中国大力开展基础建设的背景下，装载机、挖掘机等的市场需求自然广阔，在此背景下，QFII 由 2008 年下半年开始介入此股。而此股在 2009 年的业绩表现证明 QFII 的判断是正确的："柳工（000528）2009 年每股收益 1.41 元，每股净资产

6.30 元，净资产收益率 26.01%，营业收入 1018296.26 万元，同比增长 9.87%，净利润 86569.43 万元，同比增长 154.58%，拟 10 股派 3 元。”净利润同比增长 154.58%是一个喜人的成绩，在业绩的高速增长下，此股的股价上涨速度自然也是远远快于同期的大盘。

图 3－5　柳工 2008 年 12 月至 2010 年 1 月期间走势图

第四节　大小非的操作风格与特点

新股民入股市后，可能会常听到一个概念——大小非。其中的“大小”是指股东持股数量的多少，“非”则是指这些股东所持有的股票是非流通上市的，即限售股。大非是指持股数量占总股本 5%以上的股东，小非则是指持股数量占总股本 5%以下的股东。大非、小非所持股的股票都是限售股，不能在二级市场中卖出。一般来说，大小非往往是上市公司的直接控股股东或间接控股股东，他们直接参与上市公司的经营、管理，对上市公司的发展情况最为了解。

之所以会有大量的非流通股存在，是由我国股市的特殊情况所决定的，在此不作过多的讨论。大量的非流通股存在，无疑是不利于股市健康发展的。首先，由于股票不能上市流通，这就使得股价的走势不能很好地体现出上市公司的业绩变化；其次，不利于形成激励机制，上市公司经营得再好，控股股东也不能通过股价上涨而获利。这往往会使得控股股东不思进取，既不利公司的发展，也不利于维护持流通股的中小投资者的利益。

股市的健康良好发展需要以全流通为背景。2004 年，中国证监会发布了《关于上市公司股权分置改革试点有关问题的通知》，这标志着股权分置改革试点工作正式启动。依据该通知，全体上市公司将依次展开股改操作，而股改的结果就是这些非流通股可以在几年之后正式转变成流通股、可以在股票市场中卖出，这就是所谓的“大小非解禁”。

随着全流通时代的来临，大小非正成为二级市场上一股重要的力量。在实盘分析中，我们可以重点分析大小非在解禁之后的二级市场交易行为。由于大小非的持仓成本多在 1 元左右，其价格远远低于股票在二级市场中的价位，因而，个股在大小非解禁之后往往会面临着一定的压力。但大小非解禁并不等于大小非抛售，毕竟大小非的抛售行为还是建立在它对企业的发展、股票的估值等综合因素之上。如果大小非持续不断地进行减持，大多代表大小非对上市公司当前的股价并不认可，这或者是由于上市公司的估值过高，或者是企业当前的经营状况不佳，也或者是大小非由于持股比例过高、资金紧张等原因而适当抛售以降低持股比例，原因很多，不一而足。我们可以通过大小非的抛售力度、抛售行为是否具有持续性来综合分析。在关注大小非的减持行为时，我们还应关注大小非的增持行为。增持与减持刚好相反，这多说明大小非更看好企业的发展，也比较认可当前的股价，是一种信心的表现。当然，无论是减持行为还是增持行为，我们都要审慎地对待，毕竟大小非的判断也有失误，而且一些大小非也并非是上市公司的实际参与者，这一点是投资者应格外注意的。

下页图 3-6 为紫金矿业（601899）2008 年 11 月 4 日至 2009 年 4 月 1 日期间走势图。图 3-7 为中金黄金（600489）2008 年 11 月 4 日至 2009 年 4 月 1 日期间走势图。对比这两幅图我们可以看出，它们在涨幅、涨势上都极为相似，两只个股均为

图 3－6　紫金矿业 2008 年 11 月至 2009 年 3 月走势图

图 3－7　中金黄金 2008 年 11 月至 2009 年 3 月走势图

黄金类题材股，在2009年金价持续上涨、通货膨胀预期加强的背景下，黄金类个股获得了基金、券商等众多主力资金的认可，从而受到追捧，出现了较大幅度的上涨。单看这两只个股在这一阶段的表现，我们有理由认为它们后期的走势也应呈现出较大的正相关性，然而故事并不是这么发展的。

图3-8为紫金矿业2009年4月1日至8月1日期间走势图。从图中可以看到，此股在这一段时间内并没有出现上涨，而是处于横盘振荡走势之中。如果由此股这段时间的走势我们就推断中金黄金在此期间也是处于盘整走势，那么就大错特错了！下页图3-9为中金黄金2009年4月1日至7月31日期间走势图，从图中可以看到，此股在此期间出现了巨幅上涨，而上涨的源头动力仍然是“国际金价的步步攀升”。金价持续上涨这一题材对于整个黄金类的企业来说，其影响力几乎一致，那么，是什么原因导致了紫金矿业与中金黄金在此期间的走势出现了如此大的差别呢？由于影响股价走势的原因多种多样，而且股价的走势带有一定的必然性与偶然性，因而，我们无法罗列出所有的原因。但是，如果我们仔细分析一下紫金矿业在2009年4月

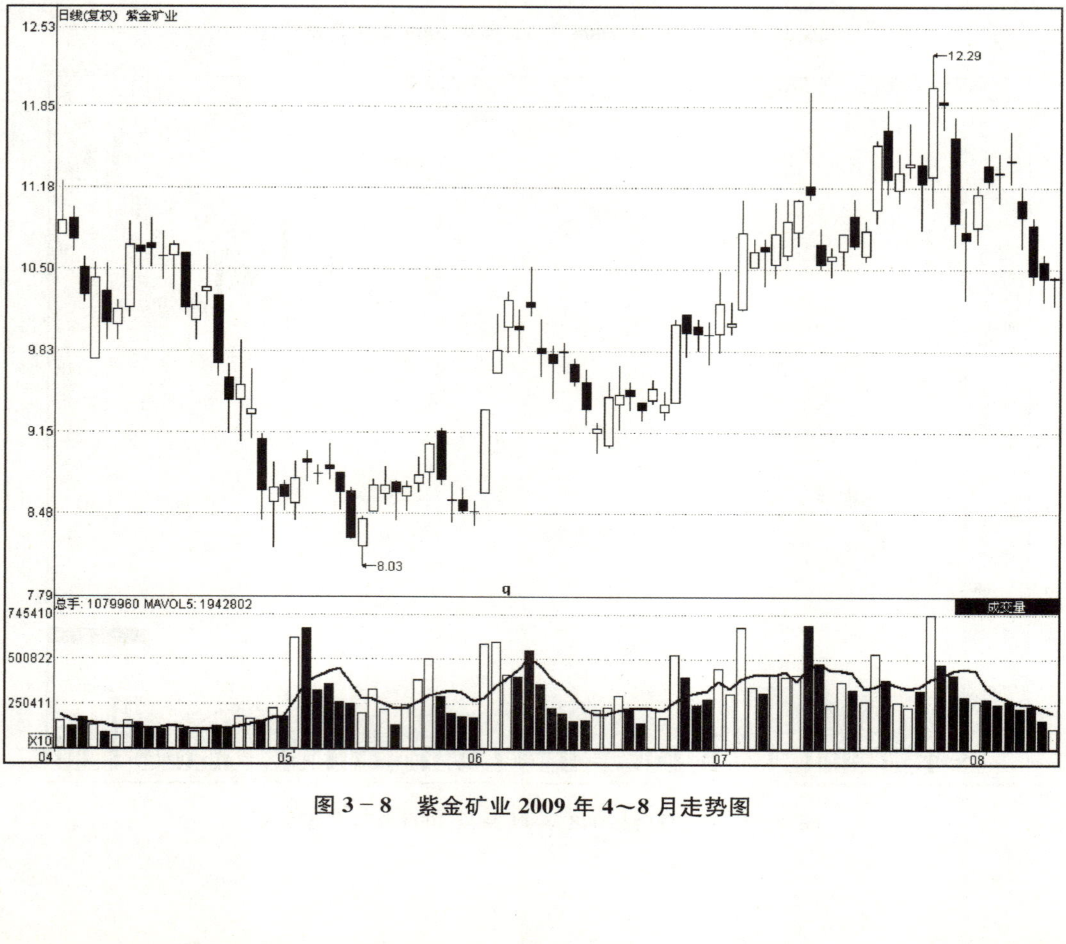

图3-8 紫金矿业2009年4~8月走势图

1 日至 8 月 1 日期间所发布的公告，就会得出一个较为明确的结论：上市公司的大股东进行持续、大规模的减持无疑是影响此股上涨的重要原因之一。

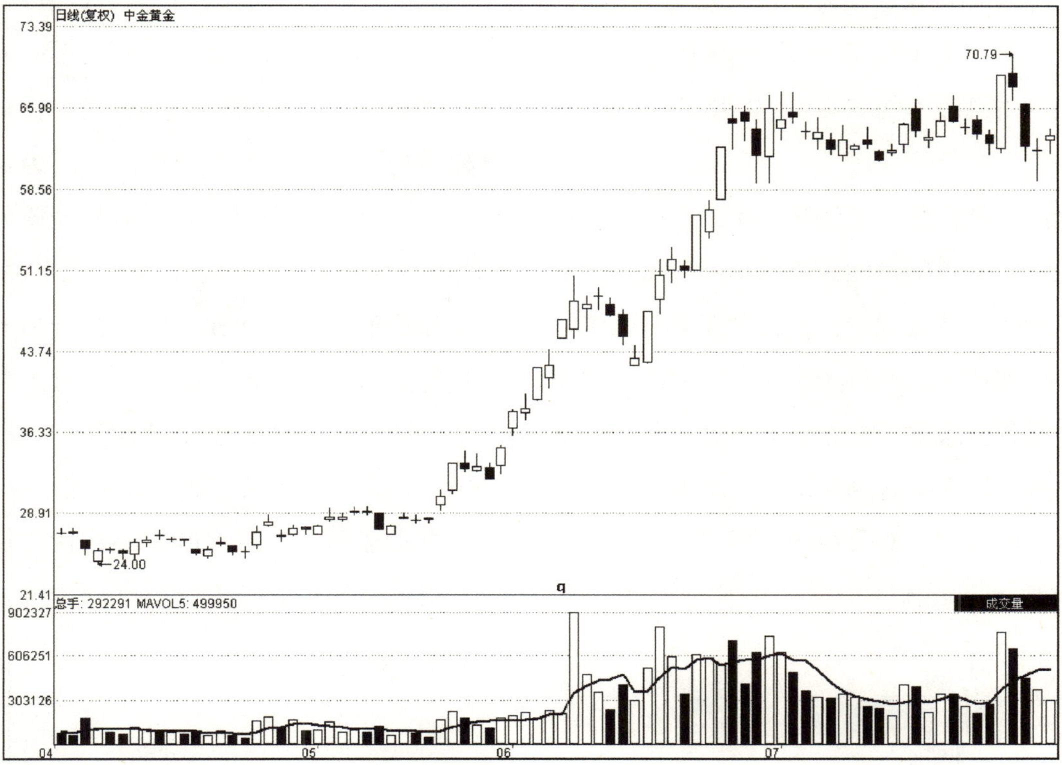

图 3－9　中金黄金 2009 年 4～8 月走势图

通过公告我们发现，紫金矿业中的 492496.7 万股限售流通股于 2009 年 4 月 27 日起可上市流通，这意味着大小非手中的个股具有流通权，可以在证券市场中进行卖出。但解禁并不等于卖出，“解禁”对个股上涨的阻力仅是心理层面的，而“抛售”对个股上涨走势的影响则是实实在在的。查看这段时间上市公司频繁出现的大小非减持公告，我们发现，在此短短的 3 个多月时间里，大小非抛掉了近 4 亿股股票。很明显，大小非的持续抛售对个股的上涨形成了一定的压力，也使得那些进驻此股的基金放缓了拉升节奏。当然，紫金矿业之所以与中金黄金的走势存在如此大的差别，也是有一些其他因素的，比如：此股的股本规模过大、黄金类题材不如中金黄金纯正，但无论如何，大小非的大量减持也是对此股上涨造成障碍的重要原因之一。若投资者发现手中持有这种大小非减持操作不断的个股，则可以考虑适当地逢高出局，避免错失了布局其他上涨潜力更大的个股的机会。

图 3－10 为旭光股份（600353）2008 年 2 月 19 日至 2009 年 1 月 8 日期间走势图。如图所示，此股在深幅下跌之后，于 2008 年 11 月前后出现了止跌企稳的走势，而这段时间也正是大股东不断增持股份时间。查看该上市公司的公告我们可以发现，大股东在此期间进行了幅度较大的增持操作，其中这两次的增持规模分别为 566 万股（占总股本的 5.001%）及 65 万股，且大股东明确表示在未来的一段时间内仍将增持上市公司的股票。可以说，上市公司的这种增持行为并非是象征性的，因为这期间的增持数量已经超过了总股本的 5%，这种增持行为表明上市公司很看好当前的股价，并且很可能认为当前的股价已经明显低估了。因为对于上市公司大股东来说，他们的增持或减持行为往往是基于股价与公司实际价值的差别来作出的，其行为不同于那些在二级市场中主要以“低吸高抛”获取差价利润的其他主力资金。对于普通投资者来说，在看到上市公司如此不吝现金而大量买入本公司股票的操作后，我们也可以在综合判断的基础上紧跟大股东的步伐，毕竟，上市公司的大股东最了解自己的公司，对公司未来的发展前景也最清楚。事实证明，跟随大股东的步伐往往

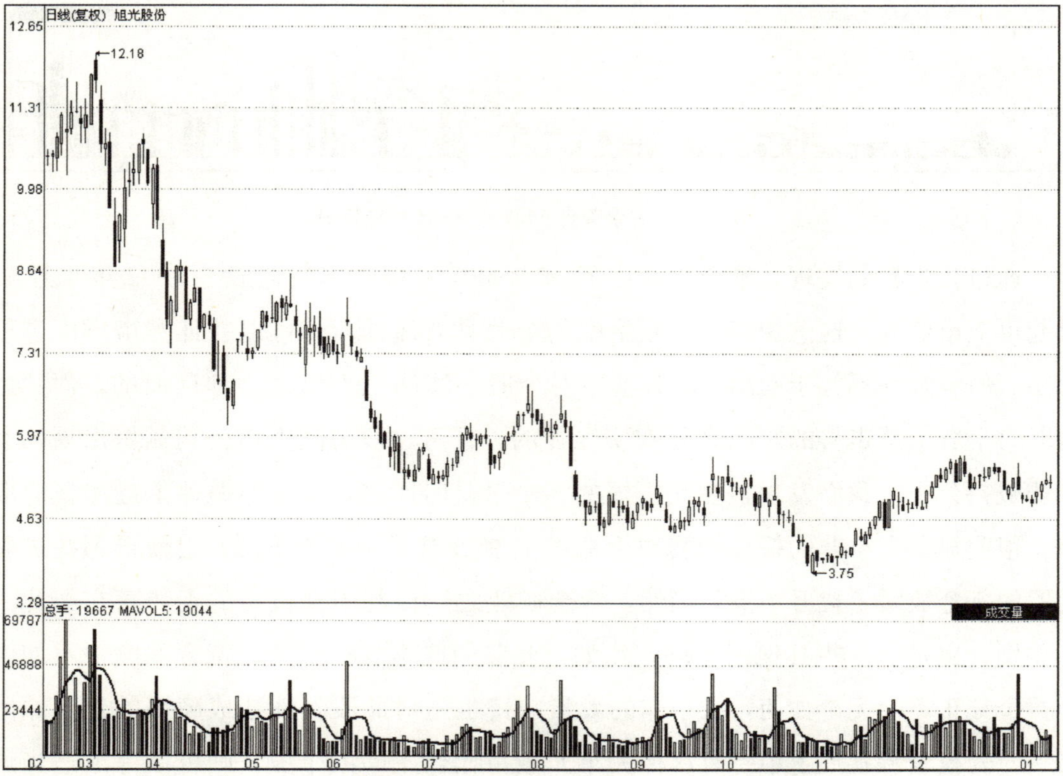

图 3－10　旭光股份 2008 年 2 月至 2009 年 1 月走势图

比追随那些一贯以《价值投资》作名号的基金、券商、QFII 等主力资金往往来得更为可靠。

图 3－11 为旭光股份 2009 年 1 月 8 日至 2010 年 3 月 5 日期间走势图。此股在这段期间的涨幅远远大于同期的大盘指数，这也从另一个侧面证明了大股东无论是对于股价的估值状态，还是对于个股的后期走势，其判断力都是极强的。当然，在实盘操作中，我们除了关注大股东的这种增持行为外，还应关注他们所增持的力度。如果大股东增持的股票数量仅仅是公司总股本的百分之零点几，甚至是百分之零点零几，这样的增持力度是值得商榷的；而且，这种增持力度也并不能明确地体现大股东的真实意图，或许这种增持仅仅是为了响应证监会的号召而进行的象征性增持。

图 3－11　旭光股份 2009 年 1 月至 2010 年 3 月走势图

第五节　民间资金的操作风格与特点

民间资金也称为民间游资，相对于资金更为雄厚的基金、券商、QFII 等主力资金来说，民间资金的资本规模相对较小。民间游资可能是几个有实力的大户联合而成，也可能是某家私人投资公司。与偏爱价值投资理念的主力资金不同，这些资金往往更喜欢追逐于市场中的短期热点，其所选择的控盘个股也多是中小盘且符合当前市场热点的题材股，可以说，他们是沪深股市的热点制造者和热点的推波助澜者。沪深两市中经常会出现短期暴涨的“大黑马”，这些黑马股往往都是与市场热点挂钩的题材股。这些个股虽然业绩一般，但是却符合当前热点，比如：与社会生活中的重大事件相关、与最新的政策扶持消息相关、与上市公司的资产整合或是资产注入等传闻相关。这些个股带给投资者的更多是一种可以想象的空间，而不是确确实实的业绩增长。但是这一类型的个股却往往成为市场中短期内连续飙升的黑马，个别的强势个股甚至出现连续涨停板的走势，而其幕后推手正是民间资金。无论是从个股的选择上，还是从个股的上涨方式、炒作方式等方面，民间资本类型的主力资金与具有公募性质的主力资金存在着较大的差别。如果翻看一下它的前十大流通股东，我们多会发现这些因符合市场短期内的热点而连续飙升的个股一般少有公募基金或券商，这正体现了基金与游资的风格不同。

下页图 3－12 为三峡新材（600293）2009 年 1 月 12 日至 4 月 15 日期间走势图。如图所示，此股在此期间出现了短期内的飙升走势，这种飙升走势正是源于民间资金大力炒作此股所具有的热点题材——行业政策扶持题材。当时，国家出台了太阳能屋顶建筑计划方案，文件明确提出要加大这一行业的发展力度。这对相关的上市公司来说无疑是较为重要的利好消息，特别是对股市而言，个股对于消息的走势本来就具有放大效应，主力资金在借机进行炒作，其短期内的飙升走势也就在情理之中了。就此股当时的前十大流通股东来说，几乎清一色的全为自然人，根本看不到机构、基金等公募资金的身影，而此股的这种短期飙涨走势一般也不是基金重仓股所能演绎的。可以说，投资者在介入股市后，提前发掘或是在第一时间内追涨买入这类的个股，也是股市的最大魅力所在。

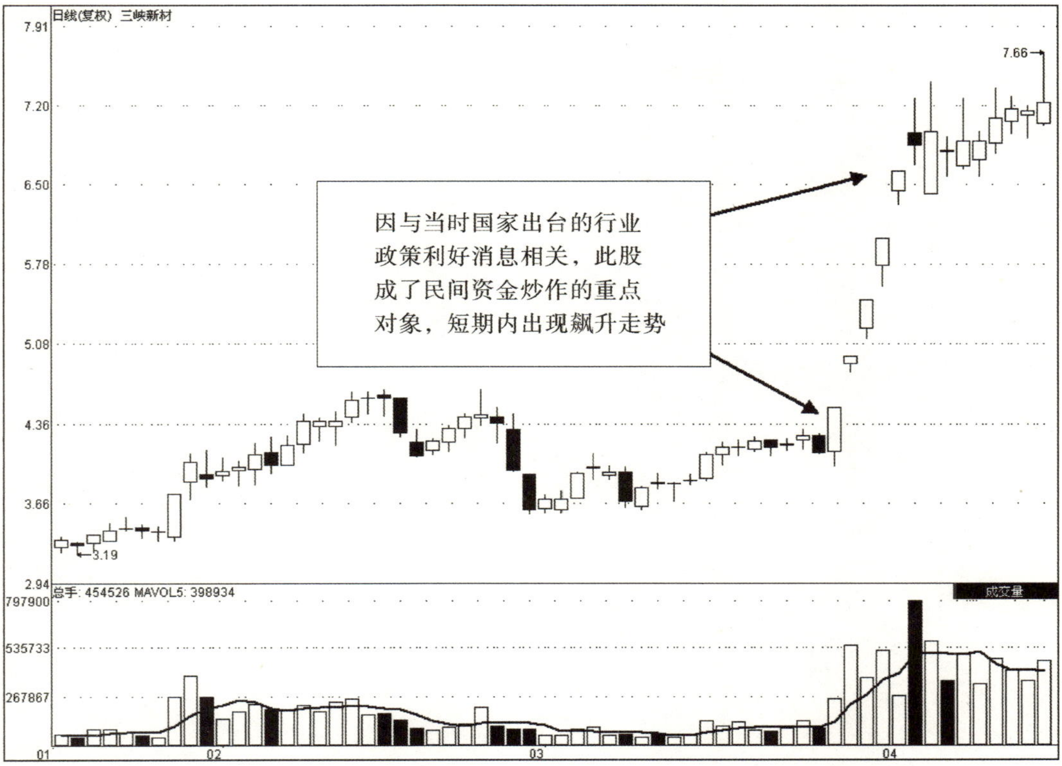

图 3－12　三峡新材 2009 年 1～4 月走势图

第四天　投资者入市流程及交易指南

◆第一节　开户流程全接触

◆第二节　什么是行情接收软件

◆第三节　通过行情软件快速了解股市及个股信息

◆第四节　如何下单买卖

◆第五节　股票的交易成本有哪些

◆第六节　必知的涨跌停板与 T+1 交易制度

◆第七节　《上海证券交易所交易规则》解读

第一节　开户流程全接触

在了解了上面的内容之后，相信很多投资者都有跃跃欲试、进入股市的急切心态，那么，我们应如何参与到股票市场这一交易场所中呢？我们知道，股票的买卖要在交易所内发生，而中国内地只有两家证券交易所，一家是上海证券交易所，一家是深圳证券交易所，是不是买卖股票就要去这两个地方才行呢？答案当然是否定的。股票交易所实行会员制，只有具备了会员身份才可以在交易所中进行买卖，而这些会员有很大一部分是从事中介服务的券商。对于普通股民来说，在股市中进行买卖操作是以券商为中介的，因而去券商处办理相应的入市手续就成了我们进入股市的第一步。去券商处办理相应的手续这一过程也称为“开户”。所谓的开户，就是指在股票市场中开设相应的账户、建立身份，只有开户后，才能在股市开展交易，这就如同我们要在银行中存款要开设相应的存折或储蓄卡是同一个道理。在本节中，我们就来看看开户的过程，以帮助投资者顺利、快捷地完成整个开户过程。

一、去哪里开户

开户要到证券公司去办理。证券公司就是在交易所中具备了会员资格，且开展证券经纪业务的国内规范类券商，例如我们经常听到的中信证券、海通证券、宏源证券、国信证券、招商证券、光大证券，等等。国内的规范类券商有上百家之多，投资者可以在证监会的网站上进行查询，其中的“经证监会批准可以经营的业务”这一栏目下的“证券经纪”这一内容，即代表投资者可以这一券商为中介在交易所中进行买卖申报、交易等活动。一般来说，绝大多数的券商都具备了“证券经纪”资格。

在选择某一家具体的券商作为开户对象时，投资者可以重点关注两点：一是券商营业网点的覆盖量，这一点主要是用于衡量券商的网络传输速度。毕竟对于绝大多数的股民来说，其买卖操作都是在网上进行的，网上交易系统的传输速度将直接关系到其买卖行为，好的券商应有较多的营业网点，且网络传输速度较快。二是关注券商所收取的佣金。佣金是商业活动中的一种劳务报酬，是具有独立地位和经营资格的中间人在商业活动中为他人提供服务所得到的报酬。证券交易佣金是指委托者委托买卖成交后，按实际成交金额数的一定比例向承办委托的券商交纳的费用；受托买卖未成交时，券商不得向委托者收取佣金。委托买卖股票一般收费标准是1‰～3‰。佣金是投资者在买卖交易中的一种成本，投资者千万不要小看佣金这一比率，如果从事短线交易的话，找一个佣金较低的券商，其一年下来所节省的交易成本也往往是极其可观的。

二、开设证券账户与资金账户

炒股要先开户，开户可以分为两步：一是开设证券交易账户，二是开设资金账户。一般来说，在券商处开设证券账户，随后即可在相应的银行开设资金账户。

证券账户又叫股东账户、股东卡，它是由中国证券登记结算有限责任公司（以下称中证登公司）为投资者开出的记载其证券持有及变更的权利凭证。每个证券账户配发一个股东代码，股东代码是股民在股市中的识别码，每个股东只对应一位投资者，证券交易所通过股东代码来记录这一账户中的每笔明细交易。

证券账户可以分为上海证券账户卡和深圳证券账户卡，它们对应着上海证券交易所（简称上交所）和深圳证券交易所（简称深交所）。开设了上海证券账户卡后，投资者可以买卖在上交所挂牌的股票；开设了深圳证券账户卡后，投资者可以买卖在深交所挂牌交易的股票。一般来说，这两种证券账户卡是投资者都应开设的。开设证券账户卡时，投资者需携带身份证原件及复印件，并到证券公司的营业柜台处办理；如果委托他人代为办理的，必须同时出示委托人和被委托人身份证原件。在开户时，投资得者还要填写开户资料并与证券营业部签订“证券买卖委托合同”，同时签订有关沪市的“指定交易协议书”。对于这些表格的填写，投资者可以在相关工作人员的协助下完成。证券账户卡是股民进行证券交易活动的重要依据，其合法的证券交易及其持有的证券均受法律保护，因而，投资者必须妥善保管，防止丢失。

根据国家有关规定，下列人员不得开设A股证券账户：(1) 证券主管机关中管理证券事务的有关人员；(2) 证券交易所管理人员；(3) 证券经营机构中与股票发行或交易有直接关系的人员；(4) 与发行人有直接行政隶属或管理关系的机关工作人员；(5) 其他与股票发行或交易有关的知情人；(6) 未成年人或无行为能力的人以及没有公安机关颁发的身份证的人员；(7) 由于违反证券法规，主管机关决定停止其证券交易，期限未满者；(8) 其他法规规定不得拥有或参加证券交易的自然人，包括武警、现役军人等。

另外，证券从业人员及国家机关处级以上干部、现役军人等不得参与股票交易，但可以开立基金账户，买卖基金和债券。

证券账户卡是投资者入市买卖股票的资格象征，而投资者在买卖股票时将涉及资金的流入、流出，比如投资者在买股票时，需要用自有的资金去购买；而投资者在卖出股票后，又需要将所得资金返回给投资者；这时，投资者的买卖交易就需要有一个资金管理账户来完成。因而，在开设证券账户卡后，我们还要开设与其挂钩的资金账户。资金账户也称为保证金账户，它是一个由相应银行托管资金、由券商从事核算的资金管理平台。保证金账户只是一个中介的资金管理平台，与它相挂钩的终端是相应的银行卡。银行卡与保证金账户之间是一对一的关系，即投资者只能通过这一银行卡将资金存入、转出保证金账户。这种管理方式可以称之为“客户交易结算资金第三方存管”，它杜绝了券商挪用客户资金的隐患，使得投资者可以安心炒股。

第二节　什么是行情接收软件

投资者开户并将现金存入保证金账户后，就可以在网上买卖股票了。但是，在买卖股票之前，我们要对股票市场、相应的个股等信息有一个全面的了解，此时，我们就要借助股票行情接收软件了。股票行情接收软件也可以称为金融客户端软件，因为这一软件往往还可以接收封闭式基金、期货、债券、全球指数、港股等其他金融类产品或金融市场的信息，所以，股票行情软件可以为我们提供股市的实时走势、个股的实时成交情况；通过它，我们还可以方便地查看股市及个股的历史走势情况、上市公司的相关资料、各种行业新闻和个股消息，等等信息，是我们炒股时必备的工具之一，而我们的买卖交易、分析预测也都是以这些信息、数据为前提的。

在股票市场中有多种股票行情分析软件可供投资者选择，投资者可以从中选择一种或几种来使用。之所以说可以选择几种，这是因为不同的软件除了提供最基本的股市信息外，往往还会包括一些选股功能、分析功能等组件。“工欲善其事，必先利其器”，选择一款容易上手的软件是我们成功进行交易的第一步，当然，选择容易上手软件这一过程可以在不断的实战、看盘基础之上慢慢挑选，不必急于求成。

对于股票行情接收软件的使用方法来说，也是很简单的，只涉及一些基本的电脑操作步骤。如：首先，我们要从相应的网站上下载一款行情软件。如果读者不知道去哪家网站下载、不知道该使用哪一款软件的话，不妨使用搜索引擎。搜索引擎是一个在漫无边际的互联网世界中快速寻找到目标的好工具，专门以搜索引擎为主项的网站有百度、Google 等，除此之外，一些门户类网站，如：网易、腾讯、搜狐、雅虎等也都提供搜索服务。在搜索引擎中输入“股票软件下载”或是“股票行情软件下载”等类似的关键字就可以找出很多可下载相关软件的网址，进入这些网站按步骤下载到本机电脑中就可以了。在下载完成之后，对其进行安装，然后就可以运行使用了。值得一提的是，在运行的时候可能会有一个选择相应行情站点的选项，在这里，建议那些以“网通”方式上网的投资者最好选择相应的网通站点，而那些以“电信”方式上网的投资者则应选择相应的电信站点，这样可以使行情的接收速度更快一些。

第三节 通过行情软件快速了解股市及个股信息

行情软件的安装很简单，但是在安装完相应的行情软件后，我们还要学会其最基本的使用方法；要不然，行情软件的功能再强大、信息再全面，对我们也是起不到帮助作用的。对于股票行情软件来说，它的最基本功能主要包括：调出大盘及个股的走势图、提供某一市场（如：上交所的 A 股市场、深交所的 A 股市场等）的动态行情报价表、提供上市公司的基本资料。在本节中，我们就来了解一下这些最为基本的内容，以便读者可以快速掌握使用软件。

首先，我们来看看如何快速地调出个股及大盘走势图。大盘走势图，也称为大盘指数走势图，（注：关于指数的详细概念，笔者会在后面的章节中介绍）用于反映某一范围内全体个股的整体走势情况。例如，上证指数反映了在上海证券交易所挂牌上市的全体个股的整体走势情况（既包括上交所的A股市场，也包括上交所的B股市场），深圳成指反映了在深圳证券交易所挂牌上市的全体个股的整体走势情况（既包括深交所的A股市场，也包括深交所的B股市场），商业指数则反映了隶属于这一行业下的全体股票的整体走势情况，房地产指数则反应相关的房地产类全体个股的整体走势情况；此外，还有中小板指数用于反映全体中小盘个股的整体走势情况，创业板指数用于反映创业板全体个股的整体走势情况，等等。投资者在此只需了解到，指数是种抽象化的指标，并非是像个股那样实实在在地存在着，它是一种经过数学方法，统计、计算出现的用于反映某一局部区总体走势情况的指标。个股走势图就很好理解了，它是个股的股价变动情况的直接反映。个股是实实在在存在的客体，它的价格也是经真实的买卖交易而出现的。在进行交易时，我们要以个股的盘中实时成交价格作为我们买卖申报的依据。

对于这两种走势图来说，它们的日K线图及分时图是我们最为常用的。日K线图反映了股票价格的历史走势情况，是我们分析当前股票价位所处区间的依据；而分时图是个股盘中的实时成交价格或是指数的实时波动情况。下面我们来看看如何在股票软件上调出这些走势图。

对于大盘指数来说，我们可以通过它的代码或是名称首字母来调出它。例如：上证指数的代码为“000001”，简码为“03”，其拼音首字母为“SZZS”；深圳成指的代码“399001”，简码为“04”，其拼音首字母为“SZCZ”。通过在键盘上输入其代码、或是简码、或是拼音首字母，随后，在行情软件界面右下角处就出现一个动态的键盘精灵窗口，从这一窗口中我们可以看到所输入的代码其对应的目标，随后单击键盘上的回车按键即可进入这一指数走势图界面。见下页图4-1、图4-2、图4-3。

图 4-1 输入名称首字母的方式

图 4-2 输入代码的方式

图 4-3 输入简码的方式

对于输入代码、输入简码、输入名称首字母的这三种方式来说，我们都可以快速地调出大盘指数。就一般人的使用习惯上，笔者认为输入简码的方式无疑要更快捷一些，而且，对于我们最常用的上证指数（注：深圳成指与上证指数的走势存在着极高的正相关性，一般来说，我们只需查看上证指数或深圳成指中的一个就可以了）来说，几乎我们每天在看盘过程中都要多次打开这一走势图，通过输入简码“03”，这将大大地提高我们看盘的效率。

下页图 4-4 为上证指数的分时图，在这一分时图中，我们可以查看到指数的当日盘中走势情况。在盘中交易实时进行时，指数的盘中走势也会实时变化。图中右侧部分会显示出一些当天的统计数据，例如：开盘情况、总成交额、上涨家数、下跌家数、股市平均市盈率，等等。通过操作键盘的功能键 F5，我们可以在分时图与日 K 线图之间来回切换。如下页图 4-5 为上证指数的日 K 线图，在这张日 K 线图中，我们可以清晰地看到指数的历史走势图，通过键盘的“上、下、左、右”方向键切换，我们可放大、缩小、前进、后退等操作。可以说，盘中分时图体现了价格在当日的运行过程及运行情况，而日 K 线图则体现了价格的历史行进过程。在进行具体的分析预测时，我们不仅要关注当天的价格走势图情况，还应重点关注价格的历史走势情况，只有这样，才能更好地把握价格的短期及中长期的走势。

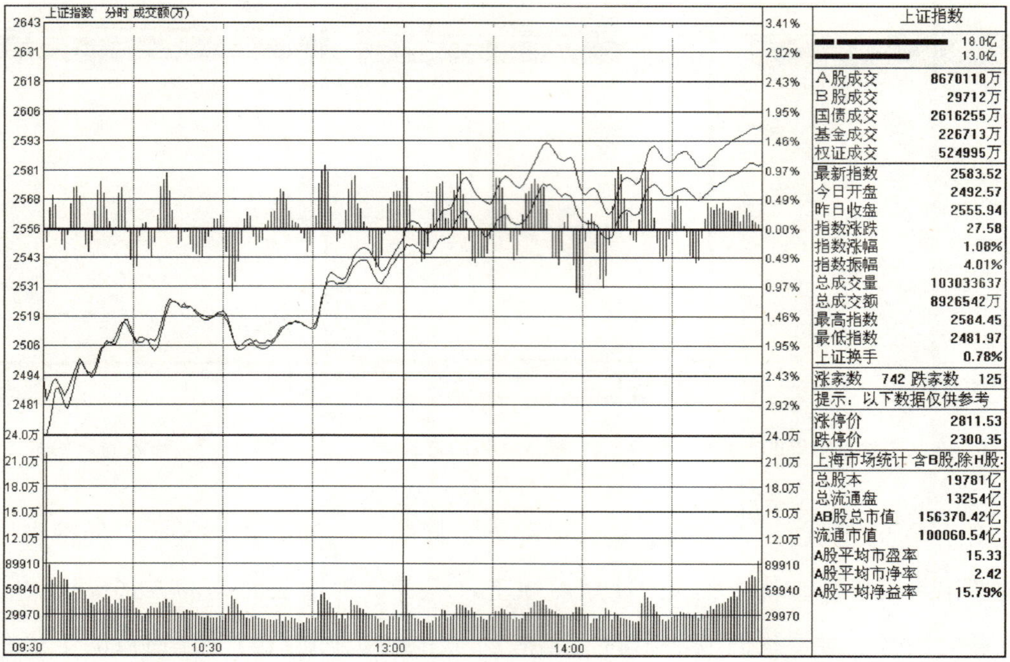

图 4－4 上证指数盘中分时图

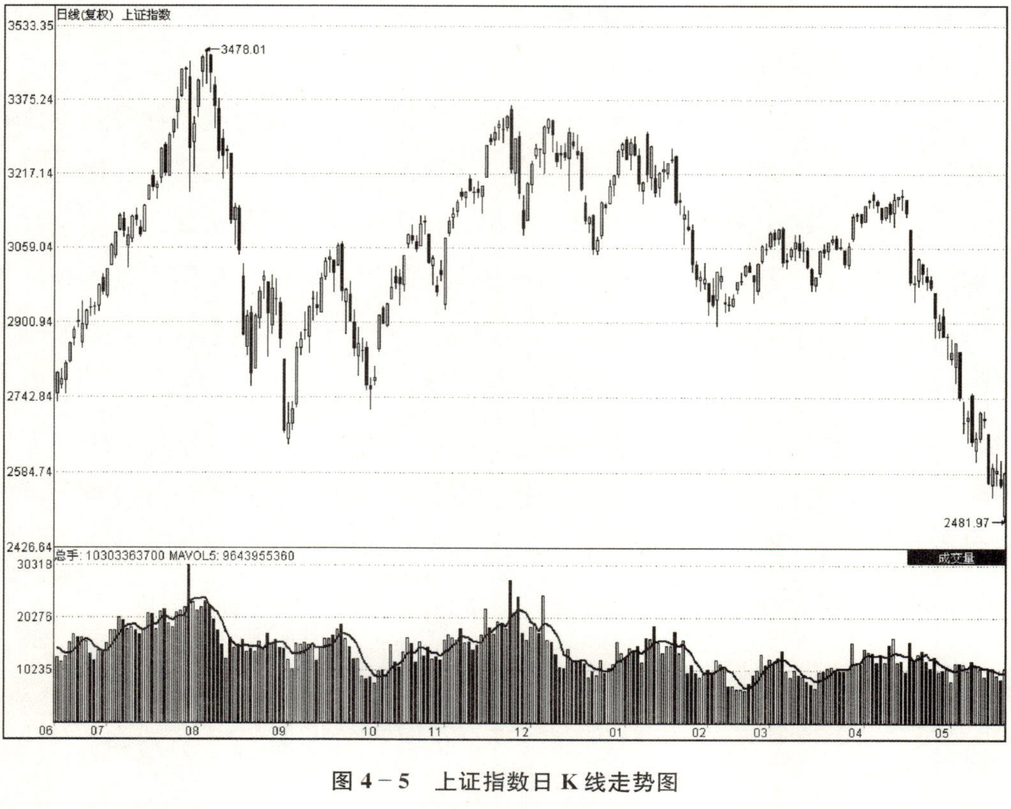

图 4－5 上证指数日 K 线走势图

对于个股来说，调出其走势图的方法与上述相似，也是通过首字母或是股票代码的方式。例如：对于工商银行这只股票来说，其股票代码为“601398”，股票名称的首字母为“GSYH”，通过在键盘上输入 601398 或是 GSYH 就可以看到界面右下方的键盘精灵窗口，如图 4－6、图 4－7 所示；随后，敲击键盘上的回车键即可打开这只个股的走势图。利用键盘上的功能键 F5 就可以在当日分时图与日 K 线走势图间来回切换。

图 4－6　输入名称首字母的方式

图 4－7　输入代码的方式

除了利用股票名称首字母及股票代码的方式打开相应个股的走势图外，我们还可以在股票市场的动态行情报价表中，通过鼠标左键双击相应行情表中的相应股票名称的方式来打开其走势图。所谓的股票行情报价表，往往也被称为涨幅排行榜，它是指以涨幅、量比、振幅、价格等数据为表项，而对这一市场中全体个股进行排行的一个统计表。对于上交所的全体 A 股来说，我们可以利用简码“61”来打开这一涨幅排行榜；对于深交所的全体 A 股来说，我们可以利用简码“63”打开其涨幅排行榜。此外，我们还可以通过“60”将这两个市场进行合并，打开沪深全体 A 股的涨幅排行榜。见图 4－8 至图 4－10。

图 4－8　输入“60”打开沪深全体 A 股的方式

图 4－9　输入“61”打开上证全体 A 股的方式

图 4－10　输入“63”打开深圳全体 A 股的方式

图 4－11 为通过快捷键“60”打开的沪深全体 A 股排行榜示意图。在图中可以看到，这一排行榜的最上方有各种名称的表现，如：“涨幅”、“振幅”、“量比”、“委比”，等等，投资者可以双击某一表项名称来对全体个股依据此表项进行排列，这样就可以快速地找出我们所需要的个股了。例如：如果我们想看看哪些个股在当前表现强劲、涨幅突出或跌幅突出，则我们就可双击“涨幅”这一表项，对全体个股依当日的上涨幅度进行排列。

	代码	名称		涨幅%	振幅%	量比	委比%	所属行业
1	600773	西藏城投		10.07	15.66	1.75	100.00	房地产
2	600683	京投银泰	×	10.06	12.74	2.35	100.00	商业百货
3	600326	西藏天路	×	10.05	14.26	2.87	100.00	公路桥梁
4	600545	新疆城建	×	10.03	9.85	2.03	100.00	建筑建材
5	002268	卫 士 通	×	10.03	13.26	2.70	100.00	电子信息
6	600339	天利高新	×	10.02	12.07	2.89	100.00	化工行业
7	002005	德豪润达		10.02	13.68	2.33	100.00	电器行业
8	002405	四维图新	×	10.01	10.22	0.59	100.00	电子信息
9	300073	当升科技		10.01	14.51	1.11	100.00	其他类四
10	300025	华星创业		10.01	14.69	2.05	100.00	电子信息
11	600406	国电南瑞	×	10.01	13.47	1.67	100.00	电子信息
12	300014	亿纬锂能		10.00	15.01	2.48	100.00	电子器材
13	002223	鱼跃医疗	×	10.00	16.07	1.61	100.00	医疗器械
14	002310	东方园林		10.00	12.97	1.84	100.00	农林牧渔
15	600090	啤酒花		10.00	12.65	2.00	100.00	酿酒行业
16	300077	国民技术		10.00	14.75	0.88	100.00	电子器件
17	002407	多氟多	×	10.00	15.60	1.01	100.00	化工行业
18	002334	英威腾		10.00	14.76	1.51	100.00	电器行业
19	300054	鼎龙股份		9.99	14.44	1.13	-4.35	化工行业
20	002307	北新路桥	×	9.98	9.75	1.88	100.00	建筑建材

图 4－11　通过快捷键“60”打开的沪深全体 A 股排行榜

此外，对于个股来说，了解上市公司的基本资料也是我们分析个股时不可或缺的一项内容。一般来说，在打开了个股的分时图或日 K 线图后，我们可以通过菜单栏下的基本资料、或是 F10 资料、或是上市公司基本信息等选项来打开它，也有一些软件提供了通过在分时图或日K线图中利用鼠标右键点击出现快捷菜单来打开这一项内容的方式。在上市公司的“基本资金”界面下，我们可以看到关于上市公司的主营业务介绍、行业地位、财务报表、重大事项、最新消息等内容。当然，我们也可以通过专业的股票类网站来了解上市公司的基本信息、最新消息及券商分析评等报告的内容，在此，我们就不作过多的介绍了。

第四节 如何下单买卖

在对一只个股的走势进行了分析、预测之后，我们就可以着手开始买卖操作了。买卖操作只是分析、预测的最后一个环节，它仅仅涉及一些基本的操作，而决定我们获利的关键则在于我们能否准确地把握住价格的走势。但为了使投资者可以快速地了解到整个操作过程，我们将对这一部分最为基本的操作性内容提前讲解。

下单买卖需要用到券商提供的交易软件，虽然每一个券商都有自己的交易软件，但其所提供的功能却大同小异，因为投资者无非是通过这一软件实施简单的买进、卖出操作。投资者在券商、银行办理完开户手续后，就可以通过所得到的资金账户号及密码来登录这一交易软件，随后，即可在每个交易日的盘中进行股票的委托买卖、撤单、查询等操作。

使用交易软件时，最为基本的操作有两种，一种是买入股票的操作，一种则是卖出股票的操作。对于买入操作来说，通过点击交易软件中的“买入”功能选项后，在这一界面下输入相应的股票代码，一般来说会自动显示股票名称及当前的市场实时成交价格，如果投资者不修改这一自动显示的价格，是可以实时成交的。此外，若投资者认为股票价格随后会下跌，也可以通过输入低于当前市价的价格来挂出委买单。当然，这种委买单是否会成交取决于股票的价格随后是否会波动到投资者所挂出的这一价格。对于卖出操作来说，通过点击交易软件中的“卖出”功能选项后，在这一界面下输入相应的股票代码，一般来说会自动显示股票名称及当前的市场实时成交价格，如果投资者不修改这一自动显示的价格，是可以实时成交的。此外，若投资者认为股票价格随后会上涨，也可以通过输入高于当前市价的价格来挂出委卖单。当然，这种委卖单是否会成交取决于股票的价格随后是否会波动到投资者所挂出的这一价格。（注：股票交易中的最小成交单位为“手”，1 手等于 100 股，即投资者挂出的买卖单子都应是 100 股的整数倍。对于配股或转增股后，手中持有的股票数量并不是 100 整数倍的股票来说，在卖出时可以按实际持有数量进行卖出，不必一定是 100 的整数倍。）

第五节　股票的交易成本有哪些

交易成本虽然并不是决定买卖成败的核心要素，但它绝对是一个关键要素。在股票的买卖交易中，其交易成本主要体现在“印花税”、“过户费”、“券商佣金”这三方面，下面我们便来看看这几种交易成本。（注：本节中所讨论的交易成本均是针对 A 股市场的。）

证券交易印花税是股民从事证券买卖需强制缴纳的一笔费用，根据一笔股票交易成交金额计征。印花税率的高低可以直接地改变股票的交易成本，因此监管层通过调整印花税率可以起到调控股市的作用。经国务院批准，财政部、国家税务总局决定，从 2008 年 9 月 19 日起，调整证券（股票）交易印花税征收方式，将原有的对买卖、继承、赠与所书立的 A 股、B 股股权转让书据按千分之一的税率对双方当事人征收证券（股票）交易印花税调整为单边征税，即对买卖、继承、赠与所书立的 A 股、B 股股权转让书据的出让方按千分之一的税率征收证券（股票）交易印花税，对受让方不再征税。

过户费也称为经手费，是指委托买卖的股票、基金成交后买卖双为变更股权登记所支付的费用，这笔收入属于证券登记清算机构的收入，由证券经营机构在同投资者清算交割时代为扣收。目前上海证券交易所的过户费为成交面额的 0.1 ‰，起点为 1 元，（注：成交面额不同于成交金额，成交面额是以股票的票面价格为依据的，一般股票面值为 1 元，因而，其过户费是每千股收取 1 元。）深圳证券交易所不收取过户费。

除了以上两种必须缴纳的费用外，交易成本中最为重要的就是券商的佣金。目前，各家券商向散户投资者收取的佣金水平存在较大差别，高的达 0.3%，低的可至万分之四，一般水平在 0.1%～0.2%之间；此外，对于每笔交易佣金不足 5 元的，一律按5元收取佣金。投资者可千万不要小看这佣金的比例，对于小笔买卖的投资者来说，由于有最小佣金的限制，因而其佣金可能也就在5元以上，此时，千分之几的佣金比例与万分之几的佣金比例区别不大。但对于资金数量较大的投资者来说，这其中的差别就很明显了。例如：某投资者用50万元的资金买卖股票，这样一买一卖，所涉及的交易金额就在100万元左右，如果券商的佣金为0.3%，则需交3000元的佣金，如果券商佣金水平为万分之六，则只需交600元左右。投资者若是从事短线交易、频繁地买进或卖出，则其佣金的差额就会更大。因而，对于资金数量相对较大且偏爱于短线交易的投资者来说，在开户之前，详细对比一下不同券商的佣金收取标准并选取一家收费较低的券商，就会使自己在以后的短线操作中节省不少交易成本，一年下来，其累积的金额将是很惊人的。

第六节　必知的涨跌停板与T+1交易制度

对于参与A股市场的国内投资者来说，有两项交易制度是不可不知的：一是T+1交易制度，二是涨跌幅交易制度。所谓的“T+1”，是指当日买入的股票要在下一交易日或是下一交易日之后才可以卖出，即当日买入的股票不能于当日卖出。（注：对于权证来说，可以当日买进且当日卖出，这种制度称之为“T+0”制度。）由于A股市场中实行T+1制度，因而，投资者于当日买入股票时应尽量避免盲目追高，因为一旦随后的价格走势呈现出下跌，则投资者势必面临着股价下跌而无法卖出的不利局面。当然，这种T+1制度只是对买入股票的投资者有一个最短持股时间的限制，对于那些于当日卖出股票的投资者来说，则完全可以在卖出某一只股票之后，立刻用返还的资金再度买入其他股票。

T+1交易制度是对买卖股票间隔时间的一种限制，而涨跌幅限制则是对个股当日的涨幅或跌幅的一种限制。涨跌幅限制是指证券交易所为了抑制过度投机行为，防止市场出现过分的暴涨暴跌，而在每天的交易中规定当日的证券交易价格在前一个交易日收盘价的基础上上下波动的幅度。上海、深圳证券交易所自1996年12月16日起，分别对上市交易的股票（含A、B股）、基金类证券的交易实行价格涨跌幅限制，即在一个交易日内，除首日上市的证券外，上述证券的交易价格相对于上一个交易日收盘价格的涨跌幅度不得超过10%；此外，对于特别处理的股票（ST股票）实行涨跌幅度限制为5%的规定。根据规定，超过涨跌限制的委托为无效委托，当日不能成交。当股票价格上升到该限制幅度的最高限价且不再出现下跌后，此时交易价格就以当日的最高限价进行；这样，个股的盘中走势就会呈现出"一"字形态，这种走势即为涨停板。同理，当股票价格下跌到该限制幅度的最低限价且不再出现回升后，此时交易价格就以当日的最低限价进行；这样，个股的盘中走势就会呈现出"一"字形态，这种走势即为跌停板。

第七节　《上海证券交易所交易规则》解读

为了使投资者能更系统全面地了解股市的交易规则，我们在本节中以《上海证券交易所交易规则》为参考，重点列出了一些投资者应了解的内容。（注：笔者只是节选了《上海证券交易所交易规则》中与投资者买卖交易较为密切的内容，并没有将其全部列出。）

一、关于交易场所

对于交易场所来说，以下几条是投资者需要了解的：

2.1.1　本所为证券交易提供交易场所及设施。交易场所及设施由交易主机、交易大厅、参与者交易业务单元、报盘系统及相关的通信系统等组成。

2.1.2　本所设置交易大厅。本所会员（以下简称"会员"）可以通过其派驻交易大厅的交易员进行申报。

除经本所特许外，进入交易大厅的，仅限下列人员：

（一）登记在册交易员；

（二）场内监管人员。

2.2.1　会员及本所认可的机构进入本所市场进行证券交易的，须向本所申请取得相应席位和交易权，成为本所交易参与人。

交易参与人应当通过在本所申请开设的参与者交易业务单元进行证券交易。

2.2.2 参与者交易业务单元，是指交易参与人据此可以参与本所证券交易，享有及行使相关交易权利，并接受本所相关交易业务管理的基本单位。

2.2.3 参与者交易业务单元和交易权限等管理细则由本所另行规定，报证监会批准后生效。

二、关于交易品种

对于交易品种来说，以下几条是投资者需要了解的：

2.3.1 下列证券可以在本所市场挂牌交易：

（一）股票；

（二）基金；

（三）债券；

（四）债券回购；

（五）权证；

（六）经证监会批准的其他交易品种。

三、关于交易时间

对于交易时间来说，以下几条是投资者需要了解的：

2.4.1 本所交易日为每周一至周五。

国家法定假日和本所公告的休市日，本所市场休市。

2.4.2 采用竞价交易方式的，每个交易日的9:15至9:25为开盘集合竞价时间，9:30至11:30、13:00至15:00为连续竞价时间，开市期间停牌并复牌的证券除外。

根据市场发展需要，经证监会批准，本所可以调整交易时间。

2.4.3 交易时间内因故停市，交易时间不作顺延。

四、关于证券买卖

对于证券买卖来说，以下几条是投资者需要了解的：

3.1.1 会员接受投资者的买卖委托后，应当按照委托的内容向本所申报，并承担相应的交易、交收责任。

会员接受投资者买卖委托达成交易的，投资者应当向会员交付其委托会员卖出的证券或其委托会员买入证券的款项，会员应当向投资者交付卖出证券所得款项或买入的证券。

3.1.2 会员通过其拥有的参与者交易业务单元和相关的报送渠道向本所交易主机发送买卖申报指令，并按本规则达成交易，交易结果及其他交易记录由本所发送至会员。

3.1.3 会员应当按照有关规定妥善保管委托和申报记录。

3.1.4 投资者买入的证券，在交收前不得卖出，但实行回转交易的除外。

证券的回转交易是指投资者买入的证券，经确认成交后，在交收前全部或部分卖出。

3.1.5 债券和权证实行当日回转交易，B股实行次交易日起回转交易。

3.1.6 根据市场需要，本所可以实行一级交易商制度，具体办法由本所另行规定，报证监会批准后生效。

五、关于委托指令

3.3.1 投资者买卖证券，应当开立证券账户和资金账户，并与会员签订证券交易委托协议。协议生效后，投资者即成为该会员经纪业务的客户（以下简称客户）。

3.3.2 客户可以通过书面或电话、自助终端、互联网等自助委托方式委托会员买卖证券。电话、自助终端、互联网等自助委托应当按相关规定操作。

3.3.5 客户可以采用限价委托或市价委托的方式委托会员买卖证券。

限价委托是指客户委托会员按其限定的价格买卖证券，会员必须按限定的价格或低于限定的价格申报买入证券；按限定的价格或高于限定的价格申报卖出证券。

市价委托是指客户委托会员按市场价格买卖证券。

3.3.6　客户可以撤销委托的未成交部分。

3.3.7　被撤销和失效的委托，会员应当在确认后及时向客户返还相应的资金或证券。

六、关于申报

3.4.1　本所接受会员竞价交易申报的时间为每个交易日9:15～9:25、9:30～11:30 、13:00～15:00。

每个交易日9:20～9:25的开盘集合竞价阶段，本所交易主机不接受撤单申报；其他接受交易申报的时间内，未成交申报可以撤销。撤销指令经本所交易主机确认方为有效。

3.4.2　会员应当按照客户委托的时间先后顺序及时向本所申报。

3.4.3　本所接受会员的限价申报和市价申报。

3.4.4　根据市场需要，本所可以接受下列方式的市价申报：

（一）最优五档即时成交剩余撤销申报，即该申报在对手方实时最优五个价位内以对手方价格为成交价逐次成交，剩余未成交部分自动撤销。

（二）最优五档即时成交剩余转限价申报，即该申报在对手方实时五个最优价位内以对手方价格为成交价逐次成交，剩余未成交部分按本方申报最新成交价转为限价申报；如该申报无成交的，按本方最优报价转为限价申报；如无本方申报的，该申报撤销。

（三）本所规定的其他方式。

3.4.5　市价申报只适用于有价格涨跌幅限制证券连续竞价期间的交易，本所另有规定的除外。

3.4.6　限价申报指令应当包括证券账号、营业部代码、证券代码、买卖方向、数量、价格等内容。

市价申报指令应当包括申报类型、证券账号、营业部代码、证券代码、买卖方向、数量等内容。

申报指令按本所规定的格式传送。本所认为必要时，可以调整申报的内容及方式。

3.4.7 通过竞价交易买入股票、基金、权证的，申报数量应当为100股（份）或其整数倍。

卖出股票、基金、权证时，余额不足100股（份）的部分，应当一次性申报卖出。

3.4.8 竞价交易中，债券交易的申报数量应当为1手或其整数倍，债券质押式回购交易的申报数量应当为100手或其整数倍，债券买断式回购交易的申报数量应当为1000手或其整数倍。

债券交易和债券买断式回购交易以人民币1000元面值债券为1手，债券质押式回购交易以人民币1000元标准券为1手。

3.4.9 股票、基金、权证交易单笔申报最大数量应当不超过100万股（份），债券交易和债券质押式回购交易单笔申报最大数量应当不超过1万手，债券买断式回购交易单笔申报最大数量应当不超过5万手。

根据市场需要，本所可以调整证券的单笔申报最大数量。

3.4.10 不同证券的交易采用不同的计价单位。股票为"每股价格"，基金为"每份基金价格"，权证为"每份权证价格"，债券为"每百元面值债券的价格"，债券质押式回购为"每百元资金到期年收益"，债券买断式回购为"每百元面值债券的到期购回价格"。

3.4.11 A股、债券交易和债券买断式回购交易的申报价格最小变动单位为0.01元人民币，基金、权证交易为0.001元人民币，B股交易为0.001美元，债券质押式回购交易为0.005元。

3.4.12 根据市场需要，本所可以调整各类证券单笔买卖申报数量和申报价格的最小变动单位。

3.4.13 本所对股票、基金交易实行价格涨跌幅限制，涨跌幅比例为10%，其中ST股票和*ST股票价格涨跌幅比例为5%。

股票、基金涨跌幅价格的计算公式为：涨跌幅价格=前收盘价×（1±涨跌幅比例）。

计算结果按照四舍五入原则取至价格最小变动单位。

属于下列情形之一的，首个交易日无价格涨跌幅限制：

（一）首次公开发行上市的股票和封闭式基金；

（二）增发上市的股票；

（三）暂停上市后恢复上市的股票；

（四）本所认定的其他情形。

经证监会批准，本所可以调整证券的涨跌幅比例。

3.4.14 买卖有价格涨跌幅限制的证券，在价格涨跌幅限制以内的申报为有效申报，超过价格涨跌幅限制的申报为无效申报。

3.4.15 买卖无价格涨跌幅限制的证券，集合竞价阶段的有效申报价格应符合下列规定：

（一）股票交易申报价格不高于前收盘价格的200%，并且不低于前收盘价格的50%；

（二）基金、债券交易申报价格最高不高于前收盘价格的150%，并且不低于前收盘价格的70%。

集合竞价阶段的债券回购交易申报无价格限制。

3.4.16 买卖无价格涨跌幅限制的证券，连续竞价阶段的有效申报价格应符合下列规定：

（一）申报价格不高于即时揭示的最低卖出价格的110%且不低于即时揭示的最高买入价格的90%；同时不高于上述最高申报价与最低申报价平均数的130%且不低于该平均数的70%；

（二）即时揭示中无买入申报价格的，即时揭示的最低卖出价格、最新成交价格中较低者视为前项最高买入价格；

（三）即时揭示中无卖出申报价格的，即时揭示的最高买入价格、最新成交价格中较高者视为前项最低卖出价格。

当日无交易的，前收盘价格视为最新成交价格。

根据市场需要，本所可以调整申报价格限制的规定。

3.4.17 申报当日有效。每笔参与竞价交易的申报不能一次全部成交时，未成交的部分继续参加当日竞价，本规则另有规定的除外。

七、关于竞价

3.5.1 证券竞价交易采用集合竞价和连续竞价两种方式。

集合竞价是指在规定时间内接受的买卖申报一次性集中撮合的竞价方式。

连续竞价是指对买卖申报逐笔连续撮合的竞价方式。

3.5.2 集合竞价期间未成交的买卖申报，自动进入连续竞价。

八、关于成交

3.6.1 证券竞价交易按价格优先、时间优先的原则撮合成交。

成交时价格优先的原则为：较高价格买入申报优先于较低价格买入申报，较低价格卖出申报优先于较高价格卖出申报。

成交时时间优先的原则为：买卖方向、价格相同的，先申报者优先于后申报者。先后顺序按交易主机接受申报的时间确定。

3.6.2 集合竞价时，成交价格的确定原则为：

（一）可实现最大成交量的价格；

（二）高于该价格的买入申报与低于该价格的卖出申报全部成交的价格；

（三）与该价格相同的买方或卖方至少有一方全部成交的价格。

两个以上申报价格符合上述条件的，使未成交量最小的申报价格为成交价格；仍有两个以上使未成交量最小的申报价格符合上述条件的，其中间价为成交价格。

集合竞价的所有交易以同一价格成交。

3.6.3 连续竞价时，成交价格的确定原则为：

（一）最高买入申报价格与最低卖出申报价格相同，以该价格为成交价格；

（二）买入申报价格高于即时揭示的最低卖出申报价格的，以即时揭示的最低卖出申报价格为成交价格；

（三）卖出申报价格低于即时揭示的最高买入申报价格的，以即时揭示的最高买入申报价格为成交价格。

3.6.4　按成交原则达成的价格不在最小价格变动单位范围内的，按照四舍五入原则取至相应的最小价格变动单位。

3.6.5　买卖申报经交易主机撮合成交后，交易即告成立。符合本规则各项规定达成的交易于成立时生效，买卖双方必须承认交易结果，履行清算交收义务。

因不可抗力、意外事件、交易系统被非法侵入等原因造成严重后果的交易，本所可以采取适当措施或认定无效。

对显失公平的交易，经本所认定并经理事会同意，可以采取适当措施，并向证监会报告。

违反本规则，严重破坏证券市场正常运行的交易，本所有权宣布取消，由此造成的损失由违规交易者承担。

3.6.6　依照本规则达成的交易，其成交结果以本所交易主机记录的成交数据为准。

3.6.7　证券交易的清算交收业务，应当按照本所指定的登记结算机构的规定办理。

九、关于开盘价与收盘价

4.1.1　证券的开盘价为当日该证券的第一笔成交价格。

4.1.2　证券的开盘价通过集合竞价方式产生，不能产生开盘价的，以连续竞价方式产生。

4.1.3　证券的收盘价为当日该证券最后一笔交易前一分钟所有交易的成交量加权平均价（含最后一笔交易）。当日无成交的，以前收盘价为当日收盘价。

十、关于挂牌、摘牌、停牌与复牌

4.2.1 本所对上市证券实行挂牌交易。

4.2.2 证券上市期届满或依法不再具备上市条件的，本所终止其上市交易，并予以摘牌。

4.2.3 股票、封闭式基金交易出现异常波动的，本所可以决定停牌，直至相关当事人作出公告当日的上午10:30予以复牌。

根据市场发展需要，本所可以调整停牌证券的复牌时间。

4.2.4 本所可以对涉嫌违法违规交易的证券实施特别停牌并予以公告，相关当事人应按照本所的要求提交书面报告。

特别停牌及复牌的时间和方式由本所决定。

4.2.5 证券停牌时，本所发布的行情中包括该证券的信息；证券摘牌后，行情中无该证券的信息。

4.2.6 证券开市期间停牌的，停牌前的申报参加当日该证券复牌后的交易；停牌期间，可以继续申报，也可以撤销申报；复牌时对已接受的申报实行集合竞价，集合竞价期间不揭示虚拟开盘参考价格、虚拟匹配量、虚拟未匹配量。

4.2.7 证券挂牌、摘牌、停牌与复牌的，本所予以公告。

4.2.8 证券挂牌、摘牌、停牌与复牌的其他规定，按照本所上市规则或其他有关规定执行。

十一、关于除权与除息

4.3.1 上市证券发生权益分派、公积金转增股本、配股等情况，本所在权益登记日（B股为最后交易日）次一交易日对该证券作除权除息处理，本所另有规定的除外。

4.3.2 除权（息）参考价格的计算公式为：除权（息）参考价格=[（前收盘价

格一现金红利)+配（新）股价格×流通股份变动比例]÷(1+流通股份变动比例)。

证券发行人认为有必要调整上述计算公式的，可向本所提出调整申请并说明理由。本所可以根据申请决定调整除权（息）参考价格计算公式，并予以公布。

除权（息）日即时行情中显示的该证券的前收盘价为除权（息）参考价。

4.3.3 除权（息）日证券买卖，按除权（息）参考价格作为计算涨跌幅度的基准，本所另有规定的除外。

十二、关于证券交易公开信息

5.4.1 有价格涨跌幅限制的股票、封闭式基金竞价交易出现下列情形之一的，本所公布当日买入、卖出金额最大的五家会员营业部的名称及其买入、卖出金额：

（一）日收盘价格涨跌幅偏离值达到±7%的各前三只股票（基金）；

收盘价格涨跌幅偏离值的计算公式为：收盘价格涨跌幅偏离值=单只股票（基金）涨跌幅一对应分类指数涨跌幅。

（二）日价格振幅达到15%的前三只股票（基金）；

价格振幅的计算公式为：价格振幅=(当日最高价格一当日最低价格)÷当日最低价格×100%。

（三）日换手率达到20%的前三只股票（基金）；

换手率的计算公式为：换手率=成交股数(份额)÷流通股数(份额)×100%。

收盘价格涨跌幅偏离值、价格振幅或换手率相同的，依次按成交金额和成交量选取。

对应分类指数包括本所编制的上证A股指数、上证B股指数和上证基金指数等。

对第3.4.13条规定的无价格涨跌幅限制的股票、封闭式基金，本所公布当日买入、卖出金额最大的五家会员营业部的名称及其买入、卖出金额。

5.4.2 股票、封闭式基金竞价交易出现下列情形之一的，属于异常波动，本所分别公告该股票、封闭式基金交易异常波动期间累计买入、卖出金额最大五家会员营业部的名称及其买入、卖出金额：

（一）连续三个交易日内日收盘价格涨跌幅偏离值累计达到±20%的；

（二）ST股票和*ST股票连续三个交易日内日收盘价格涨跌幅偏离值累计达到±15%的；

（三）连续三个交易日内日均换手率与前五个交易日的日均换手率的比值达到30倍，并且该股票、封闭式基金连续三个交易日内的累计换手率达到20%的；

（四）本所或证监会认定属于异常波动的其他情形。

异常波动指标自复牌之日起重新计算。

对第3.4.13条规定的无价格涨跌幅限制的股票、封闭式基金不纳入异常波动指标的计算。

5.4.3 本所根据第4.2.4条对证券实施特别停牌的，根据需要可以公布以下信息：

（一）成交金额最大的五家会员营业部的名称及其买入、卖出数量和买入、卖出金额；

（二）股份统计信息；

（三）本所认为应披露的其他信息。

5.4.4 证券交易公开信息涉及机构的，公布名称为“机构专用”。

5.4.5 根据市场发展需要，本所可以调整证券交易公开信息的内容。

第五天　新股上市全程接触

◆第一节　哪些企业可以申请上市

◆第二节　新股上市的流程

◆第三节　投资者如何申购新股

第一节　哪些企业可以申请上市

新股上市也称为IPO，IPO是Initial Public Offerings的缩写，中文意思是首次公开募股，也就是首次公开发行股票。

企业上市是指企业可以在股票一级市场中通过发行股票的方式进行融资，并随后正式登陆二级市场进行交易。对于一家企业来说，能够登陆上海证券交易所或是登陆深圳证券交易所从而成为一家成功的上市公司，对未来的发展有着不可限量的作用。首先，公司首次发行上市可以筹集到大量的资金，上市后也有再融资的机会，从而为企业进一步发展壮大提供了资金来源；其次，公司取得上市地位，有助于提高自身信用状况，增强金融机构对公司的信心，使公司在银行信贷等业务方面获得便利。可以说，成为一家上市公司既是企业实力的象征，也为企业的后续发展勾勒出了美好的未来。但是，上市公司的资源有限，资本市场的资金量也不是无限大，只有符合一定条件的企业才可以申请上市。那么，企业应符合哪些条件呢？

一般来说，欲申请上市的企业首先应在公司的结构上、公司的治理上符合股份制有限公司的标准；其次，在财务上还有着较为严格的硬性要求，"发行前3年的累计净利润超过3000万元人民币；发行前3年累计净经营性现金流超过5000万元人民币或累计营业收入超过3亿元人民币；无形资产与净资产比例不超过20%；过去3年的财务报告中无虚假记载"。当然，除了以上各点外，对于企业的独立性、行业竞争情况、股本及公众持股等方面也都有着极为严格的要求。可以说，如果一家企业能够成功上市，在不作细致调研的情况下，我们姑且可以认为它是一家不错的企业。虽然有一些企业在成功上市后，其业绩每况愈下，直至被扣上ST，甚至*ST的亏损帽子，但这样的企业毕竟还是少数。

第二节　新股上市的流程

本节中，我们来了解一下新股上市的流程，以便为随后的进行申购新股的操作打下基础。企业在申请上市获批后，就会被安排在某一交易日开始进行网上申购。网上申购的价格称为新股的发行价，发行价一般由网下配售的机构进行竞价而得来。如果众多机构很看好一只新股并追捧它，则此股的发行价往往就会被定得很高；反之，则新股的发行价就会被定得相对低一些。可以说，发行价是众多机构资金竞争后产生的，它是一种市场机制的体现。新股在一级市场中的最初发行分为网下配售（面向机构投资者）与网上申购（面向公众投资者），网下配售早于网上发行。对于普通投资者来说，主要关注网上申购即可，假设网上申购当日为 T 日。

下面我们以 T 日为标准，看看新股的上市流程：

第 T 日，新股网上发行，投资者可以当日登录委托交易软件进行申购，下午 4 时后保荐机构可向交易所询问网上资金申购初步结果。

第 T+1 日，中国证券登记结算有限责任公司上海分公司（以下简称中国结算公司上海分公司）冻结申购资金，交易所将根据最终的有效申购总量进行连续配号。配号的原则是对于将在上海证券交易所挂牌上市的新股按每 1000 股为一个单位给予一个配号，对将在深圳证券交易所挂牌上市的新股按每 500 股为一个单位给予一个配号。公布中签率，中签率类似于中奖率，因为申购的资金往往选大于实际所需的募集资金，故只能有一小部分投资者中签。中签率的计算方法为：实际募集资金数额所需的配号数量÷当前的申购资金配号数量。一般来说，投资者当日可以在委托交易软件中查询其所得配号的情况。

第 T+2 日，由保荐机构举行摇号仪式并公布中签号，进行中签处理。此外，还要确定最终的发行价格。（注：一般来说，第 T 日的申购价往往就是最终的发行价；有时候由于一些原因导致申购价与最终发行价有些偏差，但偏差额度往往较小，且会在申购日给予提示。）当日公布中签号之后，投资者当日可以在委托交易软件中查询是否中签。

第 T+3 日，申购资金解冻。

第三节 投资者如何申购新股

申购新股也称为“打新”。申购新股往往被视为一种无风险的获利方式，这种说法虽有其片面之处，但也不失客观性。因为新股在正式登陆二级市级的当天往往都会出现高开50%甚至高于100%以上的情况（相对于一级市场的发行价而言），这就是说：如果投资者在一级市场中成功申购到新股，那么，在新股登陆二级市场的当天进行卖出的话，就获利不菲。但任何事物都有其正反两面，申购新股的风险虽然远远低于在二级市场中直接买卖股票的风险，但若是想要成功申购到新股（即中签）往往是很困难的。对于申购资金数额小、申购股票数量少的投资者来说，也许忙忙碌碌地申购一年下来，也不见得能中得一签。那么，我们是否应该去申购新股呢？依笔者经验来看，不同的市场环境是决定投资者是否打新的关键原因。当股票市场处于明显的整体低估区时，将资金布局于那些后期上涨潜力较大的个股是一个更好的选择；而当市场整体处于明显的泡沫区时，拿出少量的资金参与二级市场中的短线操作，而用大量的资金进行风险较低的新股申购就比较明智。本节中，我们就来看看如何申购新股及申购新股时要注意的事项。

一、注意申购时间

投资者可以通过各大财经、股票类网站来了解新股上市的节奏，这样就可以很清楚地知道哪一个交易日可以申购哪一只新股，这只新股的发行价、申购代码等信息。在新股申购日（就是上面所说的第T日），投资者可以在当日的9:30～11:30或13:00～15:00时，通过登录委托交易软件（就是投资者在二级市场买卖股票时所用交易软件），点击“买入”功能选项（注：申购新股其实与在二级市场中买入股票的过程是一致的），输入新股申购代码、申购数量等信息，并点击“确定”就可以成功地发出申购指令了。值得注意的是：申购新股的委买单一经发出就不得再撤销，这一点与二级市场中买股票的方式略有不同，因为在二级市场中买股票的话，如果所发出的委买单没有成交的话，是可以撤销的。

二、注意申购数量

二级市场中买卖股票是以“手”为最小单位，1 手＝100 股。而新股申购的最小单位，在沪市挂牌上市的股票其最小申购单位为 10 手，即 1000 股；超过 1000 股的，必须为 1000 股的整数倍，因为沪市以每 1000 股为 1 个单位的原则对申购者进行配号。在深市挂牌上市的股票其最小申购单位为 5 手，即 500 股；超过 500 股的，必须为 500 股的整数倍，因为深市以每 500 股为 1 个单位的原则对申购者进行配号。此外，最大申购数量不得超过上网定价发行公告中规定的申购上限。

三、注意近期新股上市首日的表现

据 2010 年上市新股的申购情况来看，当前的新股表现有所改观，尤其体现在新股上市首日的涨幅上。这不得不使得投资者在申购新股时应重新审视一下当前的市场。对于欧美很多较为成熟的股票市场来说，新股上市首日的平均涨幅多在 20％以下，一般为 10％左右。而国内以前由于新股的发行价明显低于二级市场同类个股估值，这才使得新股在上市首日往往出现大幅高开，出现百分之几十甚至上百的涨幅。以往，即使在熊市的时候，新股上市的首日涨幅往往也极为可观。但是随着新股定价机制的改革，使得一级市场的发行价与二级市场的认可价之间的距离正在逐渐缩小，很多新股在上市首日仅仅出现了百分之几，甚至在上市当天就处于破发状态，这其中也包括了一些中签率很低的中小盘个股。国内一级市场与二级市场之间差价的缩小这一趋势是与国际接轨的，这一点也是当前投资者在申购新股时应格外关注的。

在实盘操作中，如果新股的发行价定得过高，则申购这样的新股显然意义不大，因为它不仅会使投资者面临着新股上市首日破发的风险，还会出现由于资金被冻结而导致无法购买其他个股的情况。在新股屡屡出现破发而新股定价仍然居高不下的时候，投资者就不妨将重点更多地关注那些在二级市场中更有潜力的个股。

第六天 上市公司的市场行为解读 1

股票市场是一个涵盖知识面较广的市场，要想更好地理解股票价格的走势、上市公司的资产运作，我们就要解读上市公司的市场行为，从而才能更好地预测股票价格的走势、理解价格的波动。

第一节　什么是股息与红利

如果说短线投资者往往只关注股票在二级市场中的涨跌情况的话，那么，股息和红利则是中长线投资者选股的重要标准。关注股息的回报率可以说是中长线投资者的一种理财方式，它完全不同于那些凭技术，在短期的快进、快出中获取短期差价的短线炒股。这一点也是我们在了解这一概念前应明确的，否则的话，我们完全可以不必关注它。

上市公司在赚了钱之后，即我们所说的创造了利润的前提下，既可以将这些利润用于企业下一年度的发展，也可以将这些利润中的一部分回报给投资者。沪深股市的上市公司进行利润分配一般只采用股票红利和现金红利两种，即通常所说的送红股和派现金。股息、红利亦合称为股利、现金分红，股份公司通常在年终结算后，会将赢利的一部分作为股息按股额分配给股东。它是上市公司直接将所得利润中的一部分派发给持股者的一种分红形式，也是持股者衡量上市公司“好坏”的一种重要标准。因为，现金分红是从上市公司中直接提取现金分派给投资者，可以说，它是上市公司实实在在的“出血”。当然，这种现金分红也常常被看作是上市公司对股东负责、为股东谋利的一种表现，对于那些创造了较多的利润而连年不分红的上市公司来说，市场上常将其形象地称为“铁公鸡”。

现金分红之所以被投资者看重，是因为投资者往往都有一种“落袋为安”心理，毕竟企业在未来的经营过程中将面临着较大的不确定性，如果上市公司在没有十足把握的情况下，将当年所创造的利润一分不剩地全部用于下一年度的发展中，则股东就会面临着较大的风险。因为，一旦这种大量的资金投入无法使企业业绩持续增长，则势必会引起股价的下跌。通过每年都派发一定数额的现金分红，可以在一定程度上减轻投资者的这种担忧，而且，由于现金分红的数量往往只是全部利润的一部分，也并不妨碍企业未来发展所需的资金。

此外，股息的多少也是投资者在选择将钱存入银行还是买入股票时的一项重要标准。如果上市公司的现金分红明显高于同期的银行利率，且上市公司经营稳健，具有连年分红的信誉保证，则投资者买入股票并通过股票分红来获取利润就优于通过将钱存入银行来获取利息的方式，这也是一种对比式的理财之道，即哪种投资者方式可以在较为稳定的情况下获取更高的回报，则投资者就会倾向于将钱投入到哪一领域。

表 6－1 为工商银行（601398）2007—2009 年近 3 年来的分红情况表。从表中可以看到，作为一只大盘股，工商银行在 2006 年 10 月末上市之后，于 2007—2009 年连续 3 个年度都推出了稳定的分红方案。这种稳定的分红方案是以此股稳定的业绩为支撑的，而稳定的业绩又是投资者可以明确预期的，因而，对于这样一只较为重分红的个股来说，如果其股价明显偏低、股息率明显高于同期的银行利率时，如果要投资者在银行定期存款与股票投资中择一而为之，投资者是完全可以中长线投资买入此股的。（注：关于表中的股权登记日及除权除息日这两个概念，我们会在随后进行介绍。）

表 6－1　工商银行 2007—2009 年分红情况表

时　　间	分红扩股方案	具体日期
2009 年末期	每 10 股分红 1.7 元	股权登记日：2010 年 5 月 26 日 除权除息日：2010 年 5 月 27 日
2008 年末期	每 10 股分红 1.65 元	股权登记日：2009 年 6 月 3 日 除权除息日：2009 年 6 月 4 日
2007 年末期	每 10 股分红 1.33 元	股权登记日：2008 年 6 月 17 日 除权除息日：2008 年 6 月 18 日

下页表 6－2 为大秦铁路（601006）2007—2009 年近 3 年来的分红情况表。此股在 2006 年 8 月作为新股上市后，于 2007—2009 年连续 3 个年度都推出了稳定的分红方案。截至笔者定稿时为止，大秦铁路的股价在 8 元附近，而它的分红方案为每 10 股派 3 元，可以说，这一分红方案是明显高于同期的 1 年期银行利率的。因而，相对于银行存款来说，买股票获取更高的红利回报就不失为一种更可取的理财方式。

表 6－2　大秦铁路 2007—2009 年分红情况表

时　　间	分红扩股方案	具体日期
2009 年末期	每 10 股分红 3.0 元	
2008 年末期	每 10 股分红 3.0 元	股权登记日：2009 年 6 月 30 日 除权除息日：2009 年 7 月 1 日
2007 年末期	每 10 股分红 3.0 元	股权登记日：2008 年 6 月 30 日 除权除息日：2008 年 7 月 1 日
2006 年末期	每 10 股分红 3.0 元	股权登记日：2007 年 6 月 15 日 除权除息日：2007 年 6 月 18 日

股息、红利的多少往往只是中长线投资者关注的重点，国内的股市是一个投机性质较为浓厚的市场，短期内暴涨的个股往往是那些业绩一般但却符合市场热点的个股。如果比照这看似可怜“分红”来说，短期百分之十甚至百分之几十利润的诱惑无疑远远高于价值投资。但炒股讲究的是策略，而且，股市既对那些价值投资者敞开，也对那些短线投机者敞开，不同的投资者只要制定好符合自身的策略，就可以从这个市场中获取更多的利润。如果一会去做短线，一会又是参与价值投资者，跟着股评左右摇摆，到了最后，很可能会竹篮打水一场空，既亏了本金、又亏了时间与精力，得不偿失。

第二节　为何要停牌

停牌与复牌是一组相对的概念，停牌就是停止交易，短则一个小时，长则几个月甚至更长。原因主要是上市公司发生了一些特别的事情，如：股东大会、增资扩股、股价异常波动、披露重大消息、股改，等等，为防止在此期间发生股价的不正常交易损害股民利益，暂时停止交易；复牌则是在停牌之后再度恢复交易。停牌多是证券交易所为了维护广大投资者的利益和市场信息披露公平、公正，以及对上市公司行为进行监管约束而采取的必要措施。本节中所说的停牌是指个股由于某些事件而停止交易这种情况，与股市因节假日等原因的休市不同。

通常来讲，造成上市公司的股票出现停牌的原因主要有四种：一是上市公司有重大事项正在进行中或是将要进行，由于重大事项往往存在着不确定性且会对个股走势产生明显的影响，因而要进行停牌，直至重大事项进展明确时才会复牌交易。重大事项有很多种，比如：上市公司进行资产注入、上市公司进行股权投资或是矿区开采、上市公司有重大的收购或被收购事项，等等。二是上市公司每年都有例行的股东大会要召开，在股东大会召开日，上市公司的股票要进行停牌处理。三是由于个股的异动走势，证券监管机关往往会要求上市公司对有关未发布的信息进行披露或澄清。四是上市公司涉嫌违规需要进行调查时，其股票往往也会被停牌，直至调查结果发布或是调查告一段落时，才会复牌交易。

第三节　了解公开增发的全过程

增发通常被称为公开增发，其面向对象是公众投资者，是上市公司从二级市场中进行融资的一种方式，即通过增发新股再次募集资金。这些新募集而来的资金自然有其用途，上市公司会在发布增发预案时阐述其资金用途。一般来说，增发新股并募集资金多为了用于企业的再度发展，但是，为了防止一些资质较差的上市公司利用增发来进行恶意的“圈钱”，证监会对那些欲进行增发新股的上市公司设定了一定的门槛：上市公司申请增发新股，除应当符合《上市公司新股发行管理办法》的规定外，还应当符合最近 3 个会计年度加权平均净资产收益率均不低于 10%，且最近 1 个会计年度加权平均净资产收益率不低于 10%等条件。此外，值得注意的一点是：依据 2008 年 10 月 9 日新修订并实施的《上市公司证券发行管理办法》第八条第五项规定：“最近 3 年以现金方式累计分配的利润不少于最近 3 年实现的年均可分配利润的 30%。”该规则也成为上市公司实行公开增发募集资金的必备前提。

那么，增发究竟是好事还是坏事呢？证监会允许上市公司通过增发募集资金这一方式就是为了发挥股票市场的再融资作用，可以说，其初衷是为了可以让企业募集资金寻求发展。但任何事物都有其两面性，既然市场中很多投资者把增发与“圈钱”联系起来，那么，就客观地说明的确有一些企业在增发之后虽然募集到较多的资金，但是其后期的发展并没有起色，而股民也是白投了冤枉钱。因而，当一家企业进行增发时，投资者要擦亮眼睛，看看其增发新股后会将所募集的资金投向何处，如果是用于还债或是将资金投向那些无法创造利润的资产时，则这种增发就是不值得参与的；如果是将增发所募集的资金用于主营业务的再扩建、收购优质资产，从而可以为企业的后续发展增添活力的话，那么，这种增发就有积极的意义，是可以适当参与的。

增发是面向二级市场中的广大投资者，因而会对股市起到“抽血”的作用。在股票市场处于弱势的状态时，这种增发方案往往会解释为恶意圈钱方案，是对投资者信心的打击，属于重大利空，不仅促使个股下跌，也会造成股市的连锁下跌效应。因而，在股票市场处于弱势时，上市公司一般不会进行公开增发，证监会往往也会延期批准增发方案。由于公开增发直接关系到普通投资者，因而，下面我们以万科A（000002）的公开增发方案为例，看看上市公司的增发方案是如何按步实施的。

2007年8月22日万科A公布增发方案：“万科A，31.53元/股，增发31715万股A股，优先配售股权登记日8月23日。”

在这一增发方案中，主要包括了增发价格、增发数量、募集资金用途等内容，下面我们就来逐一分析一下：

“万科A（000002）公司2007年度增发的申请已获得中国证券监督管理委员会证监发行字〔2007〕240号文核准。”这一项内容说明这一增发方案已获批准，上市公司的再融资计划随后即可顺利实施。

“本次增发拟发行不超过31715.8261万股A股，预计融资规模不超过100亿元人民币，拟投资11个项目。”这一项内容主要说明新募集资金的用途。

“股权登记日：2007年8月23日。”这一项内容是用于统计原有股东的最终日期，这一日收盘后，记录在案的投资者（即持有万科A的投资者）可以优先认购增发股。

“本次增发采取原A股股东全额优先认购，原A股股东优先认购后剩余部分采用网上、网下定价发行相结合的方式发行。”这一项内容说明了认购增发股的优先顺序，很明显，已持有万科A股的股东可以优先认购。

“本次增发A股发行价格为31.53元/股，不低于招股意向书刊登日前20个交易日万科A股股票收盘价均价。”这一项内容说明公开增发价是以公布这一方案日的前20个交易日的收盘价均价为标准的，这意味着，投资者此时认购并无利可图，但如果随后股价上涨了，则是有利可图的，如果随后股价下跌则要面临着被套的局面。

“本次发行网上申购包括：公司原A股股东优先认购部分、公司原A股股东额外申购部分和其他投资者申购，申购代码为‘070002’，申购简称为‘万科增发’。”这一项内容给出了申购代码及名称。

“发行对象：本次发行对象包括万科原A股股东，以及股权登记日收市时，其他在中国证券登记结算有限责任公司深圳分公司开立A股账户的自然人和机构投资者（国家法律法规禁止者除外）。万科原A股股东需要通过网上发行方式行使优先认购权。机构投资者除行使优先认购权部分的申购以外，可自愿选择网上或网下其中的一种申购方式（如果机构投资者同时参加网上和网下申购，则网下申购部分将被视为无效申购）参与本次发行。其他拟参与本次发行的投资者（自然人）须通过网上发行方式参与认购。”这一项内容指出了公开增发所面向的对象，及这些对象的认购优先级别。

“本次发行日程安排：（注：这一项内容给出增发计划的整个时间表）

T－2（8月22日）刊登增发招股意向书摘要、增发A股发行公告、网上路演公告。9:30～10:30万科A、B股停牌，其后正常交易。

T－1（8月23日）网上路演，股权登记日万科A、B股正常交易。

T（8月24日）网上、网下申购日，网下申购定金缴款日（申购定金到账截止时间为当日17:00时）。

T＋1（8月27日）网下申购定金验资。

T＋2（8月28日）网上申购资金验资，确定网上、网下发行股数，计算除原A股股东优先认购外的网上、网下配售比例。万科A股全天停牌，万科B股不停牌。

T＋3（8月29日）刊登发行结果，退还未获配售的网下申购定金；网下申购投资者根据配售结果补缴余款（到账截止时间为T＋3日17:00），网上配售股票发售万科A股9:30～10:30停牌，其后正常交易；万科B股正常交易。

T＋4（8月30日）网上未获配售的资金解冻，网下申购资金验资，募集资金划入发行人指定账户，万科A、B股正常交易。”

“除权安排：本次发行不作除权处理，增发股份上市流通首日万科A股股票不设涨跌幅限制，B股按市场规定设涨跌幅限制。”

“上市时间：本次增发股份无锁定期限制（公司董事、监事及高管所认购股份除外）。本次增发结束后，发行人将尽快办理增发股份上市的有关手续。具体上市时间将另行公告。”这一项内容较为重要，它说明投资者在成功买进增发的股票后，要面临着一段时间的锁定期。（这一锁定期主要是上市公司办理相关手续的时间，多在一星期左右即可完成，因而，也常被称为无锁定期。）此股在这短短数日内的涨跌情况将直接决定买入的增发股是处于赢利状态还是亏损状态，如果这几日大盘正好出现的暴跌走势，则认购增发的股东无疑要面临亏损的局面。

“认购时间：优先认购时间为2007年8月24日深交所交易系统的正常交易时间，即9:30～11:30，13:00～15:00。”这一项内容指出了投资者认购增发股的时间。

随后，此股于2007年8月29日（即刊登发行结果当日）开始复牌交易，并于2007年9月4日刊登公告：“万科A，增发的31715万股A股将于2007年9月5日上市。”这意味着认购增发股的股东可以在2007年9月5日开始在二级市场中卖出这些认购来的股票。2007年9月5日该股的收盘价为33.08元，高于增发价31.53元，这说明，参与增发的投资者可以在当日卖出这些增发股而获利。但这种情况只能在牛市中出现，如果在市场处于振荡下跌中参与增发，则很可能会出现亏损的情况。

第四节　为何说定向增发是实实在在的利好

定向增发也称为非公开增发，与公开增发不同，定向增发不是面向二级市场中的公众投资者，它是面向特定的机构投资者。由于所面向的对象是相应的机构投资者而非市场大众，因而，实施定向增发的上市公司不必像实施公开增发的上市公司那样有着较为严格的条件，可以说，这是一个两厢情愿的买卖；即使上市公司处于亏损状态，但只要相应的机构资金、战略投资者，或是上市公司的大股东愿意买的话，上市公司也可以实施定向增发方案。

对于普通投资者来说，上市公司的定向增发行为应如何理解呢？它有哪些注意事项是值得注意的呢？首先，我们要知道，定向增发往往是上市公司的资产注入行为，而且，与公开增发不同，定向增发所注入的资产往往是一些较为优质的资产，甚至有可能是上市公司的控股大股东将其庞大的优质资产注入上市公司的重大资产注入行为。因而，当上市公司实施定向增发方案时，我们会看到这一定向增发方案所对应的重大资产注入行为足以使上市公司发生脱胎换骨的转变，从而能够使一只原本处于亏损状态的垃圾股摇身一变而成为绩优股。这也是我们为什么将定向增发看作是上市公司实实在在利好消息的缘故。

其次，定向增发的股价一般都低于当前的市场价，而且，对相应的机构或是上市公司大股东定向增发的股份都有一个锁定期限。根据证监会推出的《再融资管理办法》（征求意见稿）中，对于定向增发行为而言，规定了其发行对象不得超过10人，发行价不得低于市价的90%，发行股份12个月内（大股东认购的为36个月）不得转让。可以说，定向增发所发售的股份至少在这一方案实施后的12个月内不会对股票市场造成压力，它也并非是对二级市场的抽血。定向增发有些类似于一级市场中的网下配售行为。（一级市场网下配售的对象正是机构投资者。）

下页图6－1为深天地A（000023）2009年3月12日至7月23日期间走势图。如图标注所示，此股在2009年7月9日公布定向增发方案，其所募集资金用于收购其他企业。这是一个明显的利好，当日及随后一日，此股连续出现的两个无量涨停板走势即是对这一利好的直接反映。

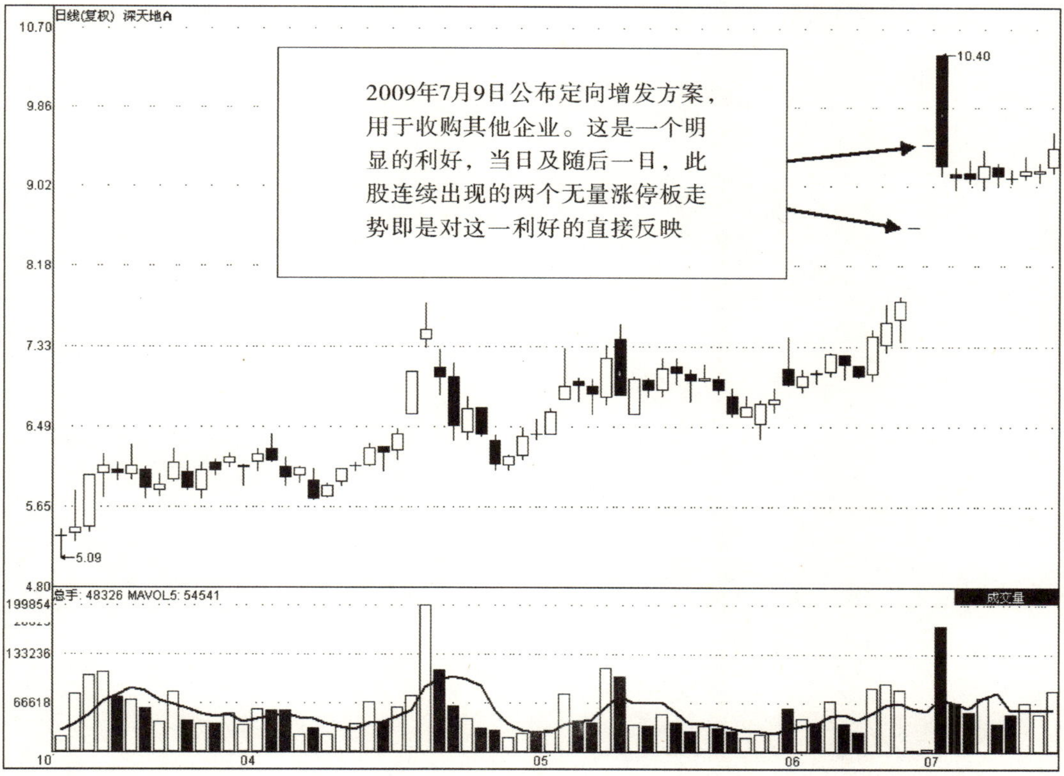

图6－1　深天地A定向增发利好示意图

第七天　上市公司的市场行为解读 2

◆第一节　什么是股权激励

◆第二节　理解“高送转”与企业高成长之间的关系

◆第三节　配股是怎么回事

◆第四节　借壳上市与买壳上市

第一节　什么是股权激励

股权激励是一种企业经营者（相关的管理人员、职业经理人等）通过一定形式获取公司一部分股权的长期性激励制度。在国际上，股权激励计划是上市公司比较普遍的做法。一般观点认为，股权激励计划可以把职业经理人、股东的长远利益、公司的长期发展结合在一起，使企业经营者能够以股东的身份参与企业决策、分享利润、承担风险，从而勤勉尽责地为公司的长期发展服务。股权激励既对上市公司的高速成长有着重要的作用，同时，它也是一种“批量制造”富翁的方式。快速成长的科技公司大多采用股票期权计划，像微软、Google这类处于高速发展中的科技类上市公司，都是通过股票期权“制造”大量亿万富翁。

股权激励包括股票期权、员工持股计划、限制性股票激励计划和管理层收购（即MBO）。较为常见的两种形式是股票期权及限制性股票激励计划。股票期权较容易理解，它是通过授予企业相关经营者“买股权利”的方式而实施的一种激励方案，但这种“买股权利”较为特别，它是指若上市公司在未来几年内可以达到某一赢利目标，则经营者在未来的几年后可以当前的价格（股权激励方案出台时）买入一定数量的股票。很明显，若上市公司在未来的几年内完成一定的赢利目标，则其股价自然随着业绩的增长而水涨船高，那时再以现在的股价买入股票，自然会获利丰厚。限制性股票激励计划是指上市公司授予激励对象一定数量的本公司股票，激励对象得到限制性股票的时候不需要付钱去购买，但他们在限制期内不得随意处置股票；激励对象只有在工作年限或业绩目标符合股权激励计划规定条件的，才可出售限制性股票并从中获益。下面我们以南玻A来看看什么是限制性股票激励计划。

下页图7-1为南玻A（000012）2008年1月4日至8月7日期间走势图。如图所示，此股在2008年4月11日实施了限制性股票激励计划：“南玻A，拟授予激励对象5000万限制性股票激励计划。”下面我们来看这一激励方案中的主要内容有哪些：

“激励对象的范围：本激励计划的激励对象为公司中、高级管理人员，核心技术人员及其他应予激励的人员。”这一项内容指出了激励方案的激励对象。

图 7－1　南玻 A2008 年 4 月 11 日前后走势图

"有效期：限制性股票激励计划的有效期为自限制性股票授予日起的 60 个月。"指出了这些股票的有效期，即这些股票应在这一时间范围内处理掉才行，否则就是无效的了。这一点指出这种特殊类的股票是不同于二级市场中的流通股的，因为流通股的有效期是与上市公司的寿命相同的。

"授予日：限制性股票激励计划需在公司董事会报中国证监会备案且无异议、南玻股东大会批准后方可实施，拟获授对象在符合限制性股票激励计划规定的授予条件下方可获授限制性股票。"这一项内容指出了授予的时间。

"锁定期：自授予日起的 12 个月为锁定期。在锁定期内，激励对象根据本计划获授的限制性股票被锁定，不得转让。"这一项内容指出这种激励性股票的锁定期限。

"解锁期：锁定期后 48 个月为解锁期。在解锁期内，若达到本计划规定的解锁条件，激励对象可分四次申请解锁，分别自授予日起的 12 个月后、24 个月后、36 个月后和 48 个月后各申请解锁授予限制性股票总量的 25%。激励对象所获授的限制性股票的股票股利在解锁期内可以在二级市场上出售或以其他方式转让。”这一项内容指出了这些股票在什么时间段可以在二级市场中卖出。

“授予条件，激励对象获授限制性股票必须同时满足以下条件：

（1）南玻未发生如下任一情形：

①最近一个会计年度的财务会计报告被注册会计师出具否定意见或者无法表示意见的审计报告；

②最近一年内因重大违法违规行为被中国证监会予以行政处罚；

③中国证监会认定不能实行限制性股票激励计划的其他情形。

（2）激励对象未发生如下任一情形：

①最近 3 年内被证券交易所公开谴责或宣布为不适当人选；

②最近 3 年内因重大违法违规行为被中国证监会予以行政处罚；

③具有《公司法》规定的不得担任公司高级管理人员情形。

（3）激励对象接受南玻“A 股限制性股票激励计划激励对象考核办法”的考核且上一年度绩效考核合格。

（4）本激励计划授予日的上一年度，南玻加权平均净资产收益率与扣除非经常性损益后的加权平均净资产收益率孰低者不低于 10%。”

这一项内容指出了什么样的对象可以被授予这种激励性的股票。

“授予价格的确定方法：授予价格依据限制性股票激励计划（草案稿）公告前 20 个交易日南玻 A 股股票均价 17.46 元/股的 50%确定，为每股 8.73 元。”通过这一项内容可以看出，所授予的激励股票的价格还是很便宜的，只要公司管理层达到激励方案所设定的预期业绩目标，授予对象可以获利丰厚。

“解锁条件：（公司业绩考核条件。注：业绩条件为重点，此外还有一些附带的条件，但不算重要。）

（1）激励对象申请获授限制性股票解锁的前一年度，南玻加权平均净资产收益率与扣除非经常性损益后加权平均净资产收益率孰低者不低于 10%。

（2）激励对象申请获授限制性股票解锁的前一年度，南玻扣除非经常性损益后的净利润与 2007 年度相比年平均复合增长率不低于 10%。”

这一项内容指出在什么样的条件下，这些激励性的股票可以解禁并在二级市场卖出。

那么，南玻A的这些激励性股票在授予之后的12月之后（即2009年的4月之后）是否获得了解锁的条件呢？我们可以从南玻A股的业绩报告来分析。下页表7-1为南玻A在2009年第一季度前的主要财务指标摘要表。在表中的净资产收益率这一项内容中我们可以看到，此股在2008年末期的净资产收益率为9.24%，未达到解锁条件“激励对象申请获授限制性股票解锁的前一年度，南玻加权平均净资产收益率与扣除非经常性损益后加权平均净资产收益率孰低者不低于10%”。在2009年6月之后，这些激励股票虽然在时间上已够解锁期限，但是却未能满足解锁条件，因而，这些激励性的股票在2009年度并不能于二级市场卖出。

表7-1 南玻A 2009年第一季度前的主要财务指标摘要

	2009年第一季度	2008年末期	2008年第三季度	2008年中期
每股收益（元）	0.0500	0.3500	0.4500	0.3500
每股收益（扣除后）（元）	0.0424	0.2900	0.4100	0.3062
每股净资产（元）	3.7400	3.6700	3.8500	3.5500
每股未分配利润（元）	0.7478	0.6979	0.8248	0.7450
每股公积金（元）	1.6845	1.6715	1.7349	1.5040
销售毛利率（%）	26.55	29.93	31.35	32.31
营业利润率（%）	8.11	10.89	19.62	23.11
净利润率（%）	7.11	9.83	16.65	19.23
净资产收益率（%）	1.34	9.24	11.45	9.71
股东权益（%）	43.01	43.80	46.24	44.22
流动比率	0.41	0.41	0.54	0.54
速动比率	0.34	0.34	0.43	0.46
每股经营现金流量（元）	0.2000	0.8300	0.5500	0.4000
会计师事务所意见	未审计	无保留	未审计	未审计

第二节 理解“高送转”与企业高成长之间的关系

在股市中，我们常会听到“高送转”这一概念，而且有高送转方案发布的个股往往也很受追捧。那么，什么是高送转呢？实施高送转方案的个股又向市场传递了一个什么样的信号呢？

简单地说，高送转就是上市公司大比例送红股或大比例以资本公积金转增股本的分配预案，比如每10股送10股，或每10股转增5股等。送红股与派现金是上市公司最常用的两种分红方式，但两者却存在着明显的不同：派现金是上市公司实实在在地拿出净利润中的一部分回报给投资者，而高送转的实质则是股东权益的内部结构调整，并不涉及上市公司的现金流出，而且，在公司高送转方案的实施日，公司股价将作除权处理。可以说，虽然高送转方案的实施使得投资者手中的股票数量变多了，但是这些股票的价格也会等比例地下降，这使得投资者持股比例不变、持有股票的总价值也未发生变化。那么，既然高送转完全是一种股东权益的内部调整，那它为何又受到市场追捧呢？

其实，我们可以从三方面来理解高送转方案。一是，具备了高送转能力的上市公司一般都有着较多的资本公积金，而且其近年来的赢利能力往往也较为突出，这使得“高送转”方案向市场传递了一个明确的信号，即上市公司经营得不错，而且其未来的业绩增长也是值得期待的。二是，高送转方案的实施可以大幅度地降低股价。一般来说，股票的价格越低则其流通性往往就越好；而对于同样价值的股票来说，其流通性越好往往也就意味着它的二级市场价格能更高一些。因而，从二级市场股价的角度来说，实施高送转方案是有利于持股者的。三是，国内一贯有炒作高送转题材的风气，高送转方案不仅会获得主力资金的认可，同样也会获得广大散户投资者的认可，这使得那些很有可能发布高送转方案个股往往会在主力的提前运作下而出现大涨。

实施了高送转方案或分红、派现等分配方案的个股要进行除权或除息操作。其实，除权与除息的性质是一样的，我们可以这样理解除权与除息：个股的当前价格其实已经反映了上市公司所创造的种种利润、真实价值，如果要进行派现金的操作，则派出的这些现金必然使得上市公司的总价值出现减少，此时，其股价自然也应作调整才行；同理，如果要进行送股或转股，由于上市公司的总价值还是原来那些，上市公司的总价值不可能通过这种送转股而变大，因而，其送转股后的每股市场价格自然也应作相应比例的调低才行。

当一家上市公司宣布上年度有利润可供分配并准备予以实施时，则该只股票就称为含权股，因为持有该只股票就享有分红派息的权利。在这一阶段，上市公司一般会宣布一个时间称为“股权登记日”，即在该日收市时持有该股票的股东就享有分红的权利。在股权登记日的下一个交易日，上市公司就会进行除权、除息操作，原有持股者在获得送转股或现金分红之后，虽然股票数量变多了或者是拿到了红利，但是由于股价也相应地调低了，因而实际盈亏情况不变。而对于当日买入股票的投资者来说，其买入的股票是除权后的股票，对其并不构成影响，可以说，能够让投资者获利的方式只能来自于股票在二级市场中的上涨，而不是这种送转股或分红等方式的分配预案。

高送转方案与上市公司高速成长往往会有同步运行关系，这其中最为典型的例子就是苏宁电器。如图7-2为苏宁电器（002024）2004年8月至2007年5月期间走势图。本图为除权后的走势图。从图中可以看到，该股在此期间多次因实施高送转方案而出现了巨大的“缺口”。（注：在股票行情软件中，我们可以对个股的走势进行“除权”或“复权”处理，除权的走势图即是指经过除权处置后的走势图。由于经过了除权处置，因而每一次的送转、派现等操作都会使得其形成缺口，这是因为股本扩大但上市公司实际价值没变，从而使得每股股价变低所致。复权则就是对股

图7-2 苏宁电器2004年8月至2007年5月期间除权走势图

价和成交量进行权息修复，按照股票的实际涨跌绘制股价走势图，并把成交量调整为相同的股本口径。）从走势图中可以看到，该股在每一次的除权后都能走出填权行情，（即股价上涨填补了除权后所产生的“缺口”）而该股在此期间多次实施的高送转分配方案及除权后的填权行情正是与企业的高速成长同步进行的。查看一下该股在这期间的赢利情况我们就可以发现：苏宁电器几乎每年的业绩增速都达到100%左右，而这种业绩增长是复合增长（即今年在去年的基础之上增长100%，而明年又在今年的基础之上增长100%；依此类推），在这种高速的复合利率的增长之下，该股在此期间的累计涨幅是惊人的。从该股的复权走势图中我们会对该股同期的上涨走势有一个更为清晰的认识。图7-3为该股在2004年8月至2007年5月期间的复权走势图。从图中可以看到，该股在短短的不到3年的时间内累计涨幅超过了20倍，其高速成长性是惊人的，而这种高速成长性还同时体现在它在二级市场中的一次次高送转方案实施上。

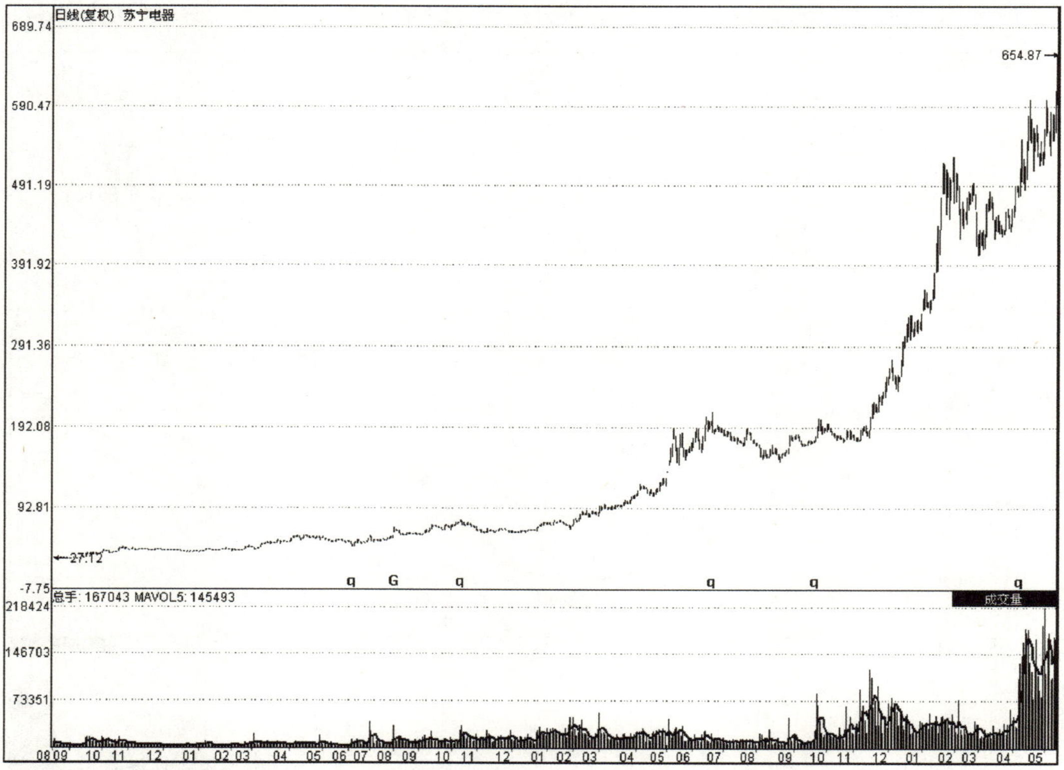

图7-3 苏宁电器2004年8月至2007年5月期间复权走势图

第三节　配股是怎么回事

在股市中，上市公司的融资方式有很多种，例如：公开增发是面向全体的公众投资者，即我们所说的散户投资者，此时散户投资者要自掏腰包去购买上市公司所增发的股份；定向增发则是针对专业的机构投资者或是上市公司的控股大股东；此外，还有一种融资方式，这就是配股。配股是上市公司向原股东进一步发行新股、筹集资金的行为。

与公开增发不同，公开增发股票的价格一般是增发方案公布前 20 个交易日收盘价的均价为标准且无锁定期限，但配股的价格是按照发行公告发布时的股票市价作一定的折价处理来确定的，所折价格是为了鼓励股东出价认购。但这种折价其实并不能给投资者带来实实在在的好处，因为配股部分上市流通时也要进行除权，因而可以说，充分考虑到当前的市场环境及个股的总体走势，是决定投资者是否参与配股操作的重要因素。如果市场处于牛市，随着股价的节节高涨，所配股票上市后其市场价很可能高于配股价，从而可以获利；反之，如果市场处于熊市，随着股价的步步下跌，所配股票上市后其市场价就很可能低于配股价，从而使参与配股的投资者出现亏损。

另外，与公开增发和定向增发显著不同的一点是：持股者如果不参与配股的话，就应配股前将手中股票卖出才行，否则的话就会出现资产流失。这是为什么呢？通过前面的介绍我们知道，定向增发方式下的增发价虽然是以打 9 折的方式进行的，但参与定向增发的机构有最短 12 个月的锁定期，因而不会对个股的二级市场价格产生抛压影响；而公开增发的股票增发价又与增发方案公布时的价位基本一致，当增发股上市时，也不会造成持股者的亏损。但配股却明显不同，配股是以低于当前股价的方式进行的，当流通配股后，由于除权的作用，股价就要下降。对于参与配股的股东来说，由于股票数量的增多，股票的市价总值不发生变化，因而不会出现因配股而造成的亏损；但对于那些未参与配股的投资者来说，则面临着股价除权所带来的亏损。因而，对于手中持股的投资者来说，如果不打算参与配股的话，一定要在配股前将股票卖掉才行，这一点也是我们在了解配股时应关注的重点中的重点。

此外，上市公司的配股行为也是衡量其“好坏”的重要标注之一。据近年来对实施配股方案的上市公司的了解，那些配股比例较高的公司往往都是业绩平平、不尽如人意的上市公司。在比较成熟的股市上，配股是不受股东欢迎的。经营完善、信用优良的上市公司，其募集资金的渠道多种多样，而配股无疑是“强制性”较强的一种方式，它是直接对股东的一种“抽血”。我们可以想象一下，好的公司应是创造利润，通过分红或送红股的方式给投资者予以回报的；而配股行为则正好相反，它是继续向股东索取的一种行为。

下面，我们来看看认购配股时应注意的事项有哪些：

首先，我们应密切关注上市公司所发布的公告，根据交易所的有关规定，配股认购于R+1日开始，认购期一般为10个工作日（可调整），如逾期未缴款作自动放弃配股权利处理，不可以再补缴款。

其次，关注认购配股时的委托单挂法。深市的配股认购，在交易所电脑系统程序设置中，其买卖方向为“买入”委托；沪市的配股权证认购在交易所竞价申报买卖方向限制以“卖出”指令完成。投资者在认缴配股款时，如发现已委托进入交易所电脑主机的单子是错误的，如委托股数超出认购限额，这时可以撤单再重新委托，这与申购新股时委托单一经挂出则不能撤销是有明显区别的。

此外，对于配股代码、配股价格等方面的信息，我们可以从公布配股方案的上市公司的公告中查知，在此就不作赘述了。

第四节　借壳上市与买壳上市

借壳上市与整体上市是上市公司的重大资产重组行为，它化腐朽为神奇，能够使上市公司发生脱胎换骨般的转变。而且，由于上市公司被借壳或是整体上市之后，由于其原有业务完全被剥离，从而使得其股价也往往会改变。那么，什么是借壳上市？什么是整体上市呢？

通过前面所讲的公开增发、定向增发、配股等市场行为之后，我们可以看到，上市公司的资金募集渠道可谓多种多样，可以说，一家公司成功上市除了可以提高其知名度外，更重要的是它有了在证券市场中进行大规模筹集资金的渠道。资金对于企业来说无疑是“鲜血”，谁拥有它，谁就更有竞争力、谁就更有活力。因而，可以毫不夸张地说，几乎所有的股份制公司都会有上市倾向，但上市资源毕竟有限，能够成功上市的公司往往只是一小部分，上市公司的上市资格也是极其可贵的。我们可以把上市公司已经具有的上市资格称之为“壳”，上市公司具有壳资源，而非上市公司则不具有这种壳资源。而所谓的借壳上市，就是指上市公司的控股股东（多为母公司，而上市公司不过是母公司众多子公司旗下的一家子公司）通过将主要资产注入上市的子公司中，来实现母公司的上市，这一上市方式往往也被称为整体上市。借壳上市将使得上市公司发生脱胎换骨的转变。一般来说，上市公司的母公司多是赢利能力强、主营业务突出的企业，因而，当这种借壳上市方案公布后，上市公司的二级市场股价也面临被重估，多会以连续的无量涨停板走势呈现出来。

下页图 7-4 为中国船舶（600150）2006 年 11 月 10 日至 2007 年 2 月 16 日期间走势图。此股原名为“沪东重机”，整体上市之后才改名为“中国船舶”。如图标注所示，此股在 2007 年 1 月 29 日公布了资产注入方案：“沪东重机，拟以 30 元/股非公开发行不超过 4 亿股。本次非公开发行完成后，将实现中船集团大型民用船舶制造业务、修船业务和船用大功率柴油机制造业务三块核心民品业务的整合，形成一个完整独立的业务运作主体，初步形成中船集团核心民品主业整体上市的平台，增强公司生产能力和赢利能力，为公司实现持续快速发展奠定了基础。以募集资金对外高桥、澄西船舶的相关项目进行技改，将增加新的利润增长点，进一步提升公司的核心竞争力。”可以说，这是中船集团实现整体上市的一个资产注入方案，它对上市公司来说自然是重大的转型，这从股票名称由“沪东重机”改为“中国船舶”就可以看出。从图 7-4 走势图中可以看到，此股在公布了这一整体上市方案后，其股价出现了连续无量涨停板直接翻倍的走势。这也是市场对于此股重新定价的一种表现，毕竟整体上市后的“此上市公司”已经不再是那家未整体上市时的“彼上市公司”。

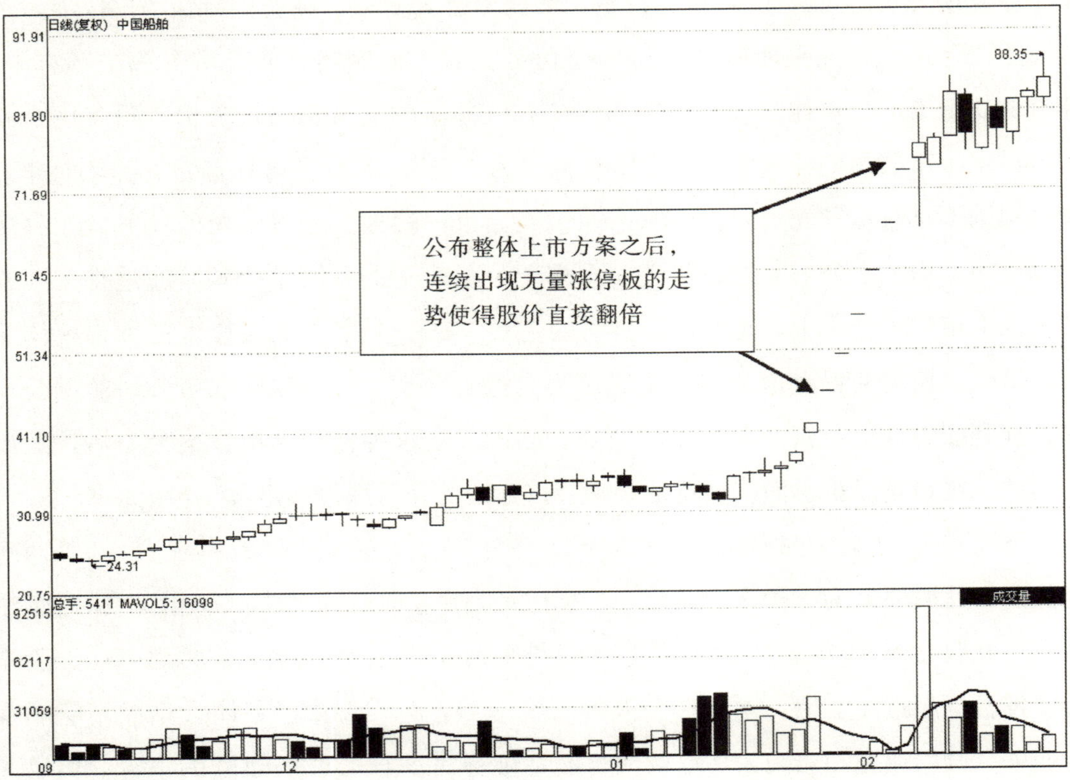

图 7－4　中国船舶整体上市方案公布前后走势图

下页图 7－5 为首开股份（600376）2007 年 2 月 14 日至 6 月 29 日期间走势图。此股原名为“天鸿宝业”，整体上市后才改名为“首开股份”。如图标注所示，此股在 2007 年 6 月 12 日公布了资产注入方案：“天鸿宝业，以 10.44 元/股向首开集团发行不超过 5.5 亿股股票。本次发行的对象为首开集团，首开集团是国内资产规模最大的房地产开发集团之一，本次拟购买的资产全部为首开集团持有的下属公司股权，共计 16 家。通过本次交易，首开集团将土地一级开发业务、房地产开发业务以及优质持有型物业注入公司，将迅速扩大公司的经营规模，使公司竞争力得以大大提高。通过本次向首开集团购买资产，公司赢利能力将提高，每股收益和净资产收益率等指标均有一定幅度的增长，从根本上符合公司及全体股东的利益。通过本次交易，将实现首开集团房地产主营业务整体上市。首开集团将主要从事主营业务公司的股权注入公司。”可以说，这是首开股份实现整体上市的一个资产注入方案，它对上市公司来说自然是重大的转型，这从股票名称由“天鸿宝业”改为“首开股份”就可以看出。从图 7 - 5 走势图中可以看到，此股在公布了这一整体上市方案后，其股价出现了连续无量涨停板直接翻倍的走势。

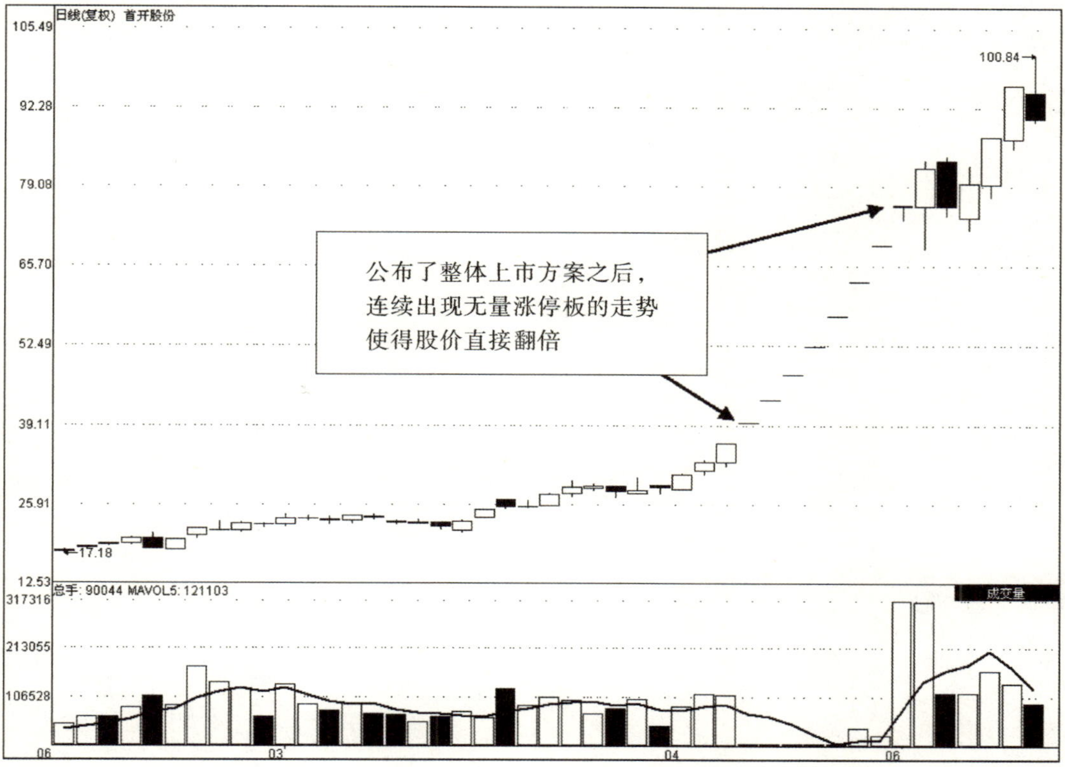

图 7 - 5 首开股份整体上市方案公布前后走势图

与借壳上市较为相近的一个概念是买壳上市。通过对上市的讲解我们知道，借壳上市发生在控股股东（母公司）与上市公司（子公司）之间，只有母公司对上市公司具有绝对控股权后，才有“借”壳的权利。而买壳上市则不同，买壳上市是非上市公司作为收购方通过协议方式或二级市场收购方式获得壳公司的控股权，然后对壳公司的人员、资产、债务实行重组，剥离被购公司资产进而注入自己的资产，实现自身资产与业务的间接上市。通过对比投资者可以看出，买壳上市的公司首先需要获得对一家上市公司的控制权，而借壳上市的公司已经拥有了对上市公司的控制权。

第八天　关注指数，关注股市的整体走向

股市的总体走势以指数为表现形态。指数不过是一种经数学运算后的抽象化产物，用于反映其所覆盖范围下的绝大多数个股的整体走势情况，指数的走势也就是股市整体的走势。股市的整体走势既反映绝大多数个股的走势，也同时影响、制约着绝大多数个股的走势。一部分股票指数齐进共退，还有一部分股票的走势虽落后于指数，但其运行方向却是紧随指数的。可以说，要想更好地理解个股的走势。我们就不能不看指数的走势。那么，指数的走势是否有规律可循呢？答案是肯定的，这就是指数的运行规律呈现出趋势运行的特征。下面笔者首先来介绍一下指数，然后通过指数来看看股市的趋势运行规律。

第一节　什么是指数？指数如何得来

股票市场中的指数，也可以称为股票价格指数，主要用于反映某一范围内全体个股的整体走势情况（或者说是平均走势情况）。例如，我们常说的大盘指数是用于反映股市整体的指数，一般默认用上证指数来指称大盘指数。（注：大盘指数这一说法只是一种通俗的说法而并非严谨的说法。由于上证指数与深圳成指在走势上具有高度的正相关性，因而选用上证指数这一更为常用的指数来指代整体的股市走势情况。）而像板块指数、行业指数等则是指代这类个股的整体走势情况。在不作特殊说明的情况下，我们所说的指数一般均默认指代大盘指数。

那么，股票指数由谁编制？它又是如何编制的呢？了解股票指数的编制原则及方法将有助于我们更好地认识指数。一般来说，股票价格指数是由证券交易所或是专业的金融服务机构编制得出。在编制指数的时候，有两点要素是须重点关注的：一是指数的样本空间，二是指数计算方法。指数的样本空间是指：在计算指数时，需要用到的那些股票。一般来说，指数在计算时，既可以选取其所覆盖范围下的全体个股作为样本空间，也可以选取具有代表性的个股作为样本空间，两种选样方法同样可靠。在计算指数时将指数走势涉及的全部股票都纳入指数计算范围内，这种指数一般称为“综合指数”，如上海证券交易所发布的上海证券交易所综合指数，就是把全部上市股票都纳入计算范围。在计算指数时将指数走势涉及的一部分股票纳入指数计算范围内，这种指数一般称为“成分指数”，如深圳证券交易所发布的深圳证券交易所成分指数，就是把一部分上市公司的股票纳入计算范围。此时，为了保证所选的个股具有代表性，就要求在选样时充分考虑到上市公司的行业地位、股本大小、主营业务等综合情况。

指数的计算方法是指：指数的计算方法有加权与不加权两种算法，“加权”就是考虑股票的股本大小，股票的股本规模可以称之为权数，股本越大则权数越大，对指数的影响力也就越大；反之，“不加权”就是只考虑到股票的价格而不考虑股票的股本大小。例如一只股票A的总股本为1000万股，但其股价只有5元，而另一只股票B的总股本只有10万股，但是其股价却为20元。若采用加权的算法，则股票A对指数影响力远大于股票B，但是，若采用不加权的算法，则股票B对指数的影响力将是股票A的4倍（20元是5元的4倍）。很明显，加权的算法更科学也更合理，因而，在指数的实际计算中，都是以加权这种方法来进行的。

第二节 上证指数与深圳成指

对于国内的广大投资者来说，我们可以重点关注上证指数（也称为大盘指数）及深圳成指的走势，它们一个反映了上海证券交易所全体个股的整体走势情况，另一个反映了深圳证券交易所全体个股的整体走势情况。上证指数是由上海证券交易所编制的股票指数，1990年12月19日正式开始发布，用以反映在上海证券交易所上市交易的股票总体走势情况（既包括上证A股，也包括上证B股；但由于B股市场中的股票数量较少，因而，我们可以把上证指数近似地看作是反映上海证券交易所中A股市场走势的一个指标）。深圳成指也称为深成指数，即深证成分股指数。深圳证券交易所编制的成分股指数，是从上市的所有股票中抽取具有市场代表性的40家上市公司的股票作为计算对象，并以流通股为权数计算得出的加权股价指数，综合反映深交所上市A、B股的股价走势。由于上证指数与深圳成指所面向的投资者群体是相同的，因而两种指数在走势上呈现出高度的正相关性。在前面的第四天第三节的讲解中，我们已介绍了调出指数走势图的方法，在此不再赘述。

下页图8-1为上证指数2010年5月25日分时图，图8-2为深圳成指2010年5月25日分时图。通过对比我们可以看出，虽然两项指数在当日的跌幅并不完全相同，但是其盘中的运行过程、运行轨迹却几乎完全相同，因而在实盘操作中，我们只需关注上证指数或深圳成指其中之一就可以了。

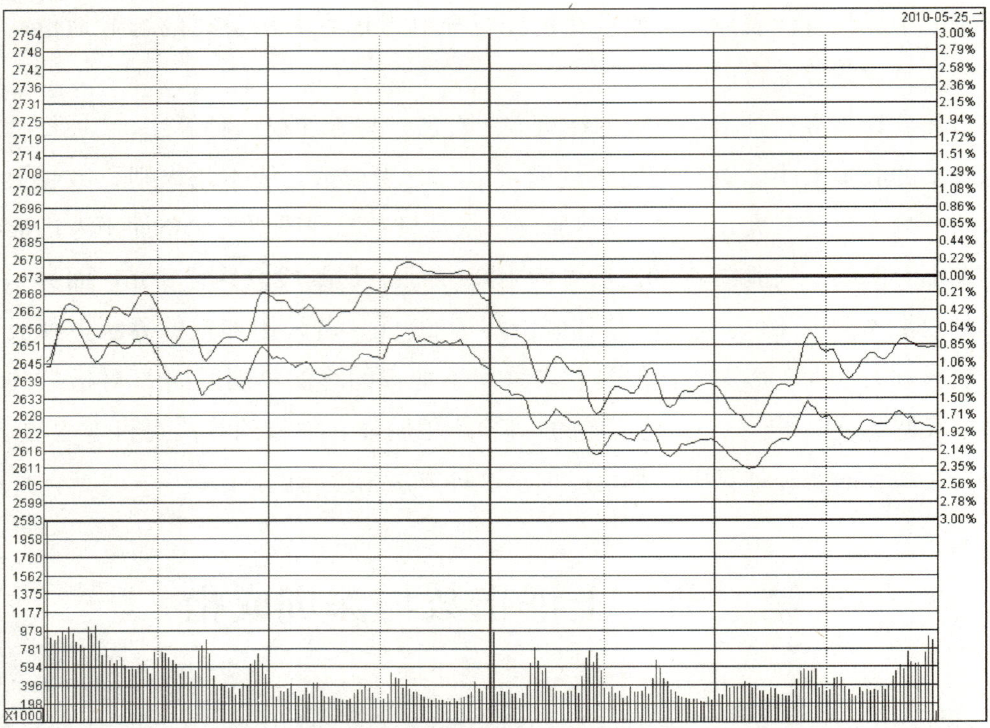

图 8－1　上证指数 2010 年 5 月 25 日分时图

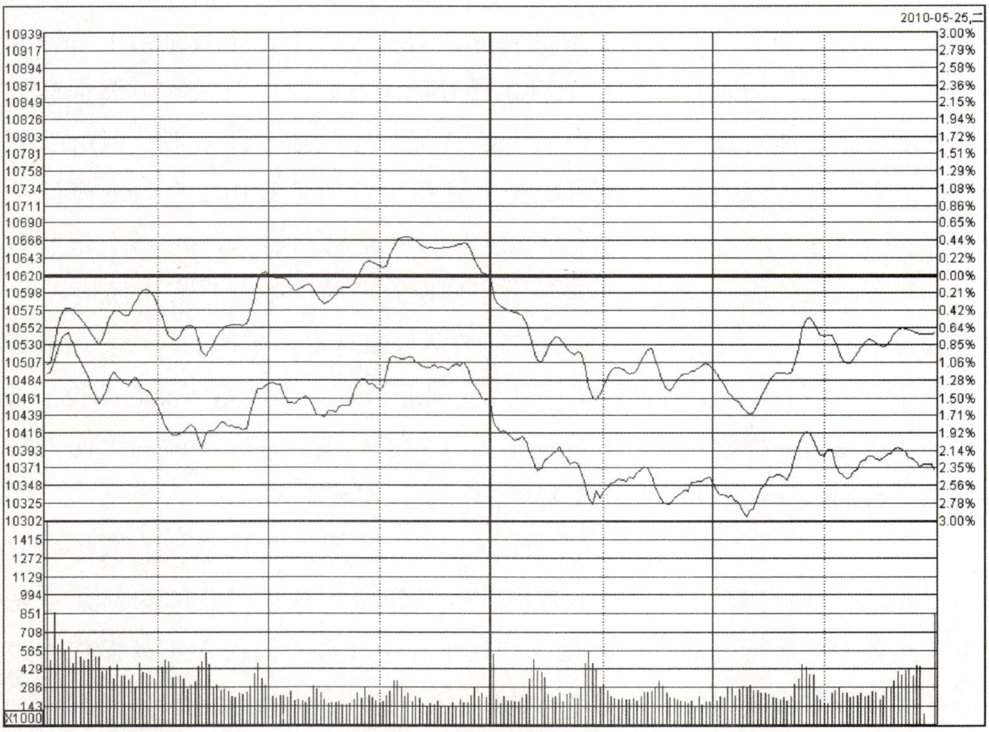

图 8－2　深圳成指 2010 年 5 月 25 日分时图

第三节 关注指数的“失真”

一般来说，在大盘的分时图中（通过简码“03”可以打开行情软件，即显示上证指数分时图），我们可以看到两条分时线。其实这两条分时线的计算方法是不同的，一条是通过加权计算得到的大盘指数（也就是我们常说的上证指数），这条分时线可以较好地反映股市全体个股的运行情况。但由于大盘股对其影响力更大，因而，有些它会“失真”，例如在大盘权重股多处于大幅上涨而中小盘个股多处于滞涨或下跌的时候，它就不能很好地反映出股市的整体走势情况。另一条则是通过不加权的计算方法得来的指数分时线，这条分时线可以更好地反映中小盘股的走势。当然，在绝大多数的情况，这两条分时线的走向呈现出高度的正相关性，但也有的时候，它们会出现明显的偏离，这一点是投资者应格外注意的。

图 8－3 为上证指数 2010 年 5 月 24 日分时图。从图中可以看到两条分时线，且

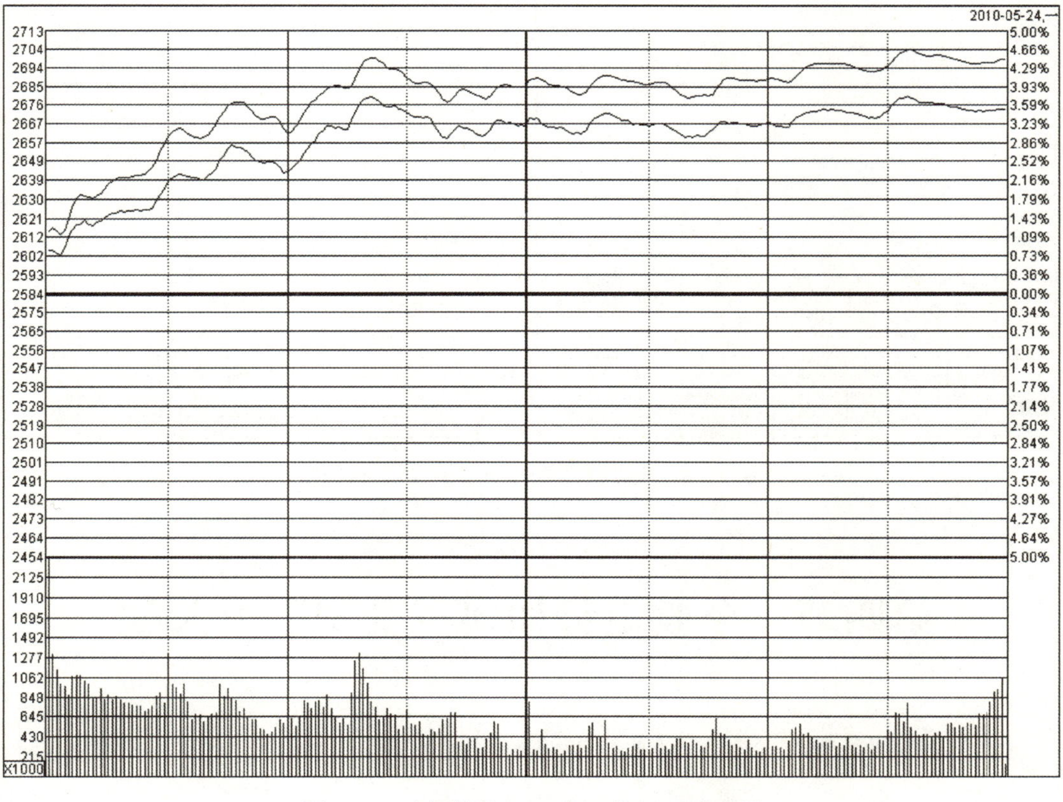

图 8－3 上证指数 2010 年 5 月 24 日分时图

这两条分时线的走势呈现出明显的正相关性，这说明在当日的股市中，大盘股与中小盘个股的走势具有明显的一致性。

图 8－4 为上证指数 2010 年 3 月 29 日分时图。从图中可以看到，盘中的两条分时线出现了明显的分化。当日的股市整体表现情况是：大盘权重股出现大幅上涨，而中小盘个股则多呈现出滞涨甚至下跌走势，两极分化明显。对于这种盘中格局来说，我们一般将其称为“二八现象”，即所占数量较少的大盘权重股启动从而撬动指数上扬，但是占据绝大多数的中小盘个股则处于默默无声状态，并没有随之启动。

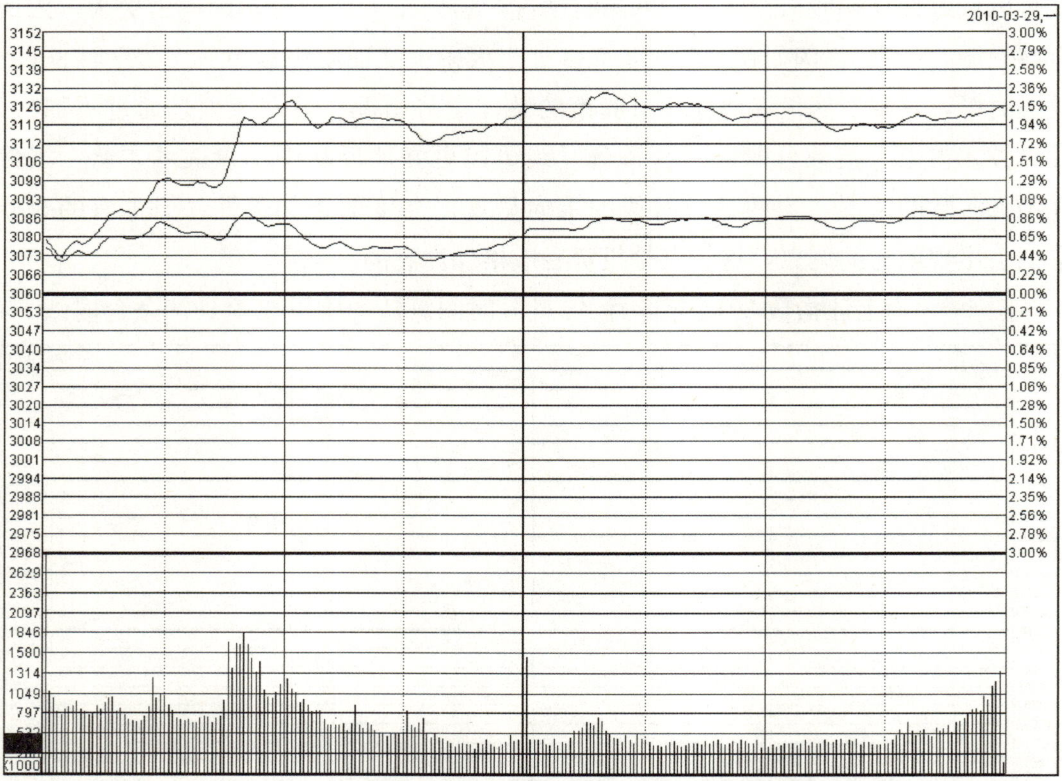

图 8－4　上证指数 2010 年 3 月 29 日分时图

第四节　个股走势如何“受制”于大盘

指数走势即是市场全体个股平均走势情况的反映，同时，它也对个股的走势产生了实质性的影响。无论是从当日的盘中走势来说，还是从较长的时间跨度来说，大盘指数的走势都深深地影响着个股，甚至决定着个股。当指数在盘中出现快速拉升或快速跳水时，由于指数是绝大多数个股走势的一种反映，因而，若我们看到很多个股也同步快速上涨或跳水，这并不为怪。但对于那些在盘中明显与指数运行不同步甚至出现逆向的个股来说，它是否脱离了大盘呢？答案当然是否定的。除了极少数个股能在强控盘主力的运作下走出特立独行的行情外，对于大部分与指数走势暂时相逆的个股来说，都会在随后出现“补涨”或“补跌”情况，有的个股会晚于大盘几分钟出现快速上涨或跳水，也有的个股会晚于大盘几天出现上涨或跳水走势。可以说，指数的走势不仅实时地影响并联动着个股，它也在近期的一段时间内制约着个股的运行。下面我们来结合实例，看看大盘指数的走势是如何影到个股的运行的。

图 8－5 为新安股份（600596）2006 年 10 月至 2008 年 5 月期间走势图，图中叠加了同期的上证指数走势图。如图标注所示，我们可以看到上证指数在 2007 年 10 月之后开始步入振荡下跌的走势。然而，在股指同期逐步下跌的过程中，新安股份仍旧顽强地运行于高位区。难道此股在大盘持续下跌的背景下，真的可以出现逆市不

图 8－5 新安股份 2006 年 10 月至 2008 年 5 月期间走势图

跌的走势么？这种情况不是不可能，它取决于两方面：一是上市公司即将有重大资产注入事项要实施；二是上市公司的业绩增速足以抵抗其同期的大盘下跌速度。就沪深两市个股的实际情况来看，这种情况出现的概率是微乎其微的，投资者能买到这一类的股票与其买3D彩票中奖的概率差不多。也许上市公司眼前的业绩很喜人，看似能够支撑当前的股价，也能够抵挡大盘的持续下跌，但就一般情况来说，这种业绩增长速度多是暴涨暴跌的产物，并不具有可持续性；当然，这是无法抵挡同期大盘持续下跌的。

图8-6为新安股份2007年3月至2008年10月期间走势图，图中标注了2008年5月所在的时间点。从图中走势可以看到，此股虽然在2008年5月前的逆市特征很明显，但这只能说明此股受大盘走势的影响仍未完全体现出来，而随着时间的延续，此股受大盘走势的影响势必会明显地体现出来。从图8-6中可以看到，此股在2008年5月之后出现了快速下跌，其跌速远大于同期的大盘，而这正是它对前期独立于大盘运行的一种修正，也是其受制于大盘的典型体现。

图8-6　新安股份2007年3月至2008年10月期间走势图

图 8－7 为华远地产（600743）2010 年 2 月 1 日至 4 月 30 日期间走势图，下页图 8－8 为上证指数 2010 年 5 月 5 日前走势图。对比这两张图可以发现，在 2010 年 4 月 30 日前，大盘出现了一波快速且幅度较大的下跌，而华远地产却仍能逆市横盘不动，似乎大盘的下跌与此股无关。然而，实际情况果真如此么？暂时的现象往往并不能持久，此股走势是否可以独立于大盘，我们还须再观察。下页图 8－9 为华远地产 2010 年 5 月 5 日前的走势图，从图中可以看到，此股在 2010 年 5 月 4 日出现了跌停板，5 月 5 日也于盘中出现了大幅度的下跌；而这两日的大盘走势仅是小幅度的振荡，且并没有明显下跌。可见，前期大盘的下跌走势经过了一段延迟之后才影响到此股，从而导致大盘企稳的这两日此股出现了大幅度的下跌。从以上这两个例子中我们可以看到，在分析个股的走势时千万不能脱离大盘走势，特别是当大盘出现了较大幅度的上涨或下跌，而这种上涨或下跌却并没有同步地反映到个股身上时，则其随后很有可能会受到带动尾随大盘出现慢半拍的上涨或下跌走势。

图 8－7 华远地产 2010 年 4 月 30 日前走势图

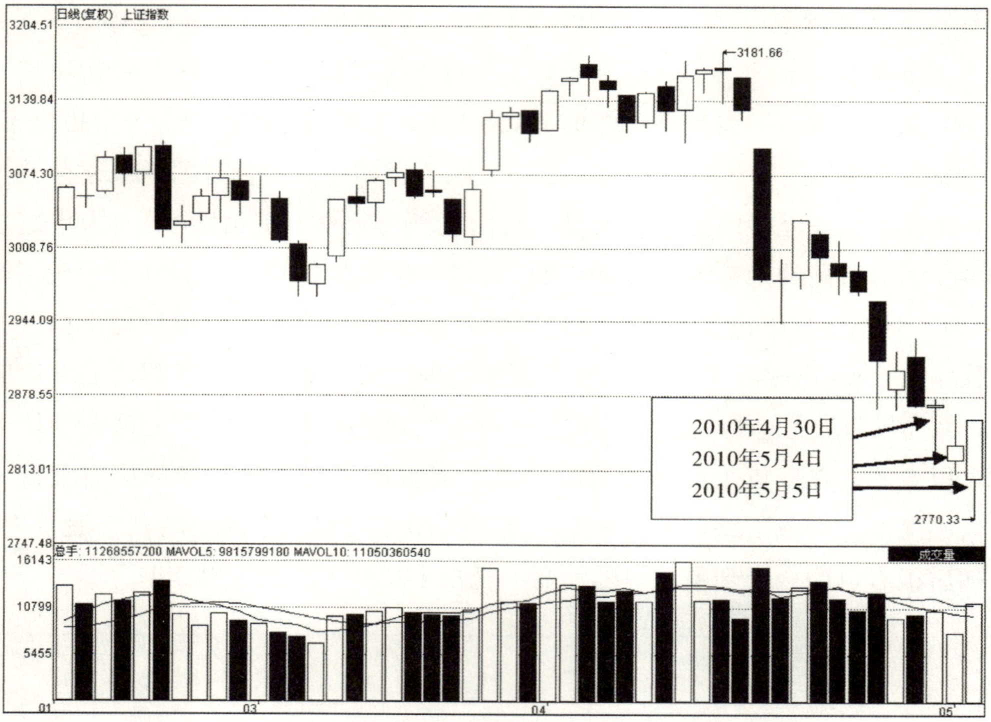

图 8－8 上证指数 2010 年 5 月 5 日前走势图

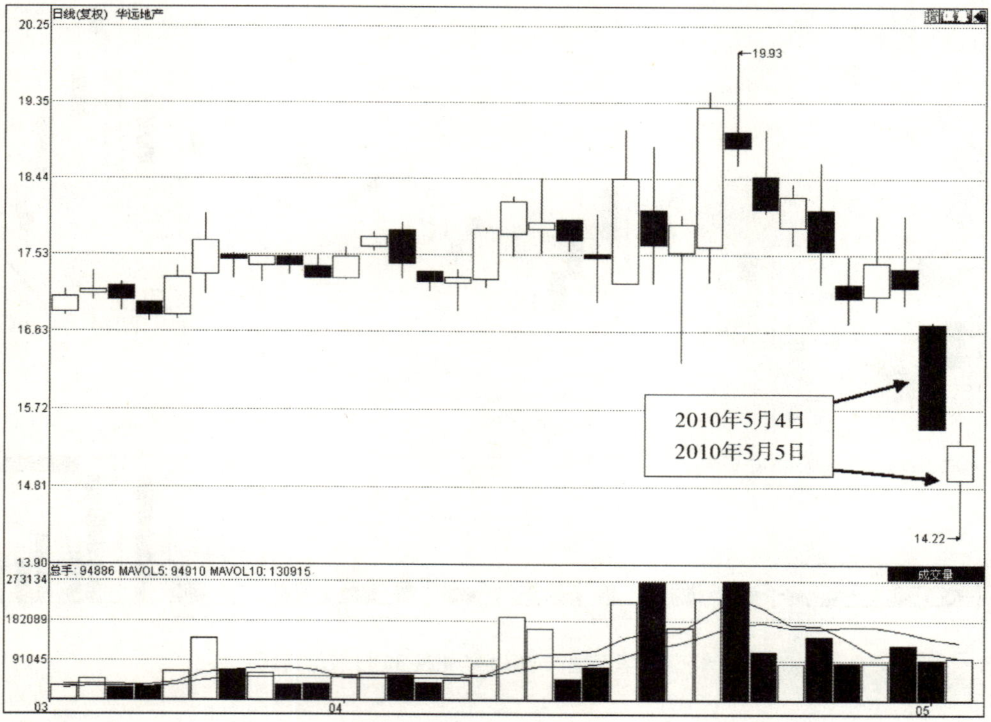

图 8－9 华远地产 2010 年 5 月 5 日前走势图

第九天　获利的核心是预测——股市分析方法点评

◆第一节　“低吸高抛”是股市的获利之道

◆第二节　什么是基本面分析

◆第三节　什么是技术面分析

◆第四节　技术分析的三大前提假设

股市的获利之道在于“低吸高抛”，低点买入、高点卖出就可以实现获利。但是，想要成功地展开低吸高抛的操作绝不是一件易事，而且长久的获利之道也不能取决于运气，此时，我们就需要掌握预测股价走势的方法。对于预测股价走势的方法而言，虽然形式上各种各样，但是，我们可以把它们统分为两种：一种是基本面分析法，另一种是技术面分析法。今天，笔者就来对其逐一盘点，以使读者快速地接触并熟悉股市的获利之道。

第一节　“低吸高抛”是股市的获利之道

虽然股指期货及融资融券的推出，在一定程度上改变了股市的单边做多获利机制。所谓的做多获利机制就是指：投资者通过在相对低位买入，随后再在相对高位卖出的方式实现获利。做多获利机制也可以称为“低吸高抛”的获利机制。与做多获利机制相反的是做空获利机制，它是指投资者可以先通过在相对高点卖出，随后再在相对低点买入的方式实现获利。

股指期货的推出使得投资者可以在股指期货市场，（注：是一个单独的市场，并不隶属于股票市场，投资者若要参与股指期货市场，则需要单独开户。且这一市场的入门门槛很高，其设有最低50万元资金的，同时须具备相应的交易经验这一入门门槛。）对股市指数执行做空操作，融券业务的开展使得投资者可以对一小部分个股进行做空操作。但股指期货与融资融券毕竟入门门槛太高且融券的成本费用昂贵，它们并不是股市中的主流获利之道，并不适合散户投资者参与。因而，对于广大的散户投资者来说，股市的获利之道仍是“低吸高抛”。

无论对于中长线的持股者来说，还是对于短线的投机者来说，低吸高抛都是其获利之道。中长线投资者讲究布局，他们通过对企业成长的分析、对市场整体走向的分析，会选择在相应的低位区买入个股；随着企业业绩的增长、市场整体的上行，个股的股价自然也会持续上涨。短线投机者讲究技术分析，他们通过分析主力行为、K线形态、量能变化、技术指标、盘口交易细节等盘中成交数据，以此来研判短期内多空双方力量转化情况，从而选择一个好的时机介入个股。

下页图9－1为双鹤药业（600062）2008年9月17日至5月12日期间走势图。如图所示，我们可以看到该股在此期间是以振荡的方式逐波上扬。图中标注了几个低吸时间点，也标注了其对应的高抛时间点，如果我们能够把握好这种短期内的低吸高抛时机，则我们就可以在股市中赚得盆满钵满。可以说，在个股的短期走势中，低吸高抛是我们快速获利并及时锁定利润的根本所在。但这种看似简单的低吸高抛操作在实战中想要运用好却不是一件易事，它既取决于我们的技术分析能力，也取决于我们的交易心态、操盘策略。正所谓“台上一分钟，台下十年功”，也许坐在台下的观众看台上的表演很轻松、觉得其并不难，但如果没有深厚的功底、长年累积的训练，这种看似简单的表演也是难以顺利完成的。

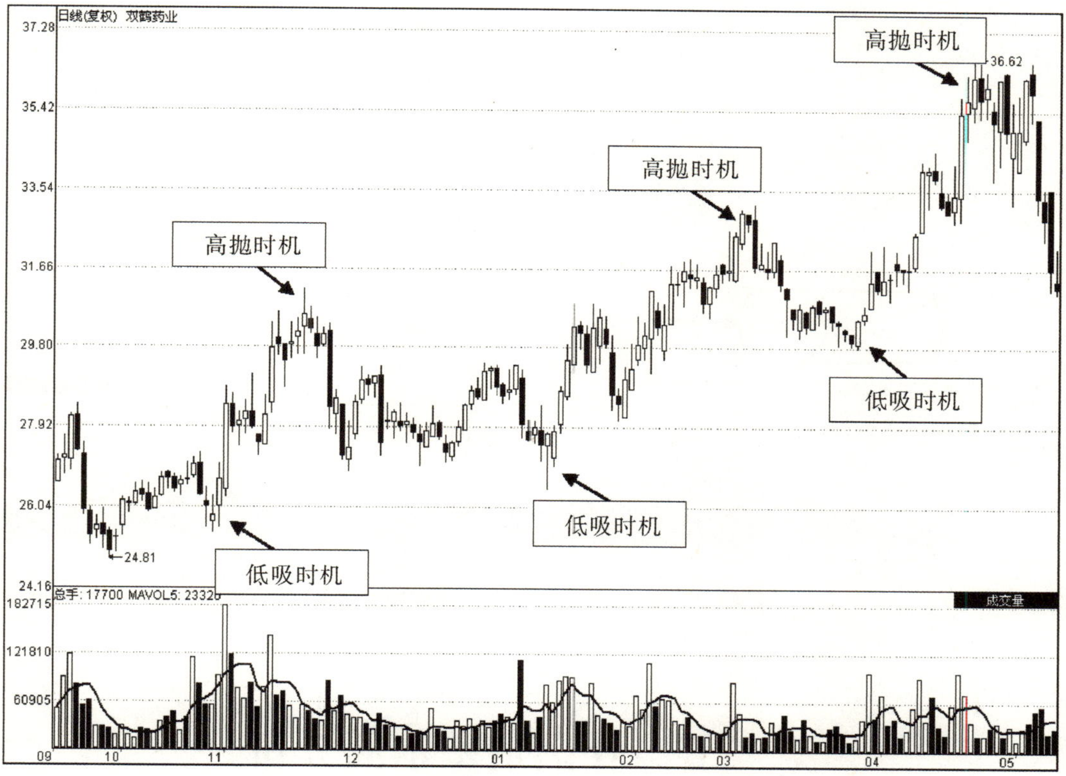

图 9－1 双鹤药业短线低吸高抛时机示意图

下页图 9－2 为福田汽车（600166）2008 年 8 月 13 日至 2009 年 3 月 10 日期间走势图。如图所示，我们可以看到此股在中长线期内实现大幅度的上涨，图中还标注了此股的中长线买入布局时机。其实这一买入时机出现在此股 2008 年的大幅度下跌之后，但对于身处当时市场环境的投资者来说，很多投资者因遵循惯性思维方式，在市场上涨时只看到上涨，在市场下跌时又只看到下跌，因而，很难对其客观地进行分析并实施中长线的买入操作。换句话说：对于事后看来很简单的低吸高抛操作，当投资者身临其境时，就很难有一个客观全盘的把握了。相信通过本书后面的讲解，可以使读者对股价的中长线走势及短期走势都能有一个客观准确的把握，从而能够真正运用“W 低吸高抛”在股市中打开获利之门。

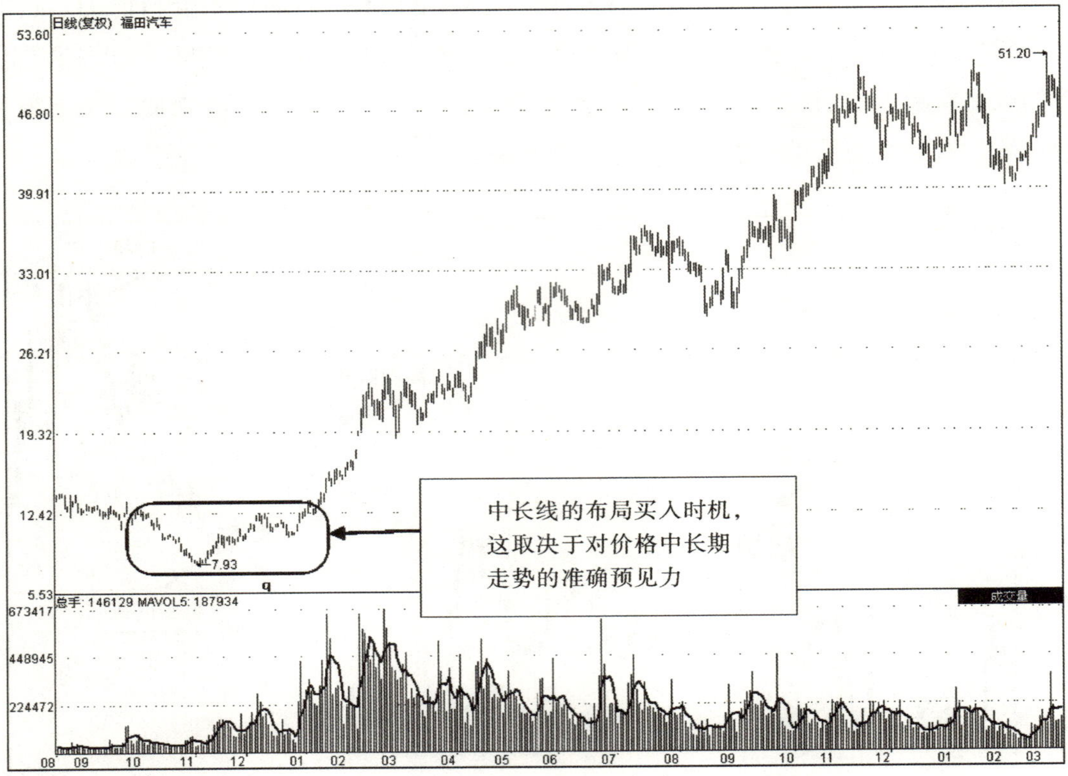

图 9－2　福田汽车中长期买入布局时机示意图

第二节　什么是基本面分析

基本面分析法以经济学的基本原理“价格围绕价值运行”为基础，通过分析企业当前的价值、未来的价值走向，从而对个股展开买卖。我们可以这样定义基本面分析：它是根据宏观经济的运行情况、政策因素、利率情况、上市公司的业绩情况等影响价格走势的基本面因素对价格走势进行分析的方法，其中上市公司的业绩情况是基本面分析法的核心。

在运用基本面分析法时，我们可以循序渐进地由“大环境”到“小环境”这一过程为辅展开。首先，企业的发展是以宏观经济的走向为背景的，好的宏观经济发展势头是绝大多数企业实现赢利、快速增长的根本保障；反之，若宏观经济不断下滑、市场一片萧条时，再好的企业也是难于逆市而上的。其次，不同的企业有着不同的主营业务，处于不同的行业之中，行业的走向往往直接决定着企业的发展潜力。就当前的情况来说，高污染、高能耗的企业虽然在经济发展初期发挥了不可或缺的作用，但随着经济的持续发展、人民生活水平的不断提高，这些行业、产业将被逐步淘汰。因而，对于那些仍然以此为主营业务的企业，它们的发展前景不仅受到限制、而且很有可能会被逐步淘汰。反之，对于那些发展新科技、开发新能源的节能、环保类企业，若能够抓住机遇、完善自身，则其后续的发展潜力自然是十分惊人的。最后，我们可以重点关注一些企业。毕竟大环境是相同的，行业的发展趋向也是较为明确的，同在一片蓝天下，有的企业能够抓住机遇、快速发展，也有的企业不思进取、日渐衰退。如果说好的大环境是企业发展的外因的话，那么，企业的自身能力就是决定其成败的内因。

下页图 9－3 为云南白药（600538）1993 年 12 月至 2010 年 5 月期间走势图。此股在 1993 年 12 月 15 日开始登陆深圳证券交易所，可以说，它是一只上市时间较早的个股。大盘在 1993 年之后几度经历了牛熊交替的走势，运行过程可谓是大起大落。但我们可以看到此股的走势却明显是“特立独行”的，是移步攀升的。而它的这种逐步上涨的走势也正是源于上市公司的业绩不断增长、基本面不断向好所致。业绩绝对是支撑股价的核心要素，若股价的上涨能得到同步持续增长的业绩来支撑，则可以在很大程度上“回避”股市的潮起潮落，而专注于运行在自己的上升通道之中。下页图 9－4 为信达地产（600657）1993 年 5 月至 2010 年 5 月期间走势图。此股在 1993 年 5 月 24 日开始登陆上海证券交易所，同样，它也是一只上市时间极早的个股。但此股的走势却明显与云南白药不同，其走势明显受大盘影响更大。在大盘处于牛市时，此股在资金的炒作下而一飞冲天；当牛市退潮、资金出逃时，由于此股在大幅上涨后并没有业绩来支撑，二级市场的股价完全脱离了上市公司真实价值，其大幅下跌的走势也就不可避免。

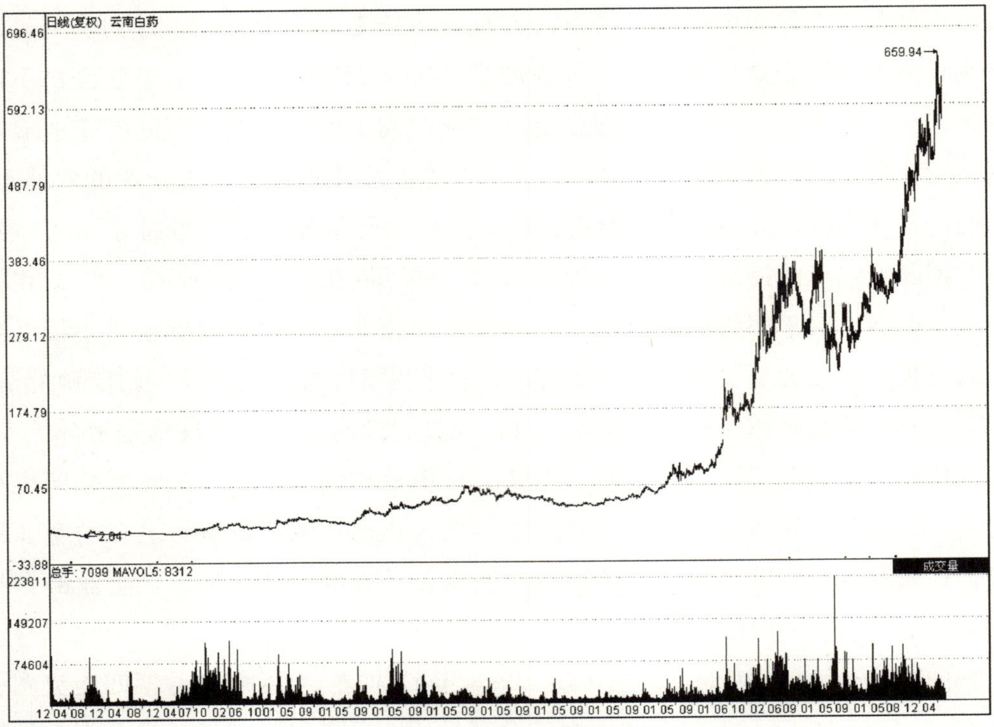

图 9－3　云南白药走势全景图

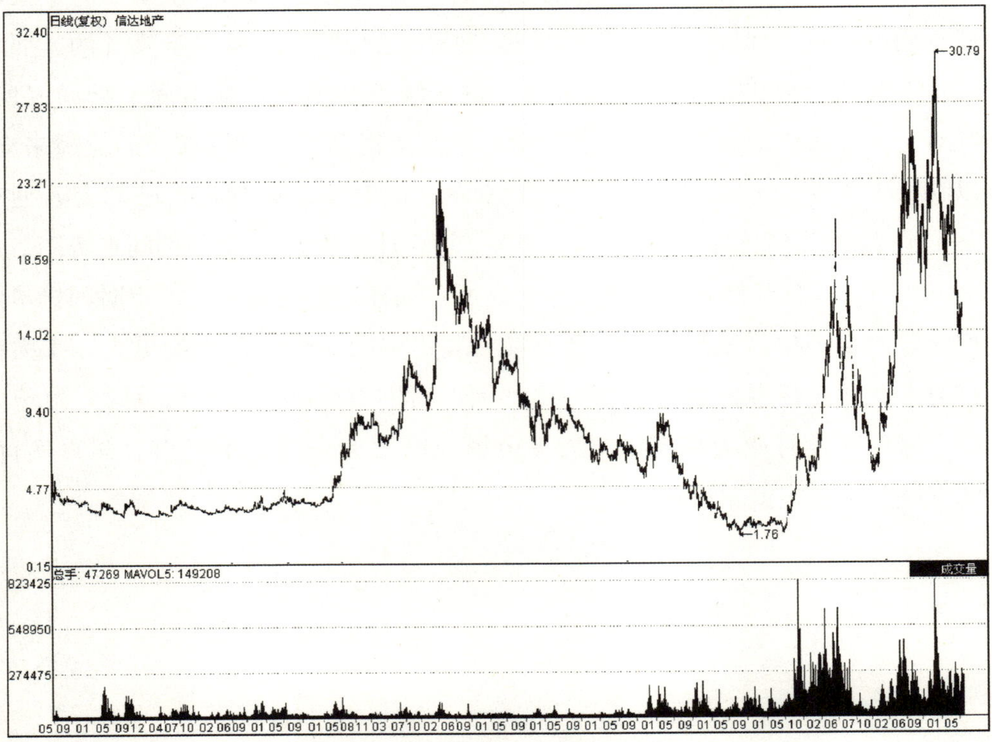

图 9－4　信达地产走势全景图

第三节　什么是技术面分析

技术面分析法与基本面分析法是两种完全不同的分析方法，基本面分析法所依据的原理是“价格围绕价值波动”，其着眼点主要有三个方面，即：宏观经济走向、行业发展前景、企业自身情况。其中的企业自身情况，是基本面分析法中的核心要素。技术面分析法则是从股票市场本身的交投行为中，通过研判买盘与卖盘的变化趋势，来预测股票市场价格的变动趋势。在技术面分析法中，市场的交投行为是其分析的重点，由于市场行为是能过价格走势、成交量、分时线形态、盘中成交情况等多种形式呈现出来的，因而，技术分析往往就是围绕着这些内容展开的。

从时间因素来说，基本面分析法所得出的结论往往会与个股当前的真实走势存在一定的时间差距。这是因为，从局部的角度来看，股价的涨跌毕竟是由于当前的买卖盘之间的关系决定的，再好的企业，若没有二级市场的资金追捧，其股价走势自然也是碌碌无为的；再差的企业，若是因某些题材、符合某些热点而获得主力资金的炒作，其出现飙升的走势也是不难理解的。而技术面分析法直接关注于市场中的多空力量的转化情况。多空力量转化情况既可以是局部性的，也可以是整体性的。多空力量在局部范围内的转化造成了股价的波动甚至是宽幅振荡，多空力量在整体范围内的转化则会造成股价出现一轮长久的上涨或下跌行情。从这一角度来说，技术面分析法不仅可以分析价格的短期走势，一样可以预测价格的中期走势，但对于价格的长期走势来说，还是取决于企业的业绩情况的。

技术面分析法作为一类完善的分析方法，它既有自己的一套理论基础，也有其具体可行的预测方法，理论为具体的方法提供指引，方法则是理论的实战指南。就当前股票市场中各式各样的技术分析方法而言，主要包括：K 线形态分析法、成交量分析法、分时线分析法、技术指标分析法、主力行为分析法，等等内容。这些不同的分析法侧重于分析不同方面的市场行为，例如：K 线形态分析法是以市场交投过程中所产生的最重要数据——价格为核心而展开的，而成交量分析法则以买卖双方的交锋力度——成交量为核心展开的；虽然渠道有所不同，但是其核心理念却是相同的，就是通过解读市场已发生的现象，分析多空双方力量的转化情况，进而预测价格的后期走势。

对于技术面分析法来说，还有一点是我们不得不提的，这就是：技术面分析法有着深刻的理论基础，而这些理论是建立在三个前提假设的基础之上的，这就如同几何学是建立在几个最为基础的公理之上一样。前提假设（或者说是公理）保证了技术分析系统的完善性，使其具备坚实的基础，这也正是科学思维方法在股市分析领域的完美诠释。下一节，我们就来看看技术分析的三大前提假设是什么，理解这三大前提假设，无疑将会使我们更深入地理解技术面分析法。

第四节　技术分析的三大前提假设

技术分析派认为：一切影响价格走势的因素（无论是行业、政策面上的消息，还是企业本身所发生的变化，等等）都将反映到价格的实际走势中，因而，研究价格如何变动比研究价格为什么变动更能了解未来市场价格的变动方向。这就是技术分析派的核心观点。这种观点没有错，但为了使技术分析方法更加使人信服，作为技术分析领域象征的三大前提假设也应运而生。这三大前提假设分别为：市场行为涵盖一切，价格依据趋势运动，历史往往会重演。下面，笔者就来逐一解读这三条假设。

一、市场行为涵盖一切

这一假设指出：任何能够影响价格变动的因素（如：宏观经济的运行情况、政策的导向、行业的发展前景、企业的业绩变化、主力的意图、资金介入的力度、投资者的心理倾向、消息面或题材面的影响，等等）都反映在实际的买卖交易行为之中，因而，我们只需专注于分析买卖交易行为即可。基于这个假设，股价的变化应该是技术分析派关注的主要对象，而对影响股票价格变化的诸多因素则不必作过多的关心。

投资者在理解这一假设时，一定要注意：市场已发生的行为并不代表这种行为就一定是理性的行为。因为，投资者疯狂或恐慌的极端情绪完全有可能使价格也同样出现极端的走势。因而在理解“市场行为涵盖一切”这句话时，我们一定要将投资者的情绪这一因素包括进来，因为有的时候仅从消息面、企业基本面等因素来解释价格的暴涨暴跌是行不通的。这一假设也同时指出了技术面分析所涵盖的内容要远远大于基本面分析所涵盖的内容，因而，技术面分析法在运用过程中也更加灵活且更难于把握。

二、价格依据趋势运动

在股市中，“趋势”就如同自然界中的万有引力一般，是被客观承认的。当然，技术分析派对于趋势的认可也是建立在大量经验分析基础之上的。“趋势”是这种经验分析后的一种抽象化产物，是经验的总结与升华，当“趋势”被提炼出来之后，它就可以反过来指导投资者的买卖操作了。技术面分析法在本质上就是顺应趋势，即以判定和追随既有趋势为目的。“价格依据趋势运动”这句话包含了三层意思：第一，在技术分析中，趋势被认为是客观存在的。第二，趋势可以依据其方向性分为上升趋势、盘整趋势、下跌趋势。技术分析派在进行分析时，要对市场目前的趋势有一个判断，判断的准确与否直接影响到其操作结果的情况。第三，已形成的趋势具有强大的惯性，这使得正在进行的趋势将会持续下去，直至发出较为明确的反转信号；这可以说是牛顿惯性定律在金融领域的应用；这也意味着现在的趋势将会延续，直到发生某种原因导致趋势的转变。促使趋势发生反转的原因可能是政策性的，也可能是过度投机造成的。研究价格趋势的意义就是要在一个趋势发生的早期，及时准确地把它揭示出来，从而达到顺着趋势交易的目的。

三、历史往往会重演

“历史往往会重演”这一假设是指：相似的价格运行形态、相似的历史环境等因素，往往会催生出相似的后期走势。心理学研究表明，在相似的环境及情绪下，人们往往有着相似的行为。我们可以认为K线的形态、量能等交易数据是投资者心态、情绪的一种外在表现，通过研究当前的形态、量能等技术数据，我们就可以史为鉴，来进一步推测价格的后期走势了。

第十天　看懂牛市、熊市、振荡市

◆第一节　什么是牛市、熊市、振荡市
◆第二节　牛市的三个运行阶段
◆第三节　熊市的三个运行阶段
◆第四节　如何在不同市道下展开交易

“经济历史是由一幕幕的插曲构成的，它们都是建基于谬误与谎言，而不是真理。这也代表着赚大钱的途径。我们仅需要辨识前提为错误的趋势，顺势操作，并在它被拆穿以前及时脱身。”

——索罗斯

透过世界著名投资大师索罗斯的这句话，我们可以看出，要想在股市中赚钱，必须认识趋势。无论对于股市整体来说还是对于个股来说，其中长期的运行方式都是以趋势为规律呈现出来的。能否深刻理解趋势运行规律、识别趋势、把握趋势，并做到顺势而为，将直接决定投资者能否在股市中实现长期稳健的获利。在下面的内容中，笔者将详细讲解趋势的运行规律。

第一节 什么是牛市、熊市、振荡市

在股市中我们常常听到“牛市、熊市、振荡市”这样的用语，其实，它们所指代的就是价格的运行趋势。牛市也就是上升趋势，是价格总体向上运行的市场；熊市是下跌趋势，是价格总体向下运行的市场；振荡市是盘整趋势，是价格的运行方向趋于横向的市场。由于股市的获利方法是低吸高抛，即：通过在相对低点买进，随后在相对高点卖出，因而，牛市是投资者最希望看到的市场环境。

由于价格在运动过程中是以波浪的方式呈现出来的，因而我们可以用“波峰”、“波谷”来理解上升趋势、下跌趋势、盘整趋势。在价格的整体运行过程中，如果其包含的波峰和波谷都相应地高于前一个波峰和波谷，则价格的这种运行过程就可以称为上升趋势；反之，如果其包含的波峰和波谷都相应地低于前一个波峰和波谷，则价格的这种运行过程就可以称为下跌趋势；盘整趋势则是一个依次出现的波峰与波谷处于一种相互重叠的状态下。能否正确研判出当前的趋势运行情况，对于投资者来说，其意义重大。对于中长线投资者来说，他们的目标是尽可能在牛市中买入，只要一旦他们确定基本趋势是上升的并且已经启动，他们便会买入，然后一直持有直到上升趋势已经终止、下一个熊市已经开始的时候。

此外，在理解趋势运行时，我们还应注意两点：一是，趋势是指价格的总体运行方向，因而其时间跨度往往较长，短则几个月长则数年之久；二是，趋势绝非是价格的小幅度波动，上升趋势或下跌趋势所产生的累计涨幅或跌幅往往是极大的，一般来说至少要造成市场整体增值50%或贬值50%以上。

图 10－1 为上证指数 2006 年 2 月至 2007 年 10 月期间走势图。从图中可以看到，在此期间，股市处于节节走高的态势，其运动过程呈现出一峰高于一峰、一谷高于一谷的形态、在这长达一年半的时间里，股市累计上涨幅度巨大、持续时间较长，属于典型的牛市行情。这一趋势运行状态也是我们通常所讲的“上升趋势”。

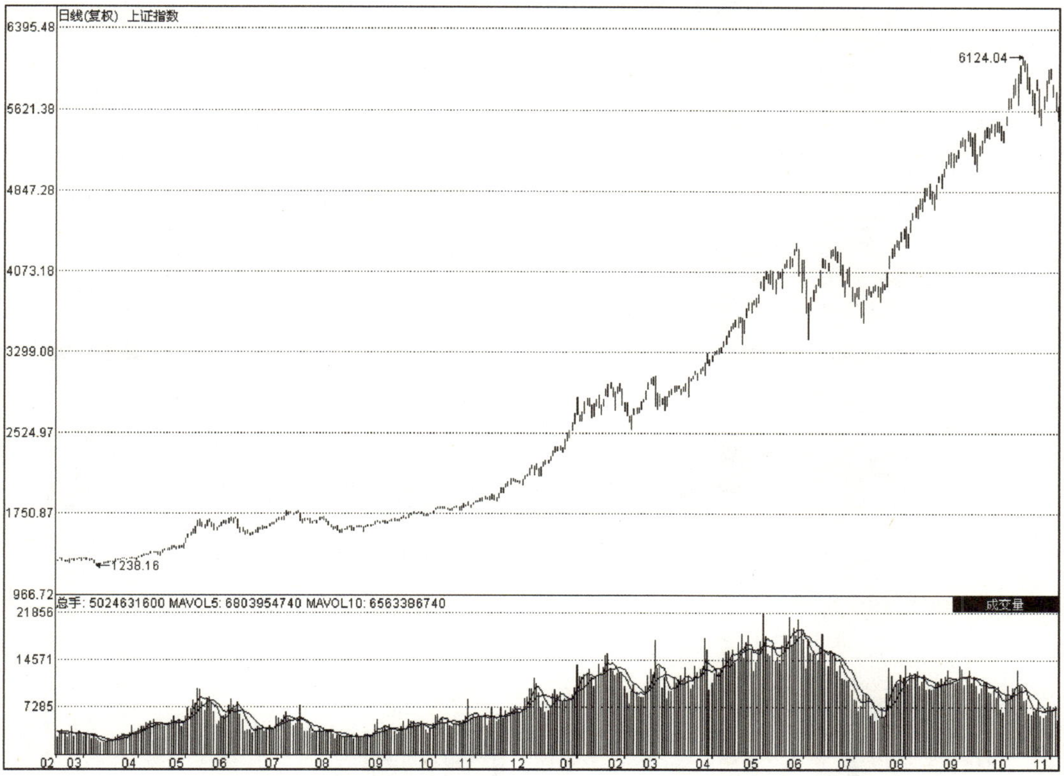

图 10－1　上证指数 2006 年 2 月至 2007 年 10 月上升趋势示意图

下页图 10－2 为上证指数 2007 年 10 月至 2008 年 12 月期间走势图。从图中可以看到，在此期间，股市处于节节走低的态势，其运动过程呈现出一峰低于一峰、一谷低于一谷的形态。在这长达一年多的时间里，股市累计下跌幅度巨大、持续时间较长，属于典型的熊市行情。这一趋势运行状态也是我们通常所讲的“下跌趋势”。

下页图 10－3 为上证指数 2009 年 6 月至 2010 年 5 月期间走势图。股市在经历了 2009 年上半年的持续上涨后，在累计涨幅接近 1 倍的时候，于 2009 年 7 月之后开始停止上涨，随后展开了长达一年之久的盘整走势。在此期间股市既无法有效突破上行，也没有由涨转跌，而是总体处于一种横向运行状态之下。对于这种长时间的横向振荡运行方式，我们将其称为盘整趋势，一般来说，它多是市场运行方向将面临转变的表现。

图 10－2　上证指数 2007 年 10 月至 2008 年 12 月下跌趋势示意图

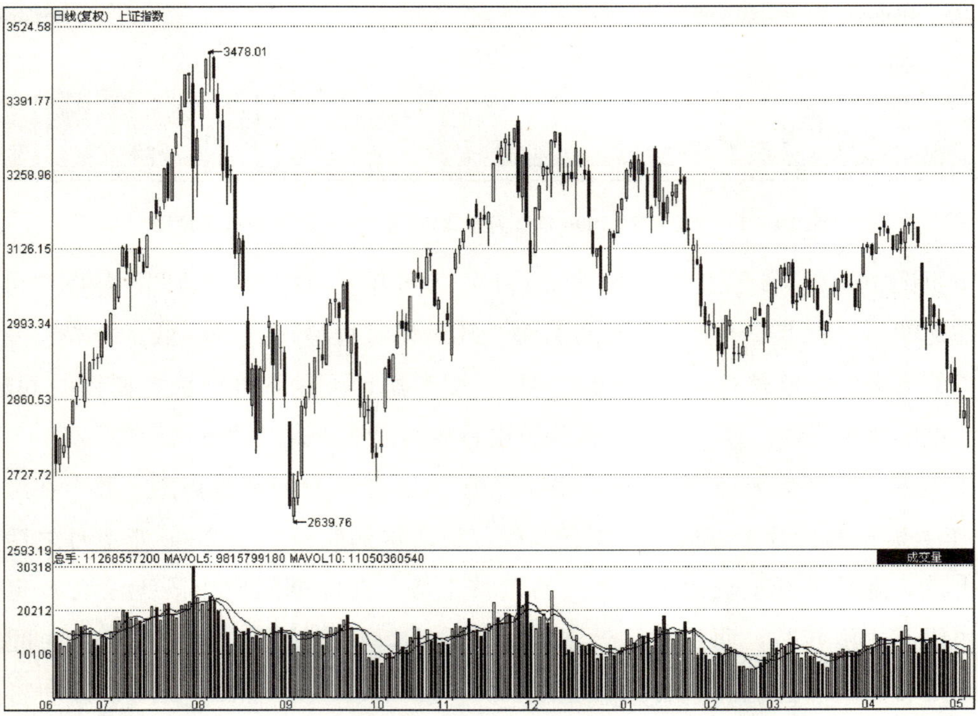

图 10－3　上证指数 2009 年 6 月至 2010 年 5 月盘整趋势示意图

第二节　牛市的三个运行阶段

牛市与熊市只是市场整体运行的表现，只有更好地理解牛市与熊市的运行过程，投资者才能对其有一个更为准确、全面的把握，也才能对号入座，更为客观地了解到当前的市场是处于牛市之中还是处于熊市之中，是处于牛市形成发展的初期还是末期。解决好这些问题，将会大大提高投资者顺势而为的操作能力。

我们可以把牛市的整体运行过程拆解为三个阶段：筑底阶段（建仓阶段），上升阶段，拔高阶段。

一、筑底阶段

筑底阶段：这一阶段多处于熊市的末期，股市往往已于之前出现了长时间的深幅下跌走势。我们知道，股市是经济变化的晴雨表，前期股市的持续下跌自然有其内在原因，或许是挤压资产泡沫、或是经济不景气、或许企业赢利能力出现下滑，等等。我们不必关注它前期下跌的原因。经济的发展是以周期循环的规律呈现出来的，同样，股市的整体运行也是以周期循环的方式呈现出来的，跌到低谷时自然难以再度大幅下跌。在这一阶段，一部分有远见卓识的投资者意识到底部的出现，从而开始入场布局。虽然经济形势仍未见明显好转，但最坏的时候毕竟已经过去了；而且，股市的走向往往是明显早于经济的变化的。也正是在这一阶段，市场开始逐步积累做多动能，这为股市后期的上涨打下了基础。

我们常常也把筑底阶段称之为建仓阶段。所谓建仓，就是指买入股票的操作方式。由于股市的获利之道是“先低买，再高卖”，因而，在低位区买入股票是投资者开始积极做多的表现，建仓阶段也可以说是市场做多动能在逐步汇聚的过程。

二、上升阶段

上升阶段：随着筑底阶段的结束，越来越多的投资者看到股市已难以再度下跌，而且宏观经济的走势开始趋于好转、企业的赢利前景也较为喜人，这使得市场做多力量也开始逐步变强，从而开始推动股市逐波上涨、步入上升通道之中。在这一阶段，随着股市对场外资金吸引力的逐渐变强，致使越来越多的资金开始涌入股市，交易量节节攀升，股票价格也一路走高。

在这一阶段，由于股票市场整体处于一片看涨的气氛之中，因而，无论是对于业绩较差的垃圾股还是对于业绩不错的绩优股来说，都会获得资金的青睐，整个市场呈现出现一片欣欣向荣、集体看涨的态势。“看涨”是投资者的主导思维方式，而持股不动或是参与强势股是投资者的主要操作方式。也正是在这一阶段，技巧熟练的投资者往往会得到很大收益。

三、拔高阶段

拔高阶段：是整个上升趋势中涨幅最大的一个阶段。由于股市的持续上涨使得投资者做多的热情开始空前高涨，但是股市的上涨毕竟是由于不断涌入的资金推动所致，前期持续的大幅上涨已消耗掉过多的潜在买盘资金，市场的买盘开始处于枯竭状态。此时，虽然股市仍然依惯性冲高，但是这种上涨并不是由充足买盘推动所致，因而，这种上涨是不坚实的，也是难以为继的。这是牛市整个上涨过程的最后一波上涨，标志着股市开始步入见顶阶段。

第三节　熊市的三个运行阶段

我们可以把熊市的整体运行过程拆解为三个阶段：出货阶段（筑顶阶段），下跌阶段，探底阶段。

一、出货阶段

出货阶段：牛市的起步是在低位区建仓阶段基础之上，而熊市的起步则在高位区的出货阶段之后。在这一阶段，市场的做多动能开始弱于做空动能，有远见的投资者感到交易的利润已达至一个反常的高度，因而在涨势中抛出所持股票。此时参与买卖虽有小部分中长线投资者，但是更多的则是短线投机客，市场潜在买盘处于枯竭状态，股价重心开始出现下移迹象。

二、下跌阶段

下跌阶段：随着出货阶段的结束，看空的投资者开始越来越多，而且市场买盘仍无法及时跟进，这使得更多的获利持股者、短线投机者开始倾向于逢高出局，市场整体的多空力量对比情况已由原来的多方占据主导地位转变为当前的空方占据主导地位。由于买方稀少，而卖方为反转而着急，因而，价格的跌势往往会呈现出阶段性的加速下跌态势。这一阶段是熊市运行过程中跌幅最大的一个阶段，它的出现常与一系列的经济指标下滑相关；当然，经济指标的下滑仅仅是外在原因，毕竟这种利空消息在牛市中也可以听到。导致熊市出现的根本原因还是买盘资金的匮乏，可以说，只要市场中仍未见买盘资金持续流入的迹象，则这一阶段往往就会持续下去。

三、探底阶段

探底阶段：牛市的整体运行过程是一个做多动能由弱到强，再由强转弱的过程；而熊市的整体运行过程则正好相反，它是一个做空动能由弱到强，再由强转弱的过程。第二阶段的巨大跌幅使得市场做空动能已消耗十之八九，垃圾股可能在前两个阶段就失去了其在前一轮牛市的上涨幅度，稍好些的股票跌得稍慢些。此时市场做多动能虽然尚未很好地汇聚起来，但做空动能也开始明显不足，因而，股市难以再度大幅下跌，开始步入到探底阶段。这一阶段的走势特点往往是跌势放缓，股市由前期“飞流直下”走势开始转变为“横向振荡”。

第四节　如何在不同市道下展开交易

牛市是一个获利市，熊市是一个亏损市，振荡市是一个平衡市，在不同的市道下，投资者就要有不同的操作策略。通过前面三节的讲述，我们已经对牛市、熊市的运行过程有了一个大概的了解，本节中，我们就来看看在这三种市场环境下应如何展开操作。对于如何从盘面准确地识别出这三种趋势、如何及时地把握趋势反转等实战性的内容，笔者将放在“第十二天”进行单独讲解。

一、牛市的获利之道

牛市是一个价格持续走高的市道，在这一背景下，我们的操作策略应以持股待涨，或是追涨强势股为主？趋势一旦形成就具有极强的持续力，一旦个股开始步入明确的上升通道之后，我们就应轻易地抛出个股。因为个股的上涨幅度并不以投资者的主观意志为转移，它的上涨幅度很有可能远远超出人们的预期。如果在上涨途中过早地抛出个股，则我们就会面临着两难的处境：是及时地认错并追涨买入？还是耐心地等待回调后再介入？若采用第一种方案，我们的持仓成本将大幅提高，且高位买入被套的风险也将大大增加；如果采用第二种方案，则我们只能被动地期望着市场会按我们预料的方式行进。但市场是否真的会如预期般的出现回调并给我们买入的机会呢，恐怕这只能依靠运气了。因而，在牛市当中，我们不应对利润的扩大而出现无谓的担心，担心利润缩水、担心升势反转等不安的心态只会让我们错失牛市的“盛宴”。

持股待涨虽然是牛市的主要获利之道，但沪深两市有几千只个股，我们不能说在牛市当中它们都会表现优异，获利的最终的目标还得落实到个股身上。如果我们发现手中的个股是一只跑不赢股市平均水平的“肉股”，则我们就应考虑进行换股的操作，及时换入更为强势的个股，不仅可以使我们在牛市尽可能多地获取利润，也可以使我们及时锁定利润、实现资产滚动增值的目的。

通过以上的讲解，相信读者已经明晰了牛市的两种获利之道：持股待涨与追涨强势股。在实盘操作中，我们不能固执己见，而应灵活应变，将这两种操作策略进行有机的结合，当市场无明显的热点而股市的整体上涨步伐并没有止步的迹象时，我们可以持股待涨；但是若市场开始出现局部热点，而我们手中的个股走势又相对较弱时，此时及时地换入强势股就是一种上上策。下面让我们结合实例来看看这两种获利之道在牛市中的运用。

图 10－4 为上海九百（600838）2008 年 12 月至 2010 年 3 月期间走势图。如图所示，该股在此期间处于上升趋势中。通过对比同期的大盘走势，我们可以发现该股的走势明显强于大盘；在大盘于 2009 年 7 月之后开始由升势转变为盘整走势后，该股仍能保持良好的上升运行态势，其上升通道也得以良好保持。对于这种个股来说，只要股市整体未见明显的转向迹象，我们就可以积极地持股待涨。

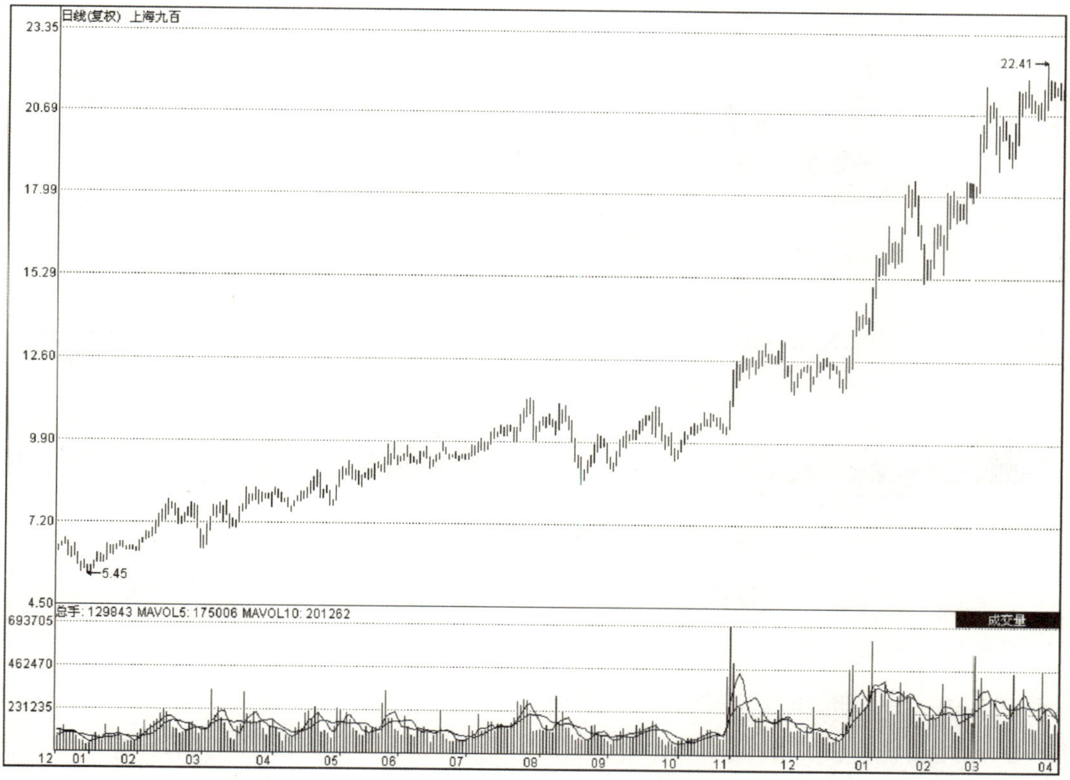

图 10－4　上海九百上升趋势走势图

图 10－5 为广深铁路（601333）2008 年 4 月 23 日至 2009 年 3 月 4 日期间走势图。从图中可以看到，此股在 2009 年 3 月 4 日前开始出现低位区的横盘振荡走势。但是如果对比同期的大盘走势就可以发现，它在 2009 年 3 月 4 日前这段时间的走势明显弱于同期大盘，因为此时的大盘已经呈现出明显的攀升苗头，一轮上涨行情正蓄势待发。下页图 10－6 为上证指数 2009 年 3 月 4 日前的走势图。当股市的上升走势已显露苗头或是趋势已较为明朗的时候，对于那些迟迟滞涨的“肉股”来说，我们应早作了断，尽快换入那些潜力更大、股性更为活跃的强势股，只有通过这样的换股操作，我们才不至于错失后面的大好牛市行情。

图 10－5 广深铁路 2009 年 3 月 4 日前走势图

下页图 10－7 为广深铁路 2010 年 5 月前的走势图，而图 10－8 为上证指数 2010 年 5 月前的走势图。在这两幅图中均标注出了 2009 年 3 月 4 日这一时间点。通过对比可以看出，虽然股市在 2009 年上半年出现一轮牛市上涨行情，但是此股的表现却并不尽如人意，在同期的绝大多数中小盘个股都出现了几倍涨幅的情况下，此股的涨幅甚至不如大盘指数的上涨幅度。如果我们不能及时换股操作，则将面临着错失牛市行情的不利局面。

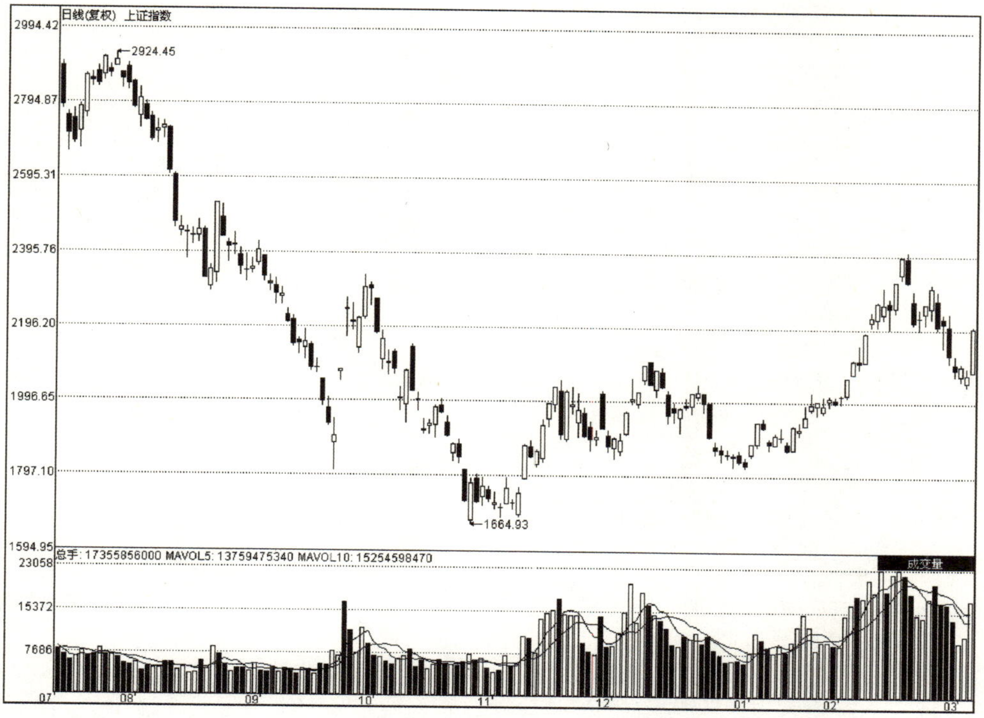

图 10－6 上证指数 2009 年 3 月 4 日前走势图

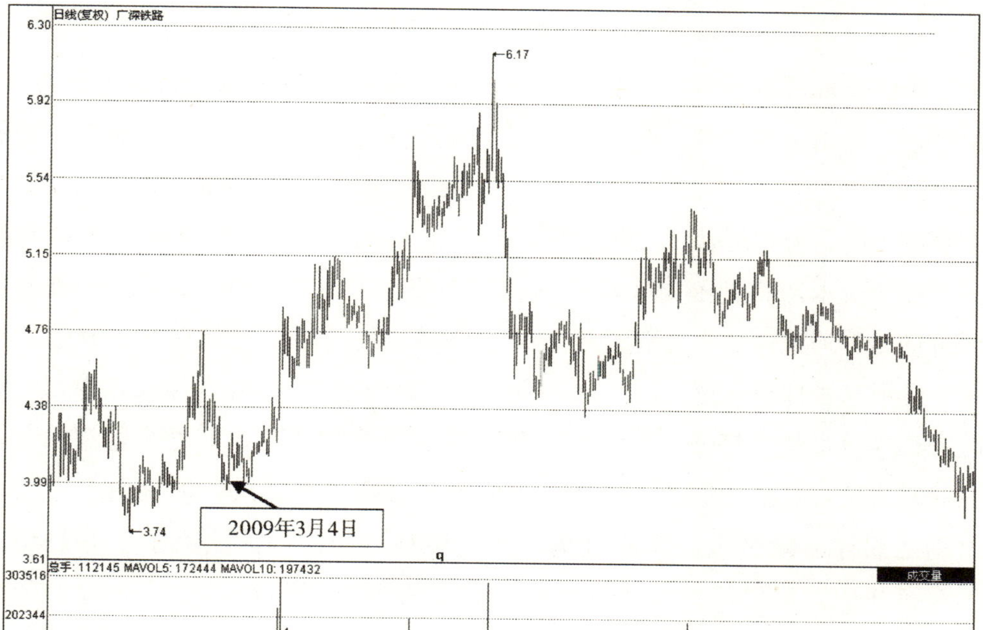

图 10－7 广深铁路 2010 年 5 月前走势图

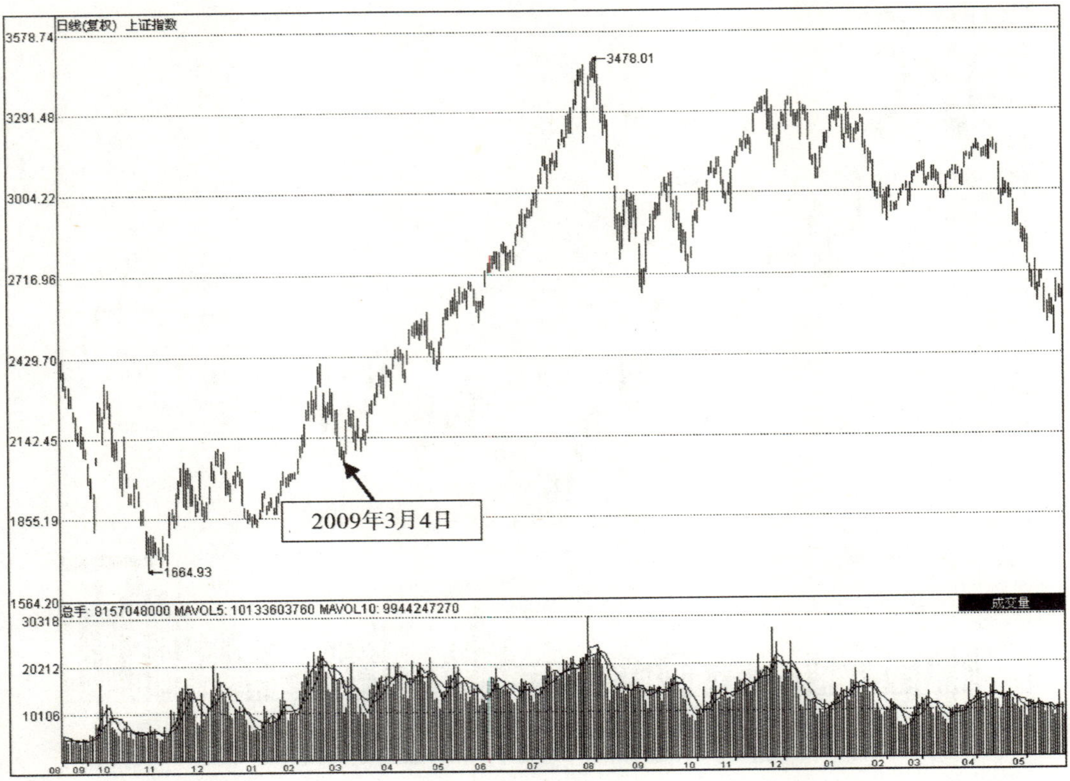

图 10－8　上证指数 2010 年 5 月前走势图

牛市中的换股操作思路，不仅体现在换出“肉股”、换入强势股的操作方式上，同样也体现在换出大幅上涨后呈现出滞涨走势的前期强势股、换入当前强势股的操作方式上。

下页图 10－9 为中国软件（600536）2008 年 11 月 17 日至 2009 年 5 月 19 日期间走势图。如图所示，此股在 2009 年 4 月前的走势不可谓不强势，其同期的涨幅远远超过了市场的平均涨幅。在此股处于上升趋势时，我们可以看到它的上升通道保持良好，上升形态也保持良好。但是这种良好的上升形态却在 2009 年 4 月中旬之后被高位区滞涨横盘走势所打破，而大盘在 2009 年 4 月中旬之后仍旧处于稳健的上升趋势中。此时，我们就要意识到：虽然股市的上升行情仍在延续，但是由于中国软件在此之前的累计涨幅过大、涨速过快，此股很有可能已提前结束了上升趋势。因而在实盘操作中，可以展开积极的换股操作，去参与那些在当前的运行中更为强势的个股。

图 10－9　中国软件 2009 年 5 月 19 日前走势图

二、熊市的获利之道

由于国内股市的获利机制主要体现在低买高卖的做多操作中，因而在节节下跌的熊市中，投资者应以持币为主要策略，在下跌途中可以把握机会，以少量的资金参与快速下跌所引发的超跌反弹走势。熊市的操作策略可以归结为两点：一是以持币观望为主要策略；二是在市场因而局部的快速下跌而引发超跌反弹行情时，可以博取反弹收益，但此时的操作宜轻仓为主。

图 10－10 为紫江企业（600210）2008 年 4 月 1 日至 9 月 1 日期间走势图。如图所示，该股在此期间处于下跌趋势中，一波阶段性的快速下跌导致市场短期内处于超跌状态，随后将会出现一波反弹走势。此时可轻仓参与，博取反弹收益。但是这种博取反弹收益的操作毕竟还是面临着一定的风险，因而在实盘操作中，投资者在参与这种反弹行情时一定要控制好仓位，不宜重仓买入，只宜轻仓进出；而且，在

整个下跌趋势并没有出现明显的反转信号时，更不能主观地认定股市或个股已跌无可跌，从而盲目地抄底买入。在下跌途中，只要市场未见明确的见底信号，我们的主要操作策略就仍是以持币为主。

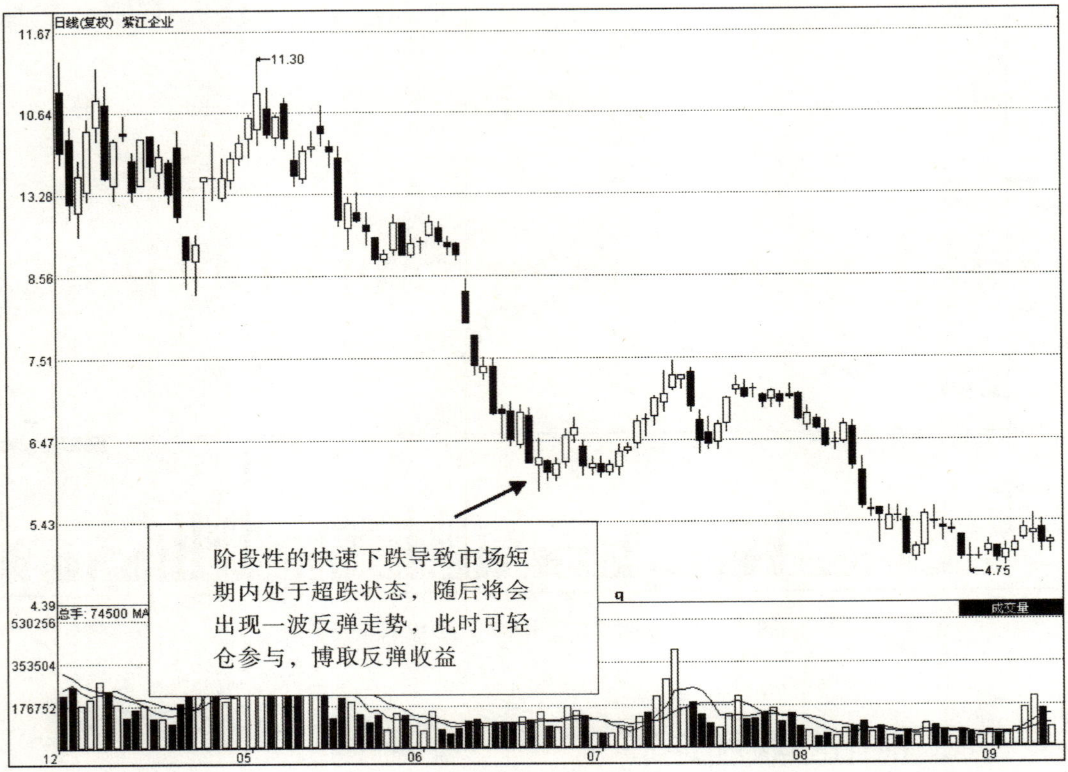

图 10－10　紫江企业下跌走势图

第十一天　价格与价值的接轨——基本面分析之道

◆第一节　了解宏观经济情况

◆第二节　关注政策导向

◆第三节　透过市盈率看个股估值状态

◆第四节　透过净资产收益率看企业赢利能力

经过前面的讲解，我们了解到股市中的分析预测方法可以统分为两大类，一类是基本面分析法，一类是技术面分析法，两种方法互有优点，我们在实盘操作中，应注意结合两者综合使用。正所谓“取之所长，避之所短”，只有这样，我们才能更准确、更客观地预测出价格的后期走势。在以下的学习当中，我们先来看看如何展开基本面分析。

第一节　了解宏观经济情况

股票市场往往被视作经济变化的晴雨表，这说明股票市场的走势并不具备十足的独立性，它是受制于宏观经济运行的；宏观经济好的时候，股市难跌，宏观经济差的时候，股市难涨。因而，在分析股票市场的整体走势时，投资者不妨先将眼光放在宏观经济的运行情况上。那么，如何分析宏观经济呢？一般来说，我们可以从以下两点入手：一是从经济周期入手，二是从当前经济指标入手。

一、了解宏观经济的运行周期

经济周期（Business cycle），也称商业周期、商业循环、景气循环，它是指经济运行中周期性出现的经济扩张与经济紧缩交替更迭、循环反复的一种现象。一个完整的经济运行周期，我们既可以将其较为笼统地分为上升（扩张）阶段与下降（收缩）阶段，也可以将其较为详细地划分为：复苏、繁荣、衰退、萧条四个阶段。下面我们以四个阶段的划分方法来对其进行解读。

“复苏、繁荣、衰退、萧条”是宏观经济的运行周期，如果我们看一下股市的运行周期就会发现，两者有着明显的相似之处，股市一轮运行周期为“筑底、上升、筑顶、下跌”，因而，了解宏观经济的运行周期至关重要。

当经济运行周期处于复苏与繁荣阶段时，这是经济运行中的扩张阶段，这时的股票市场处于供需两旺的状态下，企业的订货量饱满、商品畅销、市场空间潜力大，企业处于较为宽松有利的外部环境中。只要企业开拓进取、善于抓住机遇，是可以实现快速发展的。反之，当经济处于衰退、萧条阶段时，这是经济运行中的收缩阶段，这时的市场需求疲软，企业的订单不足、商品滞销、资金周转不畅，企业处在一种较为恶劣的背景环境下。市场竞争力较强、优势突出的企业往往会面临着利润下滑、增速放缓的不利局面；市场竞争能力差、优势不明显的企业则很有可能面临着亏损甚至破产的局面。

在通过经济周期理解股市的涨跌循环时，我们还应明确一点：宏观经济的运行周期并不等于股市的牛熊交替循环，股市的牛熊交替循环也不能代表宏观经济的运行周期。股市作为一个较为独立的资本市场，其大幅度的上涨或下跌并不完全取决于宏观经济运行情况。这是因为股市是一个资金推动型的市场，它需要持续涌入的资金推动才能完成大幅度的上涨；同样，它的下跌也是源于资金的持续流出。大规模的资金流入或流出只是投资者对股市、对经济走向判断后的一种结果，这种结果不仅具有极强的预期性，同样具有明显的不确定性。

虽然经济运行周期与股市的运行周期存在着较低的正相关性，但它们在走势上却不是没有联系的，它们在走势上的联系往往是从两个周期的同向运动与反向运动等不同方面表现出来的：（1）经济过热，股市下跌（反向）；（2）经济收缩，股市继续下跌（同向）；（3）经济触底，股市上涨（反向）；（4）经济回升，股市继续上涨（同向）。

二、了解宏观经济指标

宏观经济运行周期只是经济运行的一种客观规律，当投资者决定是否介入股市时，最想了解的是当前的经济处于这一周期的哪一阶段。此时，我们可以借助于具体的经济指标。经济指标是指反映一定社会经济现象数量方面的名称及其数值，它可以使我们较为清晰地看清楚当前的经济运行情况。下面我们就来看看有哪些具体的经济指标是值得我们关注的。

国内生产总值（Gross Domestic Product，简称 GDP）：GDP 是我们在媒体新闻中最常听到一个经济学术语，这一指标可以较好地反映经济的总体运行情况。GDP 是指一定时期内（一个季度或一年），一个国家或地区的经济中所生产出的全部最终产品和提供劳务的市场价值的总值。在实际应用中，我们往往以国家为区域单位、以年为时间单位来给出 GDP。很明显，经济的持续发展也就是经济的持续扩张，它要求“市场价值的总值”应处于不断增长之中；而且，这种增速应是一个平稳的状态，这样才有利于经济的健康发展。如果GDP的增速出现放缓，则代表经济发展速度减缓；若GDP连续两年出现下降则代表经济陷入衰退。

图11－1为我国2003—2007年GDP及其增速图。从图中可以看到，在此期间，GDP连年上涨，且增速逐年提高。这是经济呈现出高速发展势头的表现，在这背景下，催生出了2007年史无前例的大牛市行情。

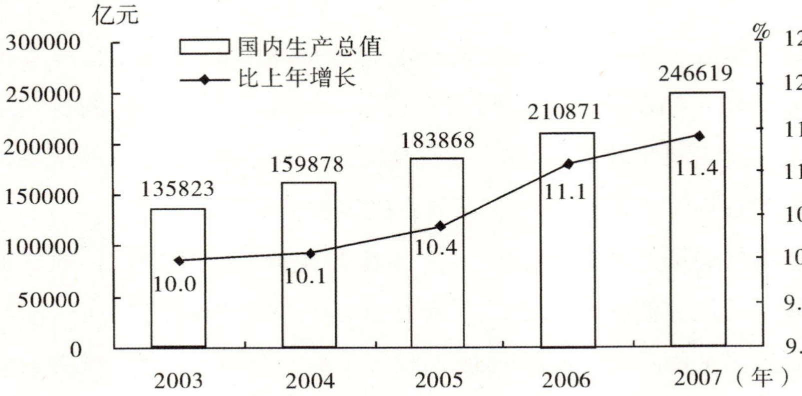

图11－1　2003—2007年GDP及其增速图

消费者物价指数（Consumer Price Index，简称CPI），这一经济指标既是经济总体运行情况的表现，也直接关系着大众的生活，我们常说的通货膨胀就是以此指标为判断标准的。CPI是反映各个时期商品价格水准变动情况的指数。当CPI的同比增幅（相对于去年同期而言）超过3%时，就会形成通货膨胀，此时，投资者手中持有的货币会面临着贬值的局面，即相同额度的货币其购买力下降了。当CPI的同比增幅超过5%时，就是严重的通货膨胀了。反之，当CPI小于1%时是通货紧缩的表现。一般来说，适宜于经济发展、企业发展的CPI涨幅应在1%～3%区间内，而严重的通货膨胀及通货紧缩都是不利于经济发展的。

利率，也可以称为利息率，表示一定时期内利息量与本金的比率，通常用百分比表示，按年计算则称为年利率。其计算公式是：利息率＝利息量÷本金÷时间×100%。在当今的世界中，利率成为政府调节宏观经济最为重要的金融工具之一：当宏观经济在发展过程中有过热的势头出现、通货膨胀抬头时，此时便会提高利率、收紧信贷；当过热的经济和通货膨胀得到控制时，便会把利率适当地调低，为企业发展提供一个相对宽松的货币环境。此外，利率的上调或下调往往直接与股市走向关联。我们知道，股市是一个资金驱动市，当利率提高时，股市的赚钱效应就会降低，从而促使资金从股市流入银行；反之，当利率下降时，由于存银行所获得的利息比较微薄，人们就会把钱投向更有增值潜力的地方，此时的股市就不失为一个好的投资场所。

第二节　关注政策导向

我国的股市素有政策市之称，无论直接针对股市的调整印花税政策还是相关的行业扶持政策，都直接影响着股市或相应个股的走势。因而，政策导向是我们在进行基本面分析时的重要着眼点之一。下面，让我们结合实例来看看政策是如何引导股市或相应个股的走势的。

图 11－2 为上证指数 2007 年 5 月 30 日前后的走势图，图中标注了 2007 年 5 月 30 日这一日的时间点。从图中可以看到，在 2007 年 5 月 30 日前，股市持续上涨，其累计涨幅巨大，但是这种过快的上涨也使得沪深股市中的股票大多处于明显的高估状态，资产泡沫愈演愈烈、市场投机氛围浓郁。很明显，持续膨胀的资产泡沫不仅不利股市的发展，同样会对实体经济造成破坏。在此背景下，国家于 2007 年 5 月 30 日出台了上调印花税的政策：“为进一步促进证券市场的健康发展，经国务院批准，财政部决定从 2007 年 5 月 30 日起，调整证券（股票）交易印花税税率，由现行 1‰调整为 3‰。即对买卖、继承、赠与所书立的 A 股、B 股股权转让书据，由立据双方当事人分别按 3‰的税率缴纳证券（股票）交易印花税。”

这次调整证券交易印花税率，是证券市场历史上第八次调整，亦是继 2005 年下调证券交易印花税税率后，我国又一次对该税率进行大的调整。

我国证券交易印花税始征于 1990 年 7 月。证券交易印花税调整一览：

1991 年 10 月，深圳市将印花税率调整到 3‰，上海也开始对股票买卖实行双向征收印花税，税率为 3‰。

1992 年 6 月，国家税务总局和国家体改委联合发文，明确规定股票交易双方按 3‰缴纳印花税。

1997 年 5 月，证券交易印花税率从 3‰提高到 5‰。

1998 年 6 月，证券交易印花税率从 5‰下调至 4‰。

1999 年 6 月，B 股交易印花税降低为 3‰。

2001 年 11 月，财政部决定将 A、B 股交易印花税率统一降至 2‰。

2005 年 1 月，财政部又将证券交易印花税税率由 2‰下调为 1‰。

上调证券交易印花税由于会直接增加买卖双方的交易成本，因而被看作是抑制股市投机的一种调节手段；当然，它对于股市的上涨来说也是十足的利空消息。当股市经暴涨暴跌而明显偏离其估值时，调整印花税是政策导向最为简单、直接的表现形式。如果我们将上述所列出的印花税调整时间点与当时的股市环境相结合的话，就会发现，上调印花税多出现在股价持续上涨之后，这是政策打压股市的表现，为的是避免出现资产泡沫。而下调印花税则多出现在股价持续下跌之后，这是政策力挺股市的表现，为的是活跃资本市场，使股市能有一个好的融资环境，从而为经济发展、为企业发展服务。

对于 2007 年 5 月 30 日这一次的上调印花税方案来说，它对股市的影响是立竿见影的，当这一消息出台后，沪深两市中那些在 2007 年 5 月 30 日前持续上涨而没有业绩支撑的个股也就此停止上涨的趋势，开始步入到了盘整振荡的筑顶阶段。

下页图 11－3 为上证指数 2008 年 9 月 19 日前后走势图，图中标注了 2008 年 9 月 19 日这一日的时间点。从图中可以看到，在 2008 年 9 月 19 日前，股市持续下跌，其累计跌幅巨大。但是这种过快的下跌也使得沪深股市中的个股大多处于明显的低估状态，资产缩水严重、市场恐慌情绪蔓延，这对实体经济的发展是极为不利的。要知道，股市是经济变化的晴雨表，若股市一直这样毫无起色地跌下去，则未来的宏观经济情况也是令人担忧的。在这一背景下，2008 年 9 月 19 日的三大重磅利好消息，可以说是政策扶持的一次集中爆发。2008 年 9 月 19 日，三大利好齐发促股市健康运行：“（1）今起证券交易印花税只向出让方征收；（2）国资委支持央企增持或回购上市公司股份；（3）汇金公司将在二级市场自主购入工行、中行、建行三行股票，并从昨日起开始有关市场操作。”政府维稳、力挺股市的意图明显，当日股市全体个股涨停板就是对其最好的回应。当然，这种回应绝不是昙花一现，一旦政策开始强力护盘，而股市又处于低估状态时，我们就不宜再盲目看空了。结果，股市随后的表现是沪深两市中的绝大多数个股开始出现见底回升的走势。政策对股市的引导力度由此可见一斑。

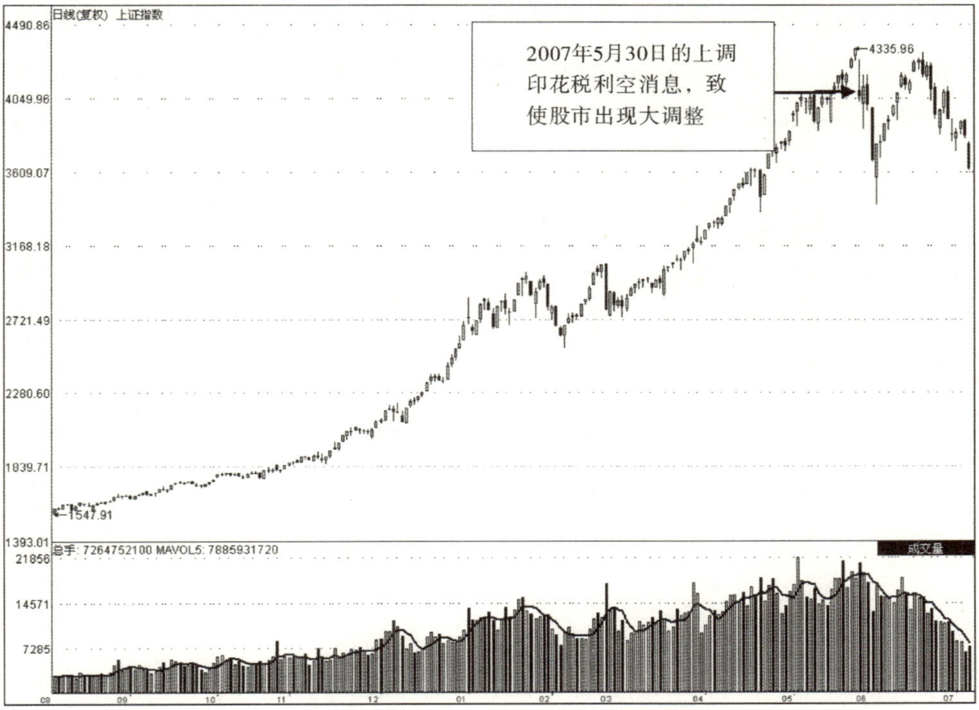

图 11－2　上证指数 2007 年 5 月 30 日前后走势图

图 11－3　上证指数 2008 年 9 月 19 日前后走势图

当然，对于政策导向这一因素来说，有的时候它是直接针对股市的，此时的政策导向信号明显，我们也较容易判断；但有的时候，政策导向信号只是通过相关的行业扶持政策，从而间接传导至相应的上市公司，此时，我们就不能从股市整体运行的角度来分析了，而应把目光放在那些受益于行业扶持政策的相关个股。

图 11－4 为中国软件（600536）2008 年 11 月 16 日至 2009 年 4 月 27 日期间走势图。如图所示，该股在此期间出现了巨大的涨幅，而这种长期的上涨走势正是源于行业政策的扶持。该股的这种长期、大幅度的上涨源于它具有“核高基”概念。那么，什么是“核高基”呢？

图 11－4 中国软件走势图

“核高基”即“核心电子元器件、高端通用芯片及基础软件产品”科技重大专项，它是我国按照《国家中长期科学和技术发展规划纲要（2006－2020 年）》拟定的长期的战略，其指导思想是掌握核心技术，实现产业化；基础软件产品部分是其中一项重要内容。2008 年 11 月 10 日，工信部发布了《“核心电子元器件、高端通用芯片及基础软件产品”科技重大专项 2009 年课题申报通知》。本次“核高基”专项基础软件部分包括 6 个项目、20 个子课题，涵盖操作系统、数据库、中间件和应用软件等领域。“核高基”重大专项扶持将持续 15 年，每年专项资金平均投入规模将达到 20 亿元，加上地方政府配套资金后每年投入规模将超过 40 亿元。这意味着基础软件专项每年的扶持资金规模可能会超过 10 亿元。

中国软件是一只与“核高基”扶持政策相关联的个股，正是基于这一重点扶持政策，此股在主力资金的炒作下一飞冲天，成了 2009 年上半年沪深两市中的大牛股之一。如果我们能很好、很及时地把握行业政策倾向，并从股市中挖掘出相应的个股，往往就可以从这一角度出发捕捉到大黑马。

第三节　透过市盈率看个股估值状态

除了关注宏观经济的运行、政策导向等基本因素外，投资者还应重点关注上市公司的基本面情况。在分析上市公司的基本面时，我们有很多着眼点，比如：研读券商调研报告、看看媒体点评，等等。从这些内容中，我们可以了解该公司的业绩变化情况及未来的赢利前景。对于这些内容来说，我们可以轻易地从相关的财经类网站、股票网站中获得，而且这些报告往往更侧重于解读上市公司较为积极的一面。因而，在实际分析上市公司的基本面时，我们不妨把重点放在解读它的财务状况，毕竟，只有能转化为实实在在的业绩、利润才能代表该公司有着优秀的基本面。分析财务指标有两个指标至关重要：一是反映企业估值状态的市盈率指标，二是反映上市公司赢利能力的净资产收益率指标。在本节中，我们先来看看市盈率这一指标。

市盈率是一家公司股票的每股市价与每股赢利的比率。其计算公式如下：市盈率 =每股市价÷每股赢利。市盈率是一个反映股票收益与风险的重要指标，它把上市公司的业绩情况与当前的股票市价联系起来，可以让投资者清楚地看到它的估值状态如何。因为再好的企业处于明显高估的状态，则它也是不值得投资的。对于欲进行中长线买股的投资者来说，在买入个股前不妨先关注一下此股的市盈率。那么，什么样的市盈率是合理的？我们又应如何看待这一指标呢？

在利用市盈率这一指标时，我们可以重点关注两方面：一是，既要关注静态市盈率，也要关注动态市盈率。所谓的静态市盈率，是指在计算这一数值时，我们是以此股去年同期的业绩为基数的，它没有充分考虑到此股今年的预期业绩情况及未来几年内的业绩情况。当企业当年的业绩变化不明显时，静态市盈率可以较为准确地反映出它当前的估值状态；但是若企业当年业绩变化较大，则静态市盈率所得到的数值就会失真。动态市盈率能弥补静态市盈率的不足，它以预测出来的当年可能业绩及未来几年内的业绩为基数，可以让我们以动态的眼光来看待个股当前的估值状态。但是，在使用动态市盈率时，我们对此股未来的业绩预测一定要较为准确才行；否则的话，动态市盈率就会失真。静态市盈率着眼于历史，而动态市盈率着眼于未来。实战经验告诉我们，在分析个股的估值状态时，最好是这两种市盈率都要考虑到，只有这样才能不失偏颇，从而不会作出在个股明显低估时卖出、在明显高估时买入的错误决定。二是，关注个股及股市在历史相对高位区及低位区的市盈率水平，只有以史为鉴，我们才能更好地了解一只个股、一类个股、股市整体在高估状态时其市盈率处在一个什么样的水平，在低估时其市盈率又是处在一个什么样的水平。对于国内股市来说，股市整体的平均市盈率保持在 20～30 倍是一个较为合理的估值状态。

第四节　透过净资产收益率看企业赢利能力

上市公司经常实施大比例的送红股或是转增股等分配方案，这会使得其股本快速扩大，从而摊薄每股收益。若仅从每股收益的角度来理解上市公司的利润是增是减、上市公司的赢利能力是增强还是减弱，则往往难以得出准确的结论。此时，我们可以利用净资产收益率来衡量其赢利能力的变化情况。

净资产收益率是上市公司税后利润除以净资产得到的百分比率，用以衡量公司运用自有资本的效率。净资产收益率弥补了每股税后利润指标的不足，例如在公司对原有股东送红股后，每股收益往往也会出现减少，但这并不一定代表上市公司赢利能力在减弱。有的时候，我们看到一家上市公司的每股收益明显低于去年同期，但是在它发布的季报中却发现“净利润增长百分之××”的字样。其实，这正是由于股本扩大、摊薄了每股收益而让投资者产生错觉，误以为上市公司的赢利能力下降了。而事实上，公司的赢利能力并没有发生变化，用净资产收益率来分析公司赢利能力就比较适宜。

第十二天　把握趋势的舞动——正确识别牛市、熊市、振荡市

前面我们已经详细介绍了股市趋势运行的规律，这种趋势运行规律既是股市整体运行的规律，也是个股股价中长期运行的规律，但是，投资者应如何判断当前的趋势运行规律并把握这一规律呢？在下面的内容中，笔者将介绍利用移动平均线、趋势线、周K线等工具来识别趋势、把握趋势。

第一节 利用移动平均线把握趋势运行

移动平均线MA是利用市场平均持仓成本的变化情况来反映趋势运行的情况。上升趋势是价格逐步走高的运行过程，此时，投资者通过不断地换手买卖推高了股票价格。但这种不断换手买卖、推高价格的方式也是市场平均持仓成本不断增高的过程，因而，我们可以认为上升趋势是一个市场平均线持仓成本不断升高的过程，且时间周期相对较短（近期）的市场平均持仓成本要相应地高于时间周期相对较长（前期）的市场平均持仓成本。这体现在移动平均线的运行形态上就是：周期较短的移动平均线运行于周期较长的移动平均线上方，且整个均线系统呈现向上发散的形态。这种形态我们将其称为多头排列形态，它是价格走势处于上升趋势中的直观体现。

下页图12－1为上证指数2006年8月至2007年11月期间走势图。图中给出了3条周期不同的平均线，它们由细到粗分别为5日、30日、60日线。如图标注所示，当股市开始步入升势后，我们可以看到均线系统呈现出多头排列形态，通过平均线排列形态的变化，我们可以及时察觉到上升趋势的出现。

下跌趋势是一个市场平均线持仓成本不断降低的过程，且时间周期相对较短（近期）的市场平均持仓成本要相应地低于时间周期相对较长（前期）的市场平均持仓成本。这体现在移动平均线的运行形态上就是：周期较短的移动平均线运行于周期较长的移动平均线下方，且整个均线系统呈现向下发散的形态。这种形态我们将其称为空头排列形态，它是价格走势处于下跌趋势中的直观体现。

下页图12－2为上证指数2007年10月至2008年12月期间走势图。如图标注所示，当股市开始步入跌势后，我们可以看到均线系统呈现出空头排列形态，通过平均线排列形态的变化，我们可以及时察觉到下跌趋势的出现。

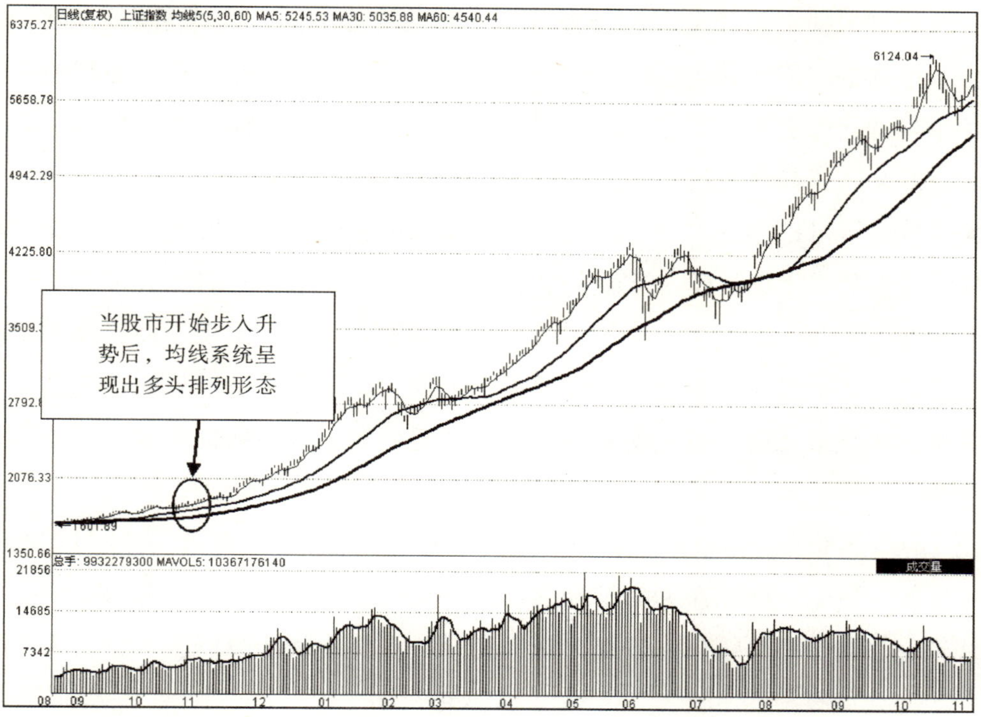

图 12－1　上证指数上升趋势中平均线多头排列形态示意图

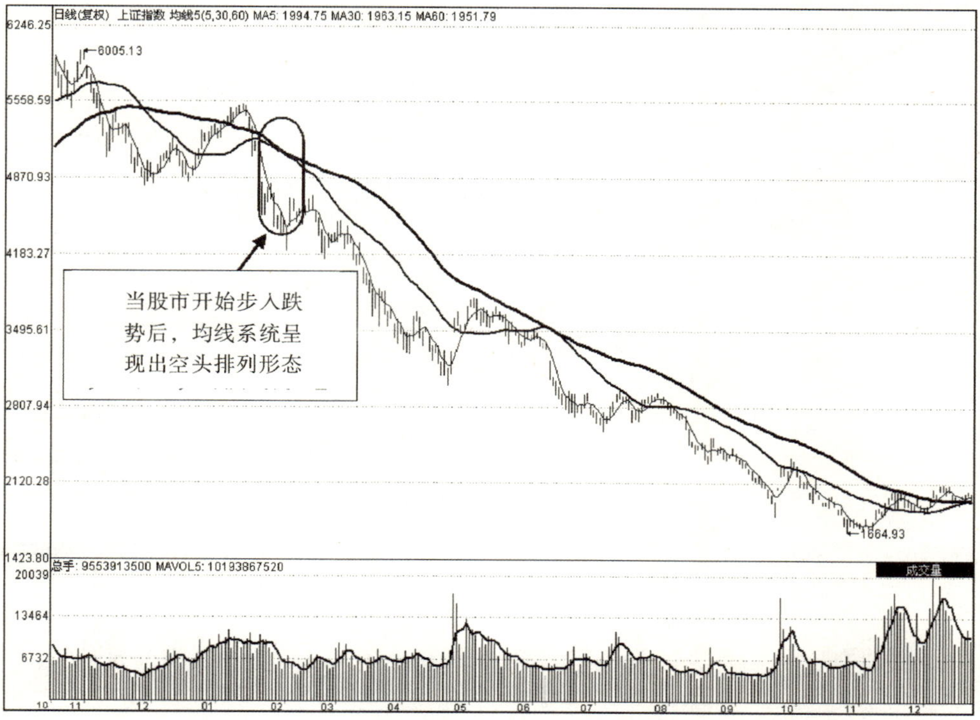

图 12－2　上证指数下跌趋势中平均线空头排列形态示意图

上升趋势中的平均线呈多头排列形态，下跌趋势中的平均线呈空头排列形态，这是由于市场平均持仓成本可以不断升高或不断降低所致。但是在盘整趋势中，由于市场平均持仓成本变化不大，此时的均线系统就会呈现出横向缠绕形态，即周期相对较长的平均线与周期相对较短的平均线横向缠绕在一起。

平均线除了可以指示出当前的趋势运行情况，它还可以帮助我们提前发觉趋势的反转。当个股或市场整体在经过大幅上涨后，平均线由原来的多头排列形态转变为横盘缠绕形态时，这说明市场做多力量已经消退，是顶部出现、趋势即将反转的信号；反之，当个股或市场整体在经过大幅下跌后，平均线由原来的空头排列形态转变为横盘缠绕形态时，这说明市场做空力量已经消退，是底部出现、趋势即将反转的信号。

图 12－3 为紫江企业（600210）2008 年 4 月 10 日至 2009 年 1 月 14 日期间走势图。如图标注所示，此股在大幅下跌后，其平均线由原来的空头排列形态转变为横向缠绕形态。这是跌势结束、底部出现的信号，也是中长线投资者入场买入布局的信号。

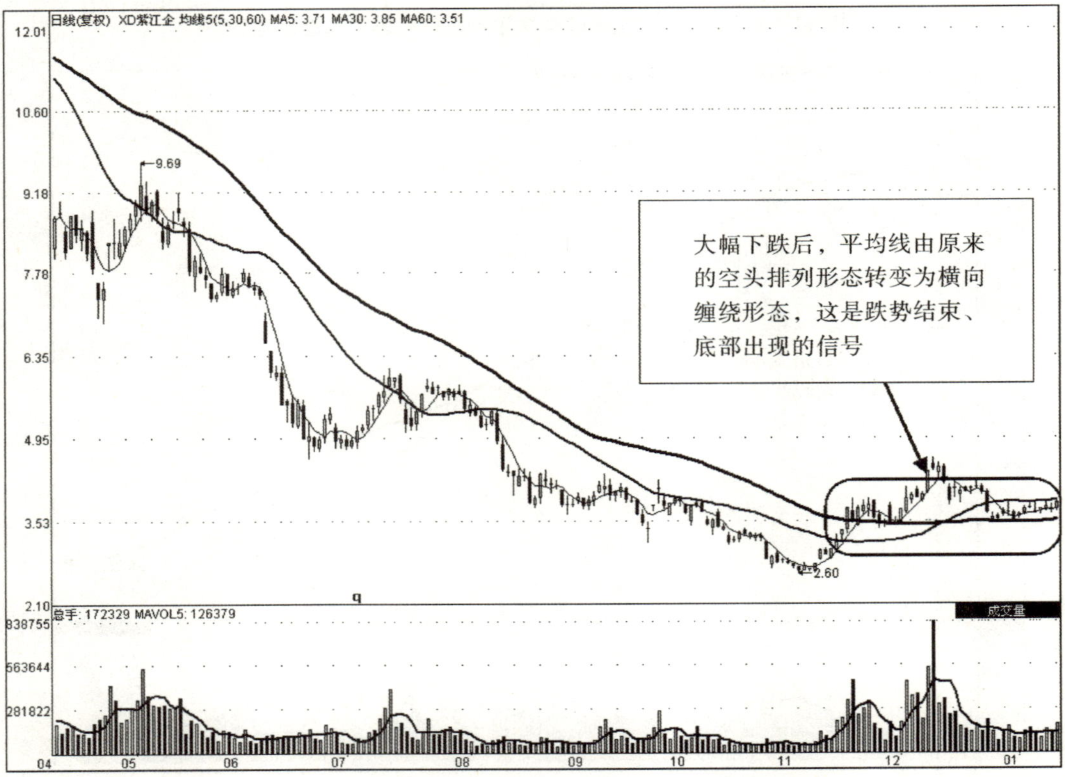

图 12－3　紫江企业跌势结束时的平均线形态变化示意图

图 12－4 为华夏银行（600015）2006 年 7 月至 2008 年 2 月期间走势图。如图标注所示，此股在大幅上涨后，其平均线形态由原来的多头排列转变为横向缠绕形态。这是升势结束、顶部出现的信号，也是中长线投资者卖出离场的信号。

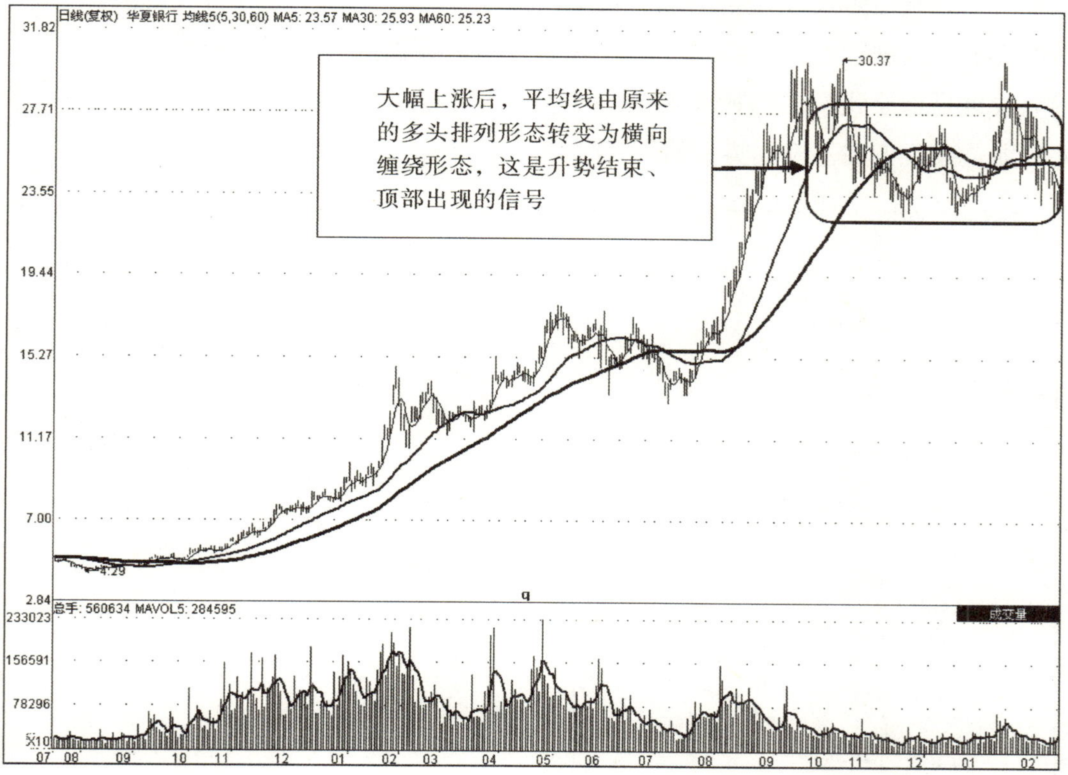

图 12－4 华夏银行升势结束时的平均线形态变化示意图

第二节 利用趋势线把握趋势运行

趋势线可以分上升趋势线与下降趋势线，顾名思义，上升趋势线是用于反映股市上升趋势的，而下降趋势线则是用于反映股市下跌趋势的。上升趋势线又名支撑线，它通过将股票价格波动过程中所产生的一系列阶段性“谷底”连成直线而得到；下降趋势线又名阻力线，它通过将股票价格波动过程中所产生的一系列阶段性的“峰底”连成直线而得到。下面，让我们结合实例来看看如何利这两种趋势线来识别趋势线并指导我们的买卖操作。

图 12－5 为永鼎股份（600105）2008 年 12 月至 2010 年 3 月期间走势图。从图中的走势可以看出，该股在此期间处于上升趋势中，图中绘出了它的上升趋势线。可以看出，这条趋势线对股价的上涨构成了极为有力的支撑。通过将股价波动过程中所产生的低点进行连线，我们也可以较为容易地看出此股的运行趋势。而且，上升趋势线也是指导我们实盘操作的有力工具，当股价经一波回调至上升趋势线附近，此时即是投资者在上升趋势中的买入时机。

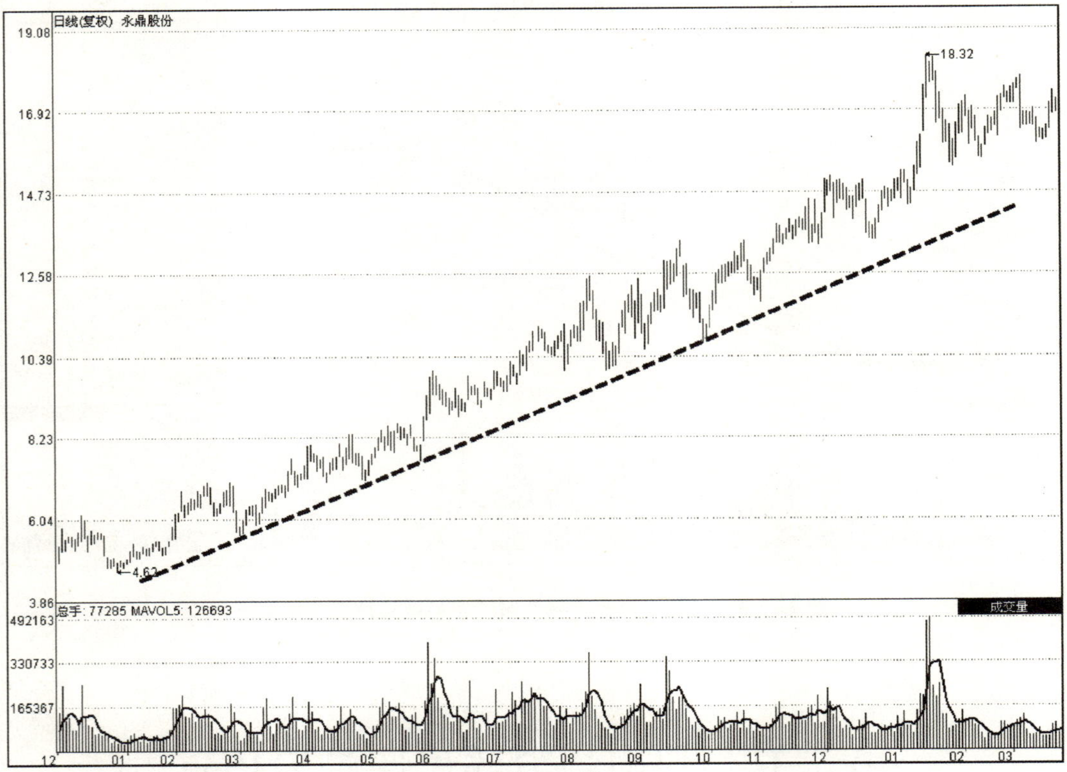

图 12－5　永鼎股份上升趋势线示意图

下页图 12－6 为浙江东方（600120）2008 年 1 月 9 日至 11 月 18 日期间走势图。从图中的走势可以看出，该股在此期间处于下跌趋势中，图中绘出了它的下降趋势线。可以看出，这条趋势线对股价的下跌构成了极为有力的阻挡。通过将股价反弹过程中所产生的高点进行连线，我们也可以较为容易地看出此股的运行趋势。而且，下降趋势线也是指导我们实盘操作的有力工具，当股价经一波反弹至下降趋势线附近，此时即是投资者博取反弹操作时的卖出信号。

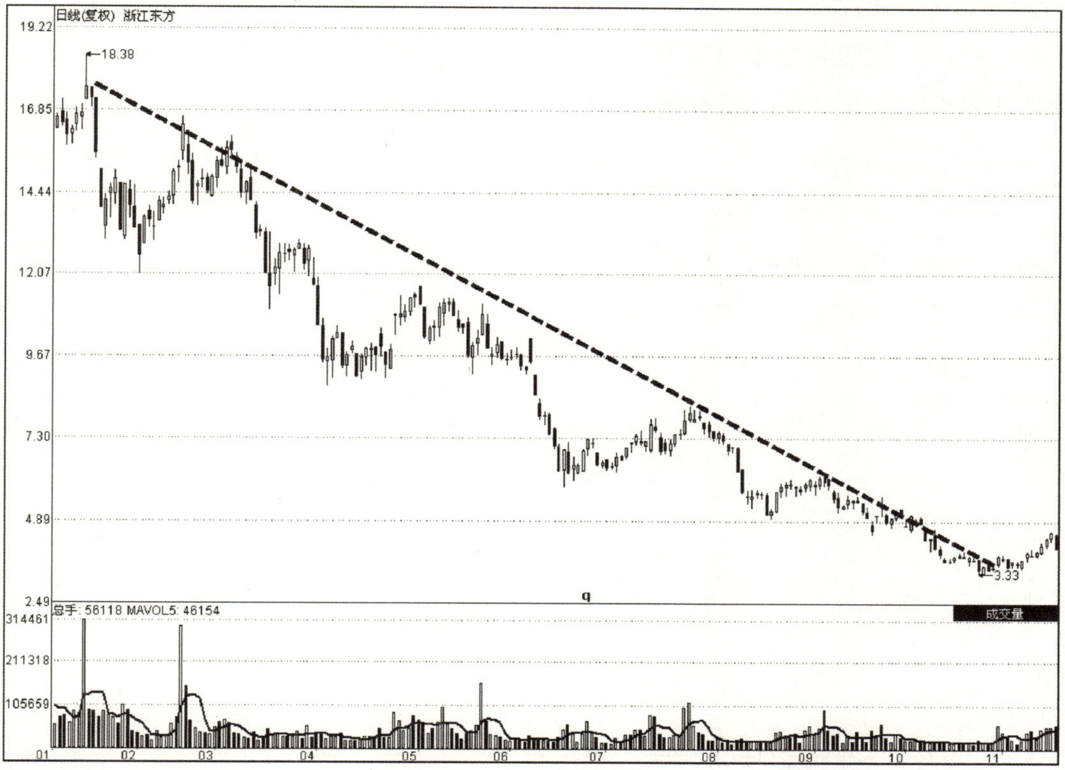

图 12－6　浙江东方下降趋势线示意图

第三节　利用周 K 线把握趋势运行

日 K 线由于时间周期太短，因而往往易受一些市场偶然因素的影响，具有较大的不确定性。但是周 K 线则不同，周 K 线以一个交易周为时间周期，这一时间周期不长也不短，它既可以有效地过滤掉一些市场的偶然性因素所产生的随机波动，也可以及时有效地反映出当前的市场整体运行情况。可以说，利用周 K 线来分析、预测趋势，也是投资者在实盘操作中应掌握的内容之一。

上升趋势是多方力量占据优势的一个阶段，此时，经一周交易之后，一般来说是会以多方获胜为结果的；这体现在周 K 线的形态上就是：持续出现小阳线与经常性的大阳线。

图 12-7 为上证指数 2005 年 7 月至 2007 年 5 月期间走势图。如图所示，我们可以看到股市在此期间处于稳步攀升的上升趋势运行中，而此期间的周 K 线就是以持续出现的小阳线与经常性的大阳线作为其主基调的。

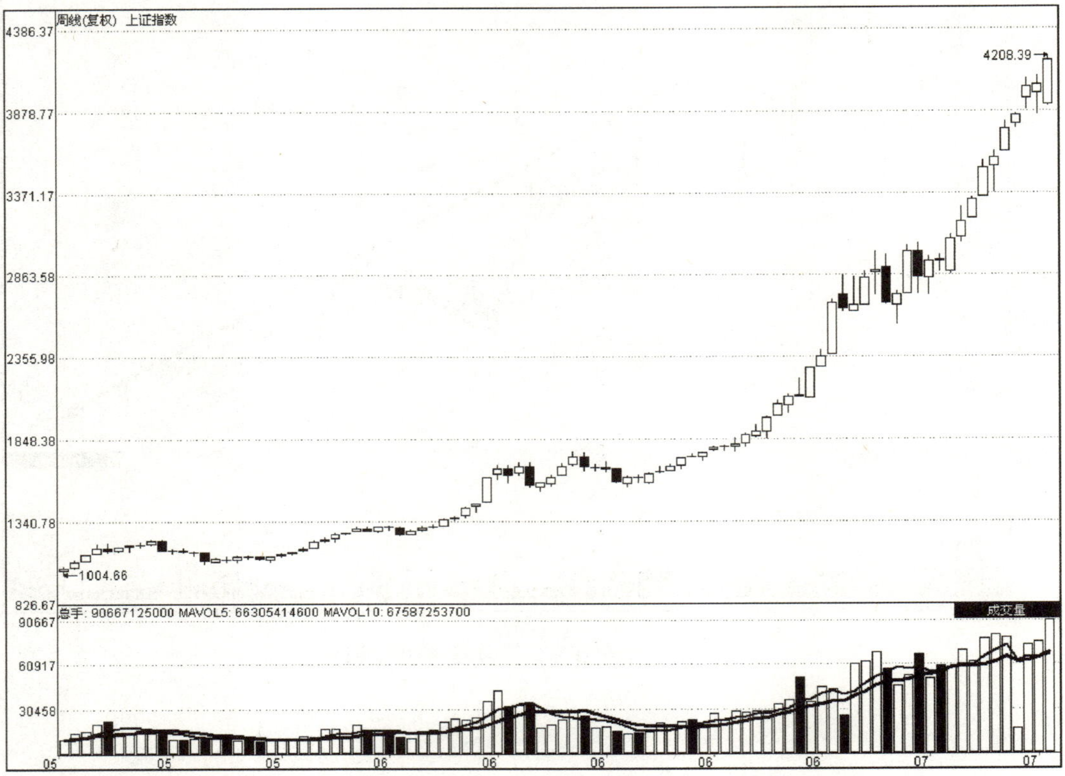

图 12-7 上证指数上升趋势周 K 线示意图

下跌趋势是空方力量占据优势的一个阶段，此时，经一周交易之后，一般来说是会以空方获胜为结果的；这体现在周 K 线的形态上就是：持续出现小阴线与经常性的大阴线。

下页图 12-8 为上证指数 2007 年 9 月至 2009 年 1 月期间走势图。如图所示，我们可以看到股市在此期间处于下跌趋势运行中，而此期间的周 K 线就是以持续出现的小阴线与经常性的大阴线作为其主基调的。

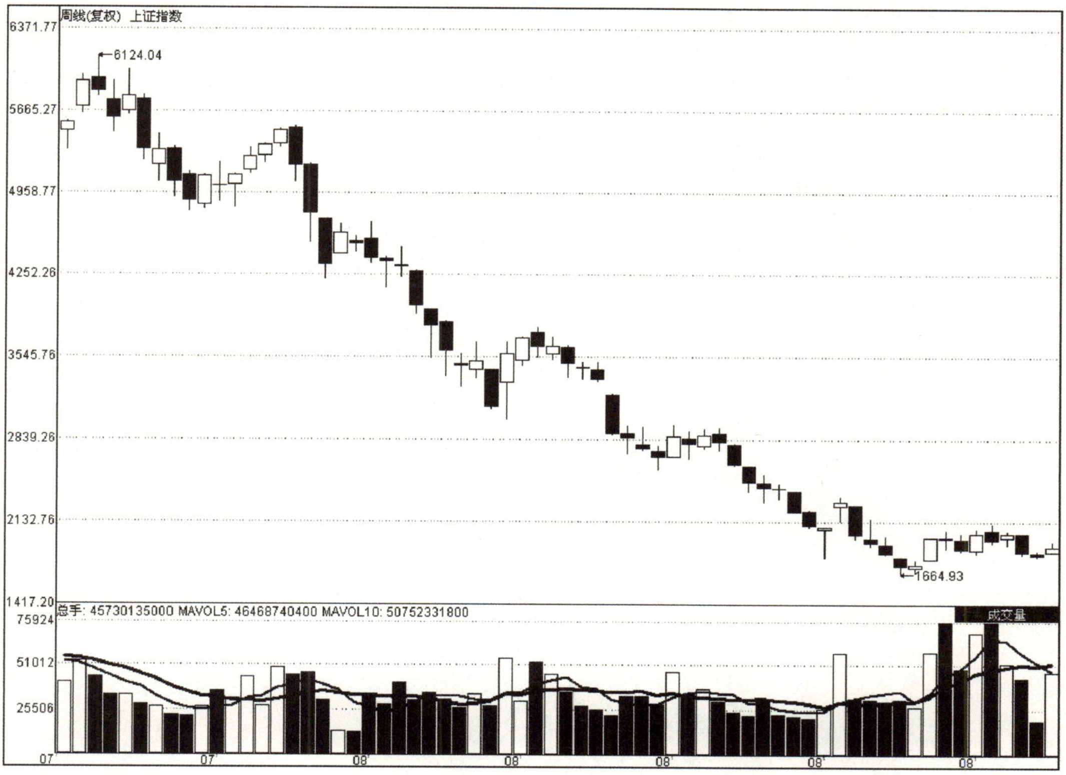

图 12－8 上证指数下跌趋势周 K 线示意图

第十三天　技术分析核心 1——K 线形态分析方法

◆第一节　单根 K 线形态——大阳线、大阴线、十字星等

◆第二节　两根 K 线形态——孕线、抱线、平底线等

◆第三节　三根 K 线形态——红三兵、黑三鸦等

◆第四节　运用缺口形态把握突破走势

不同的K线形态反映了多空双方的不同交锋情况，无论是单日的K线形态，还是双日、三日或是多日的组合K线形态，它们都有其所包含的市场含义。能否正确解读出这些K线形态所蕴含的市场含义，将直接决定着投资者能否以此为核心来正确地评估个股走势并准确地预测个股随后的走势。在下面的学习中，我们将把目光集中于K线形态的身上。

第一节　单根K线形态——大阳线、大阴线、十字星等

在理解单根K线形态时，我们应首先弄清楚单根K线的构成要素。通过前面的讲解我们知道，每一根K线都由“实体”与“影线”两部分构成，实体的长短是收盘价与开盘价之间的差值，实体越长，则说明多方或空方在当日所取得的战果越大。因而，我们可以把实体看作是多空双方交锋结果的体现；影线则是多空双方于盘中交锋过程的表现。有的时候，个股的实体很短，这说明多空双方在当日交锋结束后，多方并没有显著获胜或者是空方没有显著获胜，此时仅凭实体长短就无助于我们分析多空双方的交锋情况了：同样的结果它完全可能以不同的过程呈现出来，而不同的过程往往正是决定个股后期走势的关键点。我们可以将影线看作是多空双方于盘中交锋过程的体现，透过影线的长短，我们可以了解到多方或空方于盘中所策动的攻势，从而可以更为清晰地了解多空双方力量正在发生的转向。

在进一步理解了实体与影线所蕴含的市场含义后，我们就可以把分析的重点放在典型的单根K线形态之上了。依据实体长短的不同、影线长短的不同，我们可以把单根K线分为长上影线、长下影线、大阳线、大阴线、十字星、等等不同的形态。下面我们结合实例看看，如何利用这些典型的单根K线形态来预测股票价格的后期走势。

一、大阳线与大阴线

阳线代表着价格的上涨，而阴线则代表着价格的下跌，大阳线与大阴线是实体

较长而影线较短的两种K线形态。在大阳线形态中，它的最高价与收盘价相同或相接近，而最低价则与开盘价相同和相接近；且收盘价要明显高于开盘价，这种形态是股票价格在当日盘中持续上涨后所形成的。在大阴线形态中，它的最高价与开盘价相同或相接近，而最低价则与收盘价相同和相接近；且收盘价要明显低于开盘价，这种形态是股票价格在当日盘中持续下跌后所形成的。很明显，大阳线是强势上涨的信号，而大阴线则是大幅下跌的表现。但是在实盘操作中，由于单日内的价格走势往往易受各种偶然因素的影响，因而仅凭日K线图中的大阳线或大阴线还不足以让我们对个股的后期走势作出准确的判断。在分析大阳线、大阴线是否是价格短期内或是中期内强势上涨或大幅下跌的信号时，我们应关注这种大阳线与大阴线是否是多空双方力量转变的真实信号，此时，我们就结合股票价格的总体运行特征及阶段性走势特征来综合分析。

如果大阳线出现在价格稳步上涨的初期，或是相对低位盘整后的突破位置区，那么，无疑是多方力量再度发起攻击的信号，也是我们可以积极买股做多的信号；但是如果大阳线出现在下跌途中的一波反弹走势中，则它往往只是多方力量昙花一现的表演。多方力量的攻击来得快，消退也快，如果我们依据这一偶然出现的大阳线而盲目做多，则很可以面临着不利的局面。同样，对于大阴线来说，如果大阴线出现在股票价格持续下跌的走势中或是下跌途中盘整后的破位区，那么，它是空方抛压再度涌出的信号，也是个股跌势仍将继续的标志，此时，我们不宜盲目抄底做多；但是，如果大阴线出现在股票价格稳步攀升的一波调整走势后，则它往往是短期内释放获利抛压的一个信号，此时的大阴线并不是我们看空后期走势的信号。

下页图13-1为福田汽车（600166）2008年10月27日至2009年2月16日期间走势图。如图所示，该股在此期间处于稳步攀升走势中。如图中的箭头标注所示，在稳步攀升的走势中，该股多次出现大阳线形态，这种大阳线形态与个股的总体运行方向（即趋势运行方向）是一致的。因而，我们可以把它看作是多方力量充足、个股看涨的信号，在实盘操作中，可以在第一时间内买入并耐心持有。

下页图13-2为熊猫烟花（600599）2009年3月5日至7月30日期间走势图。如图所示，此股在相对低位区经历了长期的横盘走势之后出现了一根大阳线，使得个股一举突破了前期的盘整走势。考虑到此股当日所处的位置区及前期的盘整走势，我们有理由认为这是多方做多此股的愿意强烈表现。在实盘操作中，对于持股者来说应继续持股做多、不宜盲目获利出局，因为此股的升势才刚刚开始；对于场外投资者来说，可以积极追随买入，毕竟此股目前仍处于中长期的明显低位区，后期上

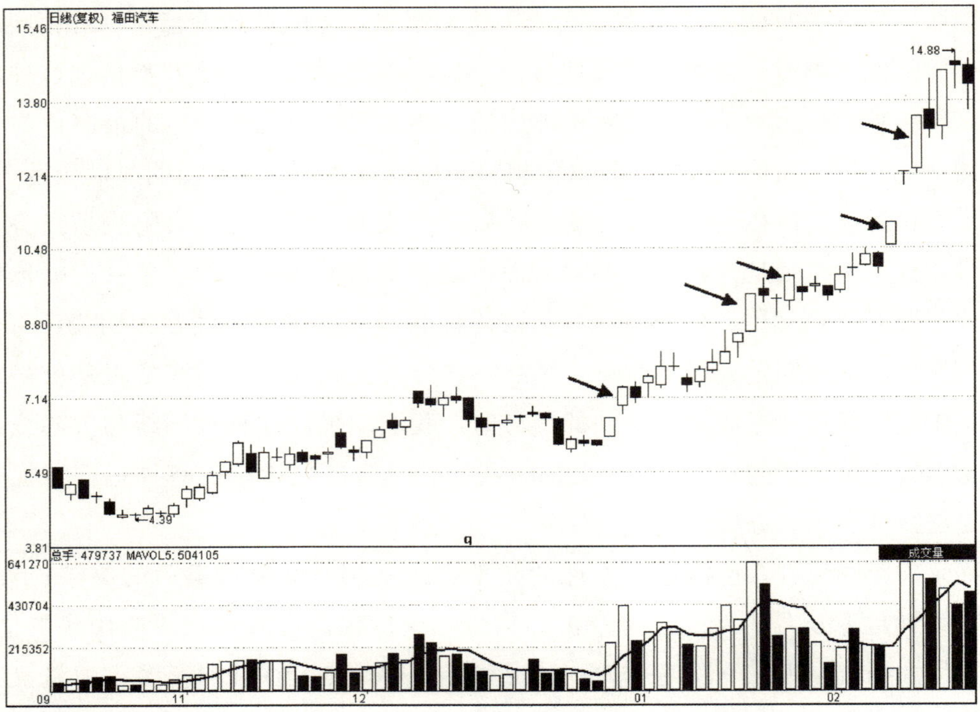

图 13－1　福田汽车走势上升途中大阳线示意图

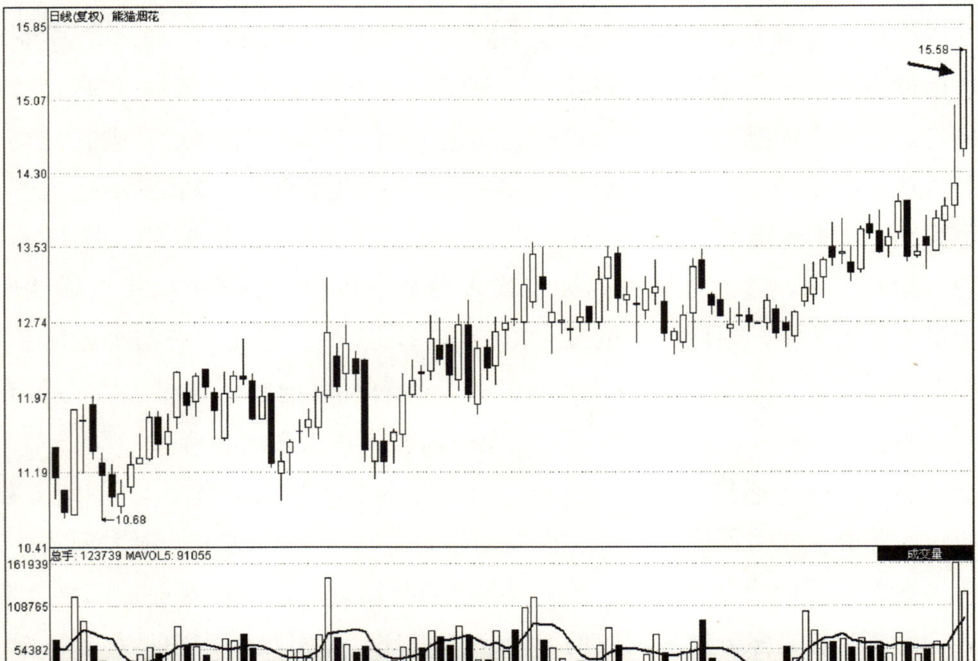

图 13－2　熊猫烟花盘整后大阳线突破示意图

涨的空间仍然巨大。图 13－3 为熊猫烟花在这一大阳线突破后的走势图，可以看到，此股随后在主力的运作下出现了快速上涨走势；短期涨幅巨大，而之前的大阳线突破形态就是主力开始强烈做多此股的表现。

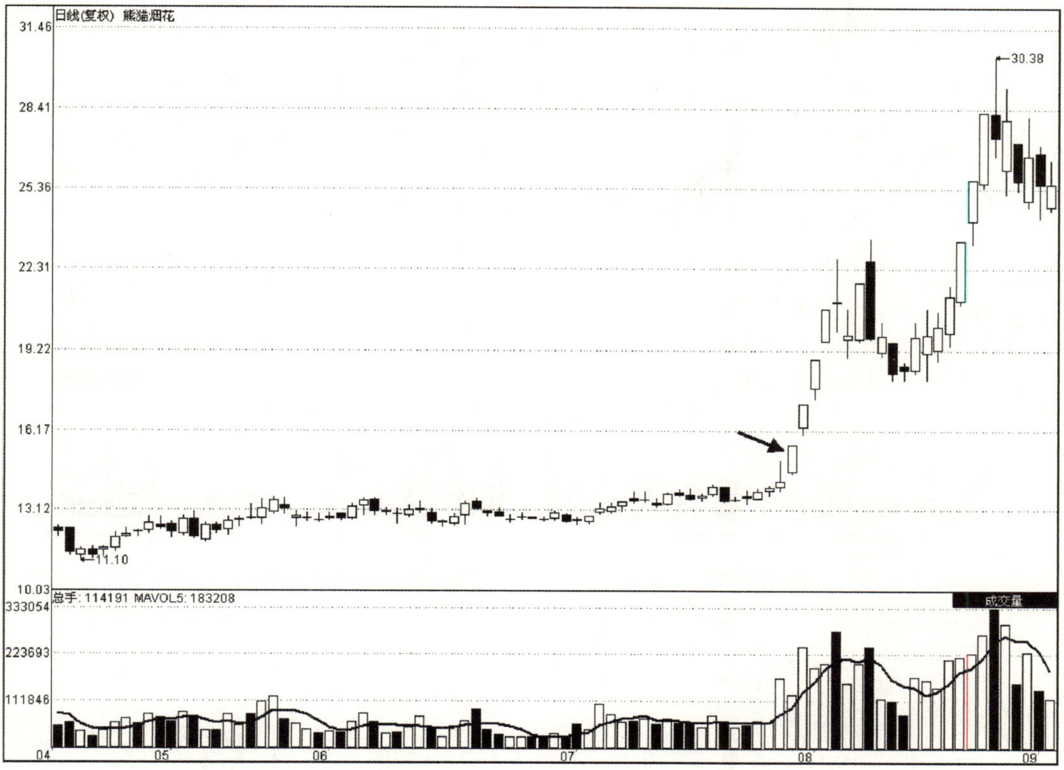

图 13－3　熊猫烟花后期走势图

下页图 13－4 为青岛啤酒（600600）2008 年 5 月 8 日至 9 月 18 日期间走势图。如图箭头标注所示，此股在下跌途中的反弹走势也多次出现大阳线形态，但这种大阳线形态不过是多方力量昙花一现的反击罢了，并不是多方占据优势的表现，也不能成为我们追涨买入的做多信号。

大阴线的用法与大阳线正好相反，在实盘操作中，我们一定要结合股票价格的整体走势情况来分析。下页图 13－5 为大众交通（600611）2009 年 4 月 3 日至 9 月 2 日期间走势图。如图标注所示，此股在经历了持续的上涨走势后，于高位区出现滞涨走势，其间大阴线形态不断出现。这是市场空方抛压开始显著增强的标志，考虑到此股前期持续上涨使得个股当时处于明显的高位区、并且上升形态也被彻底打破，因而，这是我们阶段性卖出个股的信号。

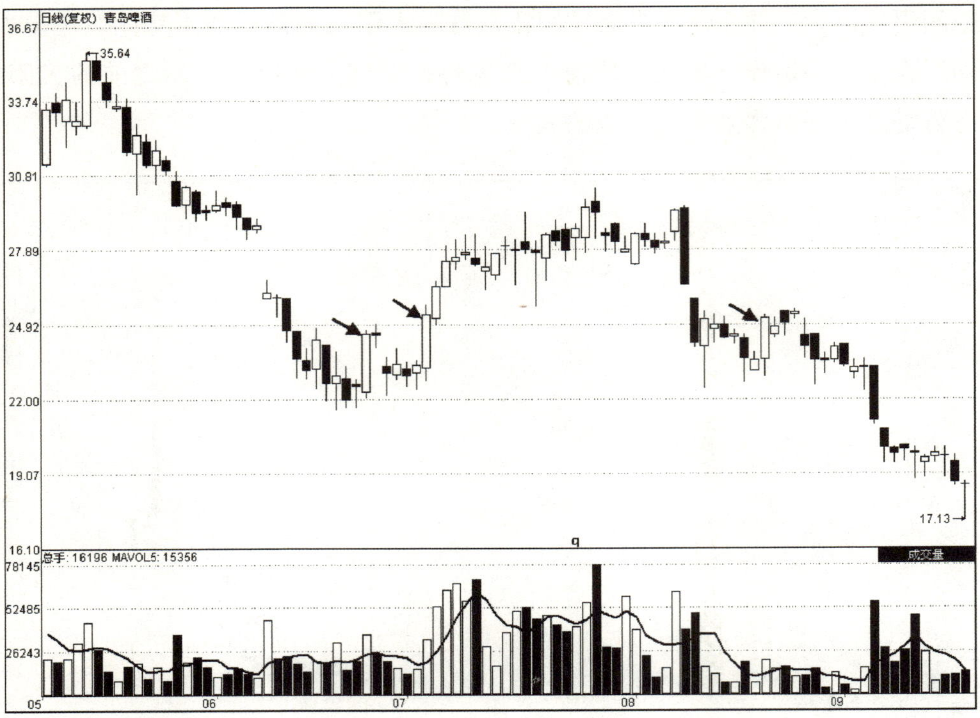

图 13－4　青岛啤酒下跌途中反弹走势大阳线示意图

图 13－5　大众交通高位滞涨区大阴线示意图

图 13－6 为金枫酒业（600616）2008 年 6 月 25 日至 2009 年 4 月 7 日期间走势图。如图所示，虽然此股在低位区的振荡走势中多次出现大阴线形态，但是通过对比我们可以发现，同期的大阳线数量更多，而且股价重心也呈现出振荡上扬的走势，因而，此时偶然出现的大阴线并不是我们做空此股的理由。在分析大阳线与大阴线所具有的含义时，我们一定要结合股票价格的整体运行情况来综合分析，这样才能不偏不倚，预测准确。

图 13－6 金枫酒业深幅下跌后低位区大阴线示意图

二、长上影线与长下影线

长上影线是指上影线较长的单根 K 线形态；长下影线则刚好相反，它是下影线较长的 K 线形态。这两种 K 线形态特征鲜明，当它们出现在价格上涨走势后的相对高位区或是一波下跌走势后的相对低位区等典型的位置区域时，往往是价格走势即将出现阶段性反转的信号。

长上影线更多地出现于股票价格一波快速上涨走势后，它说明多方虽于盘中发起了攻势，但无奈突然涌出的空方力量过于强大，因而导致多方攻击无功而返，是价格走势由涨转跌的信号；长下影线则较常见于一波快速下跌走势之后，它说明空方于盘中再度大量抛出持股，但是多方却展开了有力的承接，是价格走势由跌转涨的信号。下面，让我们通过实例来看看在这两种较为典型的K线形态。

图13－7为洪城水业（600461）2009年12月28日至2010年5月12日期间走势图。如图所示，此股在一波快速上涨后的高位区出现了一个典型的长上影线形态，这是多方无力再度拉升个股的信号，标志着个股随后即将展开一波回调走势，因而，是我们短期内的卖出信号。

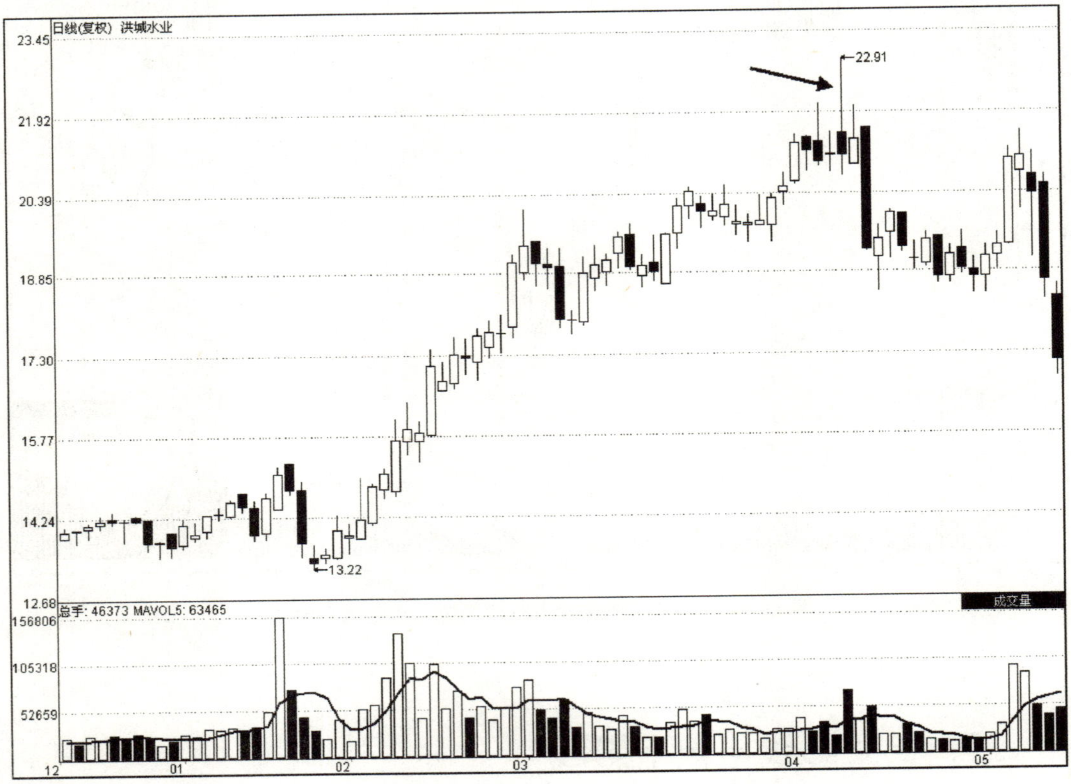

图13－7 洪城水业快速上涨后拉出长上影线示意图

下页图13－8为新乡化纤（000949）2009年9月7日至2010年5月27日期间走势图。如图所示，该股在此期间处于高位区域的振荡盘整走势中，于2009年9月前的上升通道形态已被彻底打破。如图上标注，该股在振荡盘整中的相对高点出现了一个上影线较长的单日 K 线形态，这说明当个股反弹上涨至这一区域时，面临着大量的市场抛压，因而是其随后出现下跌的信号。在实盘操作中，我们就依据此形态及此形态出现前的走势，及时实施卖出操作。

图 13－8　新乡化纤振荡盘整走势中相对高位区的长上影线示意图

下页图 13－9 为新乡化纤（000949）2009 年 4 月 16 日至 11 月 25 日期间走势图。如图标注所示，此股在盘整走势中的一波快速下跌后的相对低位区出现了一个长下影线形态，这一形态的出现是多方承接力度开始增强的表现，预示着个股随后将出现反弹上涨的走势，是我们短线做多个股的信号，也是我们在参与波段操作时的逢低买入信号。

图 13-9 新乡化纤振荡盘整走势中相对低位区的长下影线示意图

三、十 字 星

十字星是一种极为常见的单日 K 线形态，它是指实体较短、影线相对较长的 K 线形态；但是对于大多数的十字星形态来说，它们并不具备典型的市场含义，也无法揭示个股短期内的走势。我们所讨论的十字星形态，是出现在一波快速上涨后的相对高位区或是出现在一个快速下跌后的相对低位区的，此时的十字星形态是阶段性上涨或下跌结束的信号，预示着一波回调下跌或是反弹上涨走势即将出现。在实盘操作中，我们在结合股票价格走势的基础上依据这一形态大胆展开操作。

下页图 13-10 为盘江股份（600395）2009 年 5 月 22 日至 12 月 7 日期间走势图。如图所示，此股在经短期内的一波深幅下跌之后，于阶段性的低位区出现了一个上下影线较长而实体几乎没有的十字星形态。这种出现在快速下跌后相对低位区的十字星形态也称为早晨之星，是个股随后将展开一波反弹上涨的信号，也是我们短线买股的信号。

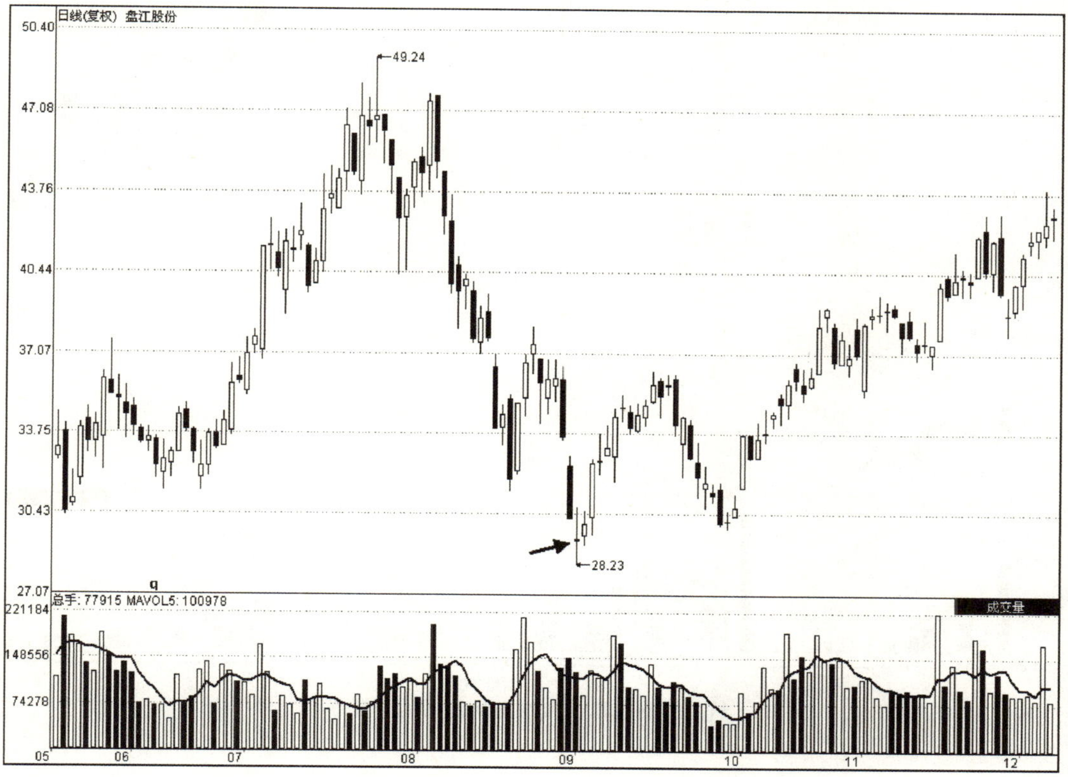

图 13－10　盘江股份一波快速下跌后的十字星示意图

下页图 13－11 为欣网视讯（600403）2009 年 12 月 9 日至 2010 年 5 月 12 日期间走势图。如图所示，此股在经短期内的一波快速上涨之后，于阶段性的高位区出现了一个上下影线较长而实体几乎没有的十字星形态。这种出现在快速上涨后相对高位区的十字星形态也称为黄昏之星，是个股随后将展开一波下跌回调的信号，也是我们短线卖股的信号。

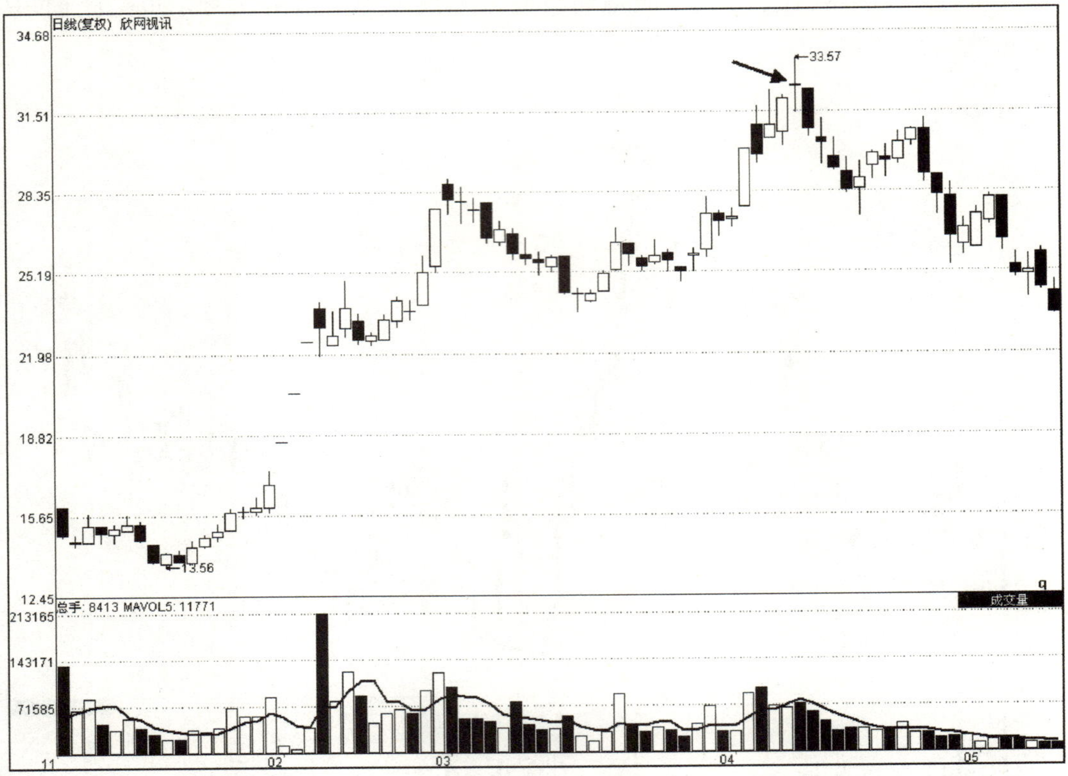

图 13－11　欣网视讯一波快速上涨后的十字星示意图

第二节　两根 K 线形态——孕线、抱线、平底线等

在上一节了解了单日 K 线的典型形态之后，我们再来看看如何利用两根 K 线的典型组合形态来分析价格走势。同样，在利用两根 K 线形态分析价格走势时，我们同样要充分考虑价格的整体运行情况及局部运行情况，只有在此基础之上，我们才能更为准确客观地展开实盘操作。

一、孕　　线

孕线是一种前长后短的组合形态：前面一根是实体较长的 K 线，后面则是一根实体较短的K线；后面一根K线的最高价不得高于前面一根K线的最高价，后面一根K线的最低价则不得低于前面一根K线的最低价。其形态犹如前面的一根长K线将后面的一根短K线"孕"于其中，故得名孕线。孕线可以分为两种，一种是阳孕线。阳孕线前面是一根大阴线，后面一根则为小阳线或小阴线。阳孕线形态多出现在一波快速下跌走势之后，是空方力量减弱、多方力量开始增强的标志，预示着个股即将出现一波反弹上涨走势。另一种为阴孕线。阴孕线前面一根是大阳线，后面一根则为小阴线或小阳线。阴孕线形态多出现在一波快速上涨走势之后，是多方力量减弱、空方力量开始增强的标志，预示着个股即将出现一波回调下跌走势。

图13-12为荣华实业（600311）2009年9月1日至2010年2月2日期间走势图。如图所示，此股在振荡盘整走势中的相对高位区出现了一个前长后短、前面为长阳线但后面为小阴线的阴孕线形态，这一形态的出现是多方力量减弱、空方抛压较重的表现，也是个股一波下跌走势即将展开的信号。

图13-12 荣华实业阴孕线示意图

图 13－13 为红星发展（600367）2009 年 7 月 29 日至 2010 年 1 月 18 日期间走势图。如图所示，此股在振荡盘整走势中的相对低位区多次出现前长后短、前面为长阴线但后面为小阳线的阳孕线形态，这一形态的出现是空方抛压减轻、多方力量开始转强的信号，也是个股一波反弹上涨走势即将展开的信号。

图 13－13　红星发展阳孕线示意图

下页图 13－14 为中国中冶（601618）2010 年 1 月 15 日至 5 月 25 日期间走势图。如图标注所示，此股在下跌途中盘整后出现了一个长阳线形态，但随后多个交易日均处于这一形态的笼罩之下，即：孕于这一形态之下。这种多日的 K 线组合形态可以看作是双日孕线的变形，此形态的前面是一根长阳线，后面是接连不断的小阳线与小阴线的形态，与阴孕线形态类似；而且它出现在下跌途中的盘整走势后，属于阶段性的相对高位区，因而是一波下跌走势即将展开的信号，也是我们短线卖股的信号。

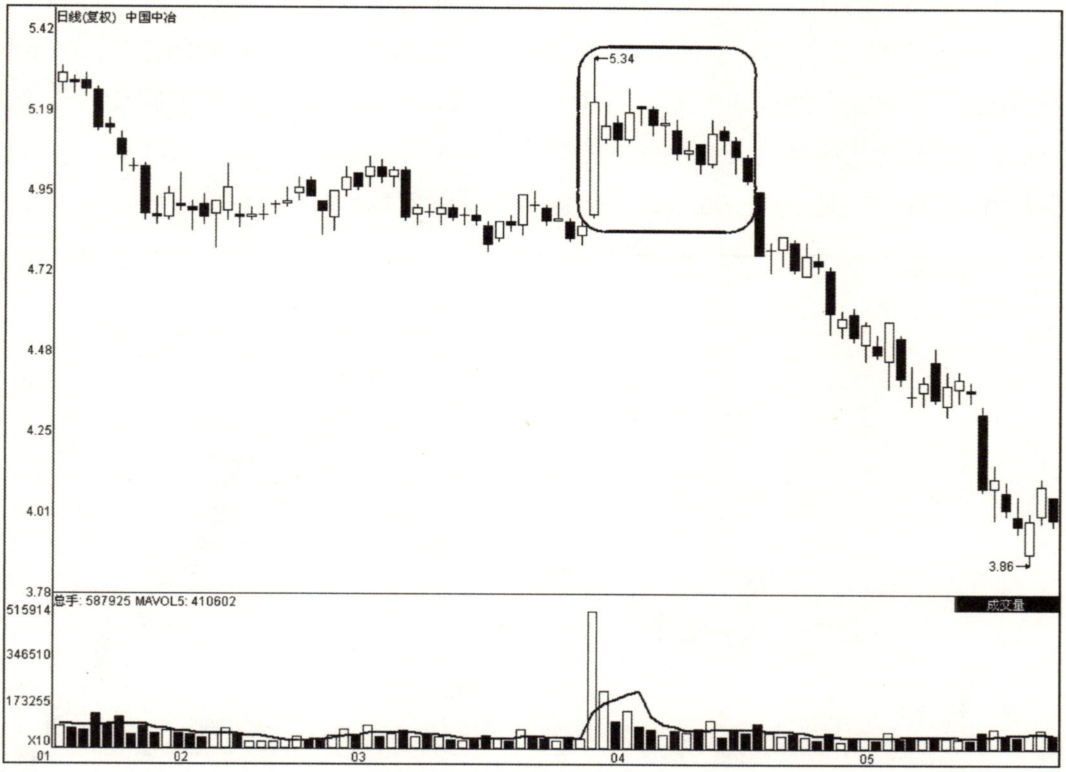

图 13－14　中国中冶孕线示意图

二、抱　　线

与孕线形态刚好相反，抱线是一种前短后长的组合形态：前面一根是实体较短的K线，后面则是一根实体较长的K线；前面一根K线的最高价不得高于后面一根K线的最高价，前面一根K线的最低价则不得低于后面一根K线的最低价。其形态上犹如后面的一根长K线将前面的一根短K线"抱"入怀中，故得名抱线。抱线可以分为两种，一种是阳抱线。阳抱线也称为看涨抱线，它的前面是一根小阴线或小阳线，后面一根则为大阳线。阳抱线形态多出现在一波快速下跌走势之后，是空方力量减弱、多方力量开始增强的标志，预示着个股即将出现一波反弹上涨走势。另一种为阴抱线。阴抱线也称为看跌抱线，它的前面是一根小阳线或小阴线，后面一根则为大阴线。阴抱线形态多出现在一波快速上涨走势之后，是多方力量减弱、空方力量开始增强的标志，预示着个股即将出现一波回调下跌走势。

图13－15为ST金泰（600385）2010年2月2日至5月13日期间走势图。如图标注所示，此股在一波快速上涨走势后的相对高位区出现了一个前短后长，前面为小阳线但后面为大阴线的看跌抱线形态，这一形态的出现是多方力量减弱、空方抛压较重的表现，也是个股一波下跌走势即将展开的信号。

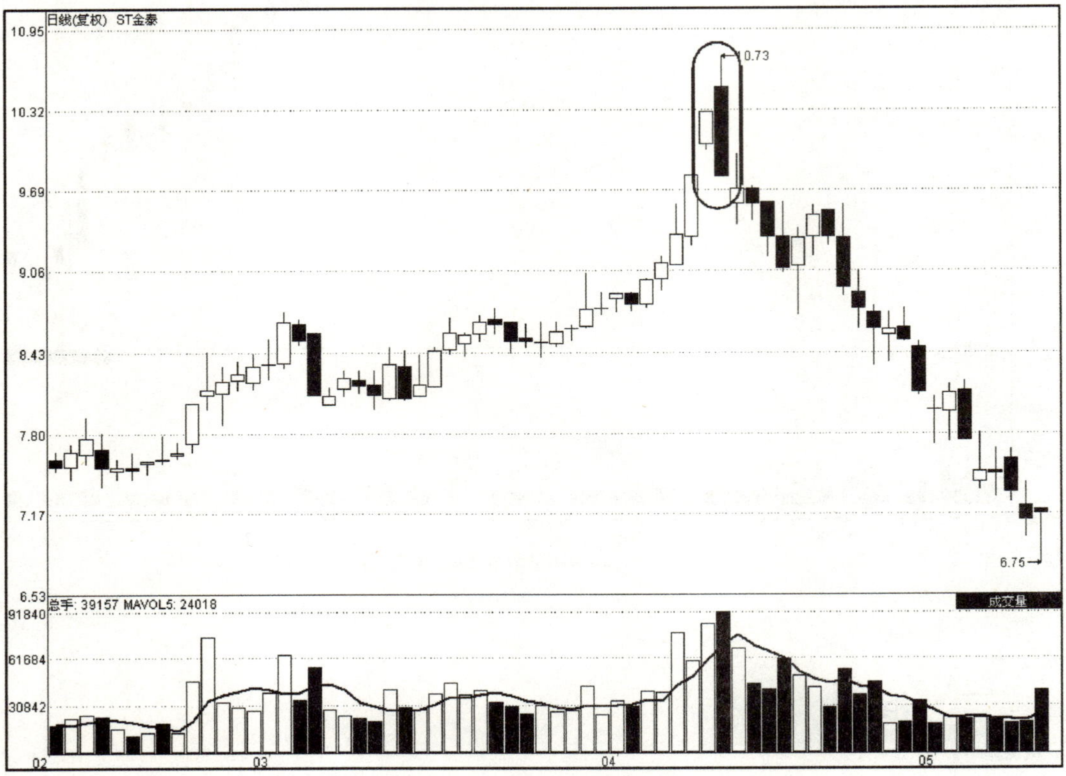

图13－15 ST金泰看跌抱线示意图

下页图13－16为ST昌鱼（600275）2009年12月17日至2010年5月20日期间走势图。如图标注所示，此股在一波快速上涨走势后的相对高位区出现了一个看跌抱线形态，这一形态的出现是多方力量减弱、空方抛压较重的表现，也是个股一波下跌走势即将展开的信号。

下页图13－17为陕国投A（000563）2009年7月23日至2010年1月22日期间走势图，如图标注所示，此股在深幅回调后的相对低位区出现了一个前短后长、前面为小阴线但后面为大阳线的看涨抱线形态，它的出现，说明多方已开始发动攻击、且空方抛压已无力再度打压股价，是一波反弹上涨走势即将展开的信号，也是我们短线买股的信号。

图 13－16 ST 昌鱼看跌抱线示意图

图 13－17 陕国投 A 看涨抱线示意图

三、乌云盖顶

乌云盖顶这一两根K线组合形态，是由一根中阳线或大阳线和一根中阴线或大阴线组成，第二根K线应高开于第一根K线的最高价之上，但收盘价大幅回落。一般来说，这一形态往往出现在一波涨势之后，是市场抛压突然加重的表现，也是个股一波回调走势即将展开的信号。

图13－18为长征电气（600112）2009年10月26日至2010年2月3日期间走势图。如图标注所示，此股在一波上涨走势的相对高位区出现了一个乌云盖形态。这是市场抛压加重的表现，也是个股阶段性上涨结束的信号，它预示着一波下跌走势即将展开，是我们短线卖股的信号。

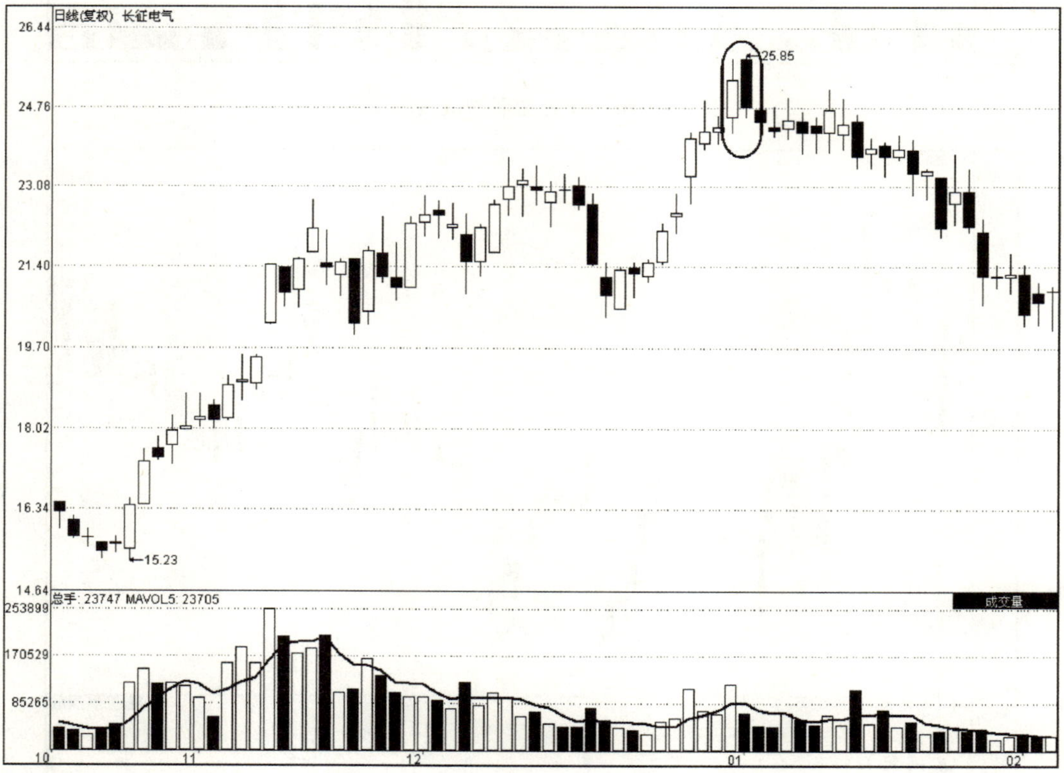

图13－18 长征电气乌云盖顶示意图

图 13－19 为乐山电力（600644）2009 年 3 月 16 日至 9 月 2 日期间走势图。如图标注所示，在高位区的一波上涨走势中，此股出现了一个乌云盖顶形态，当这一形态出现在相对高位区或是一波快速上涨走势之后，它多是个股随即出现一波下跌走势的信号，也是我们短线卖股的信号。

图 13－19　乐山电力乌云盖顶示意图

四、平底线与平顶线

平底线与平顶线也是常见的两根 K 线组合形态，平底线是指低点相同的 K 线组合形态，平顶线则是高点相同的 K 线组合形态。平底线与平顶线都是极为常见的组合形态，但是只有当平底线出现在一波快速下跌走势后的相对低位区、平顶线出现在一波快速上涨走势后的相对高位区才具有典型的市场含义，这时的平底线与平顶线才是个股阶段性走势即将反转的信号，也才是指导我们短线买入或卖出的典型形态。

图 13-20 为 ST 东航（600115）2009 年 12 月 9 日至 2010 年 4 月 12 日期间走势图。如图标注所示，此股在一波回调走势后，出现了几日低点相同的平底线 K 线组合形态，这一形态的出现是个股阶段性回调结束的信号，也是我们短线做多的信号。

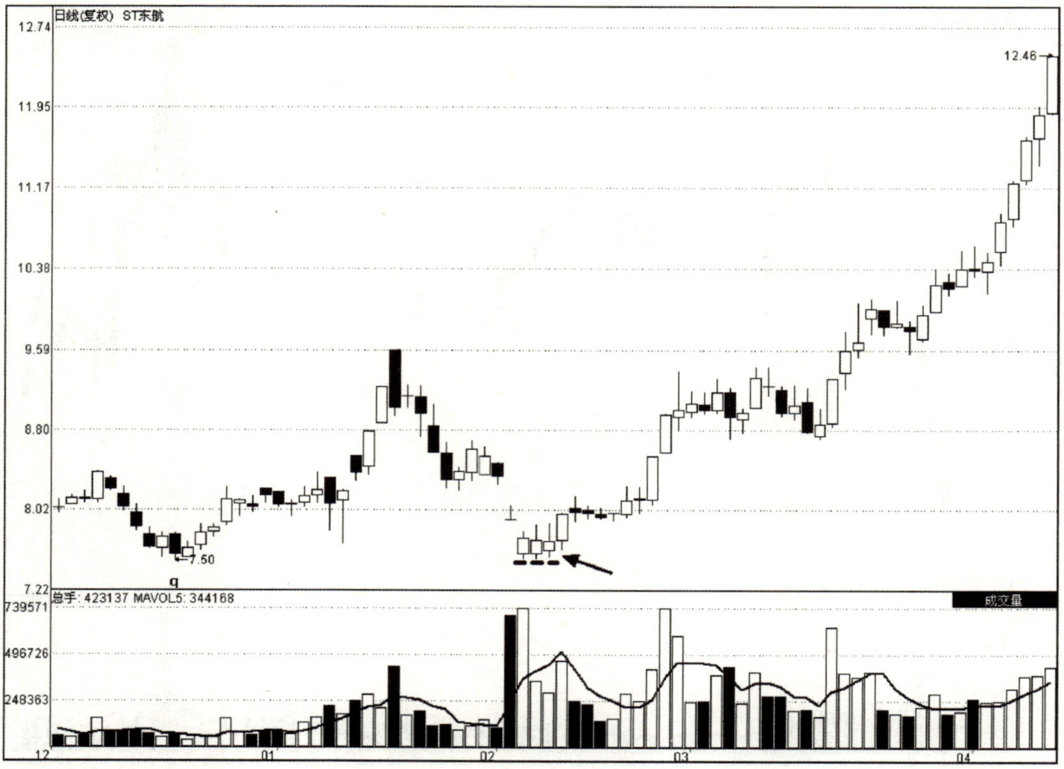

图 13-20 ST 东航平底线示意图

下页图 13-21 为张江高科（600895）2009 年 7 月 30 日至 9 月 29 日期间走势图。如图标注所示，此股在一波反弹上涨走势的相对高点出现了多日高点相同的平顶线形态，这一形态的出现是个股阶段性上涨结束的信号，也是我们短线卖股的信号。

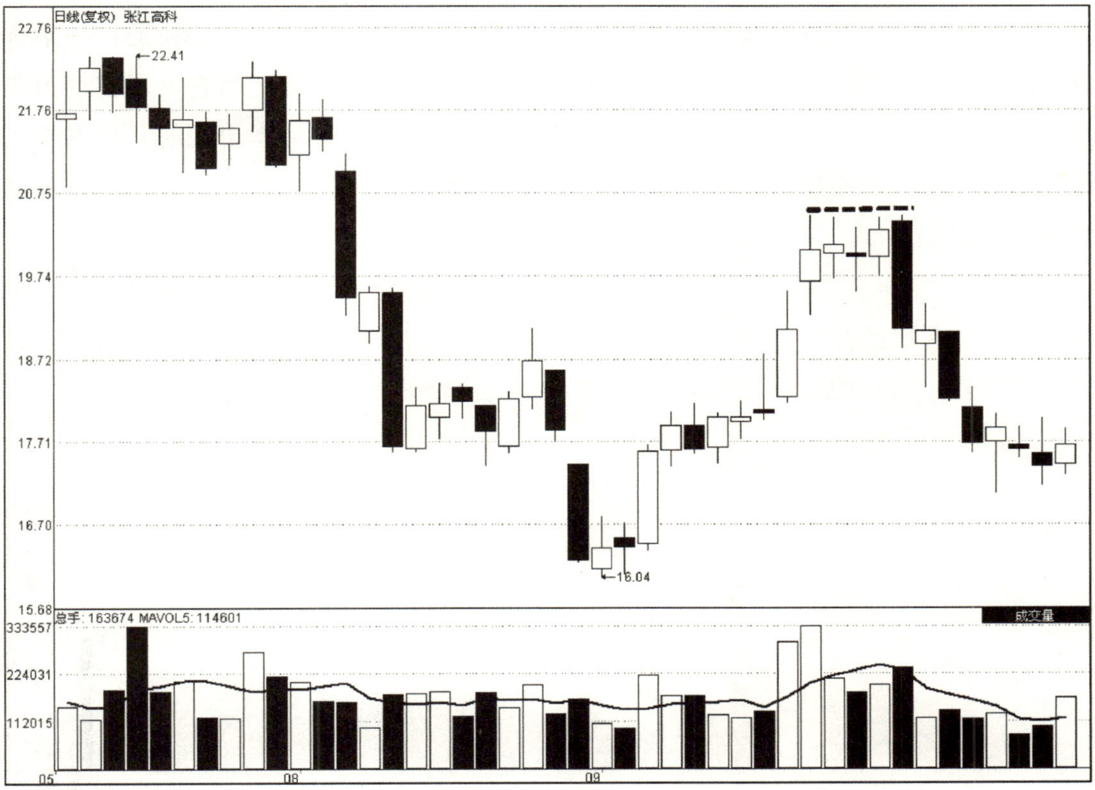

图 13－21　张江高科平顶线示意图

第三节　三根 K 线形态——红三兵、黑三鸦等

三根 K 线形态有很多种，本节中，笔者只介绍两种较为常见且具备典型意义的组合形态，它们分别是预示着价格将要上涨的红三兵形态与预示着价格将要下跌的黑三鸦形态。

一、红　三　兵

红三兵是由三根实体、影线均较为短小的阳线构成，它出现在一波下跌走势之后的相对低位区或是盘整走势后，是多方力量开始逐步加强、多方意图攻击的信号，是一种典型的看涨信号。在应用红三兵形态时，有两点是值得我们注意的：一是这种三根小阳线构成的组合形态是一种极为常见的形态，但是只有当它出现在较为典型的位置区时，才是预示价格即将上涨的信号；二是红三兵形态出现时，这三个交易日的成交量最好能呈现出温和放大的形态，这种量能形态是多方力量开始逐步增加的最好验证。

图 13－22 为渝三峡 A（000565）2009 年 4 月 23 日至 8 月 6 日期间走势图。如图标注所示，此股在盘整走势中出现了量能温和放大的红三兵形态，这一形态是多方力量开始稳步增强的表现，也是个股新的一波上涨走势即将出现的信号。

图 13－22　渝三峡 A 红三兵示意图

二、黑 三 鸦

黑三鸦是由三根实体、影线均较为短小的阴线构成，它出现在一波上涨走势之后的相对高位区或是盘整走势后，是空方力量开始逐步加强、抛压加重的表现，是一种典型的看跌信号。

图 13－23 为金德发展（000639）2009 年 12 月 8 日至 2010 年 5 月 21 日期间走势图。如图标注所示，此股高位区的一波上涨走势中出现了由三根小阴线组合而成的黑三鸦形态，这一形态的出现不仅打破了此股阶段性上升形态，它还是市场抛压开始加重的表现，预示着个股随后将有一波下跌走势出现。在实盘操作中，若我们发现个股在明显的高位区或是一波快速上涨走势之后出现这种黑三鸦形态时，就可以考虑进行短线卖出操作了。

图 13－23 金德发展黑三鸦示意图

第四节　运用缺口形态把握突破走势

缺口是价格运行过程中所出现的跳跃现象，上升缺口的出现是因为后一交易日的最低价高于上一交易日最高价，而下跌缺口的出现则是因为后一交易日的最高价低于上一交易日的最低价。虽然缺口的出现往往具有偶然色彩，一旦个股在典型的位置区间出现缺口形态时，则这很可能是其一轮大幅上涨或下跌行情即将展开的信号。对于这种具有突破意义性质的缺口（突破方向既可以是向上，也可以是向下），我们将其称之为突破缺口。在实盘操作中，这种缺口最具有指导意义，它对我们的实盘操作也是帮助最大的。因为透过突破缺口这种形态，我们可以及时地在一轮牛市行情的启动初期抄底买入，而在一轮熊市行情即将出现时尽早逃顶卖出。下面，让我们结合实例来看看如何利用这种突破缺口进行实盘操作。

一、向上突破缺口

下页图 13－24 为白云山 A（000522）2009 年 4 月 15 日至 11 月 2 日期间走势图。如图中箭头标注所示，此股在长期的盘整走势后出现了一个跳空向上的缺口，使得个股一举突破了前期的振荡盘整走势。这种出现在盘整走势后的向上跳空缺口往往是主力强烈做多意愿的体现，也是个股短期仍将强势上涨的信号。在实盘操作中，我们可在缺口出现后的当日积极关注此股，若它能保持强势运行的形态，则不妨追涨买入。但是在追涨这种突破缺口时，我们一定要关注一下此股的累计涨幅、目前所处的位置区间、前期的盘整走势形态等因素，如果个股前期累计涨幅巨大且在盘整走势中呈现出股价重心逐步下移的倾向，则这种突破缺口很有可能并非是主力做多意愿意的体现，更有可能是主力诱多出货的一种操盘手法的运用。下页图 13－25 为此股在这一突破缺口产生后的走势图。从图中可以看到，此股的短期上涨力度巨大，长期盘整后的向上突破缺口正是主力短期内做多个股意愿强烈的体现。

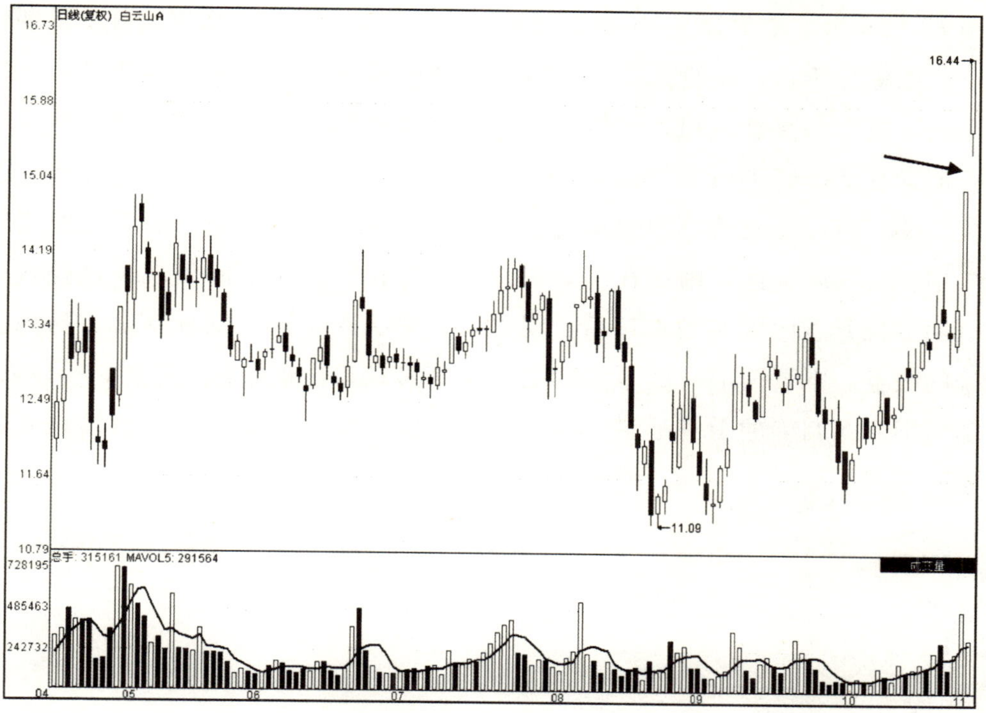

图 13－24　白云山 A 向上突破缺口示意图

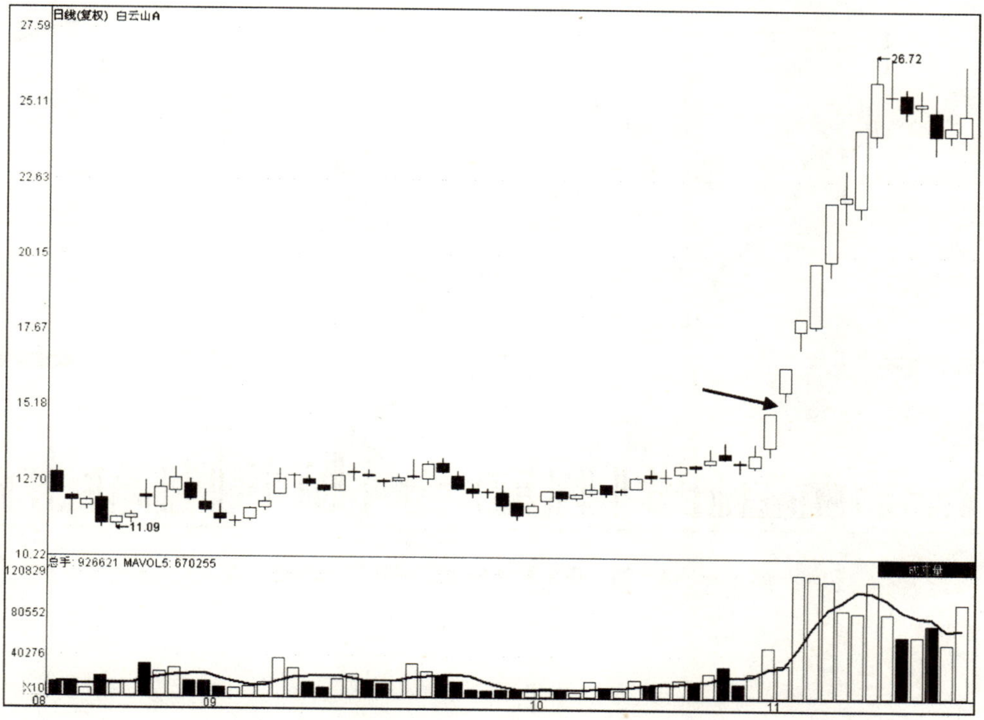

图 13－25　白云山 A 向上突破缺口出现后走势图

图 13-26 为中金黄金（600489）2008 年 7 月 25 日至 2009 年 2 月 4 日期间走势图。如图标注所示，此股在经历了较长时间低位区的盘整振荡走势之后，出现了一个向上跳空的突破缺口，使得此股一举突破前期的低位盘整走势。这说明多方已于前期在低位区进行大量的建仓买入操作，而现在正是多方建仓完毕，开始发动攻击的时机，突破缺口的出现将多方的拉升意图暴露无遗。由于此股当时仍然处于中长线的底部区，因而在实盘操作中，当我们发现个股出现了这种代表着多方有明显拉升意图的突破缺口后，就可以尽早买入布局，以分享多方随后拉升所带来的收益。下页图 13-27 为此股在向上突破缺口出现后的走势图，可以看到，此股随后即步入明确的上升通道之中，而这一突破缺口正是其上升行情展开的明确标志。

图 13-26 中金黄金向上突破缺口示意图

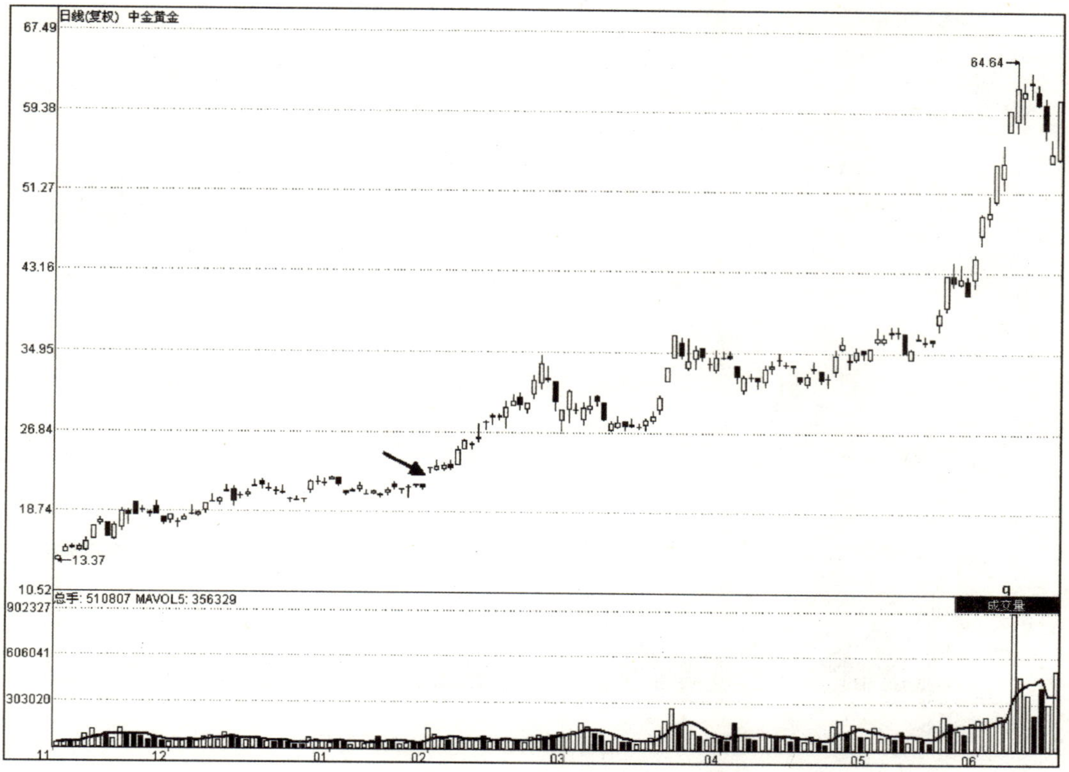

图 13－27　中金黄金向上突破缺口出现后走势图

二、向下突破缺口

向上突破缺口较多出现在相对低位区的盘整走势后，它预示新一轮上涨行情的开始；而向下突破缺口则较多出现在相对高位区的盘整走势后，它所预示的是新一轮下跌行情的开始。下页图 13－28 为浦发银行（600000）2007 年 5 月 21 日至 2008 年 2 月 22 日期间走势图。如图箭头标注所示，此股在高位区的长期振荡走势之后，出现了一个向下突破缺口，这一缺口的出现说明市场抛盘开始大量涌出，既是空方力量开始占据市场主导地位的体现，也预示了一轮下跌行情即将展开。在实盘操作中，这种高位区的向下突破缺口是指示我们逃顶的明确信号。下页图 13－29 为浦发银行在这一向下突破缺口出现后的走势图。从图中可以看到，此股在这一向下突破缺口出现之后，即步入快速下跌的通道之中。在此股随后的下跌走势中我们可以看到，在下跌途中的盘整走势后再度出现向下突破缺口，说明市场抛压仍极为加重，跌势远没有结束。

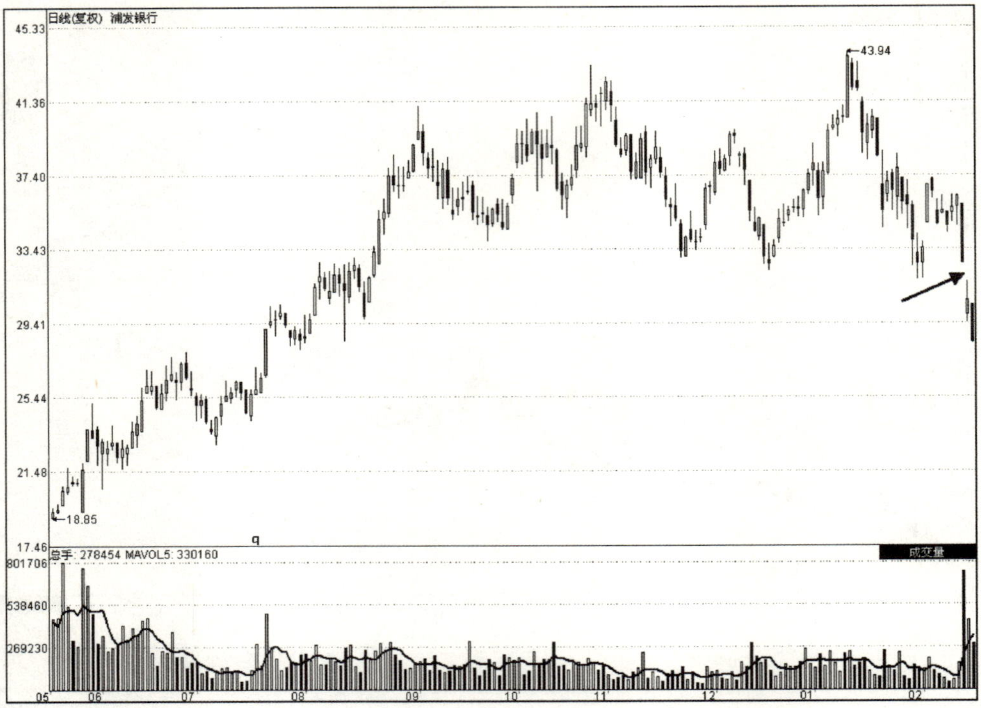

图 13－28　浦发银行向下突破缺口示意图

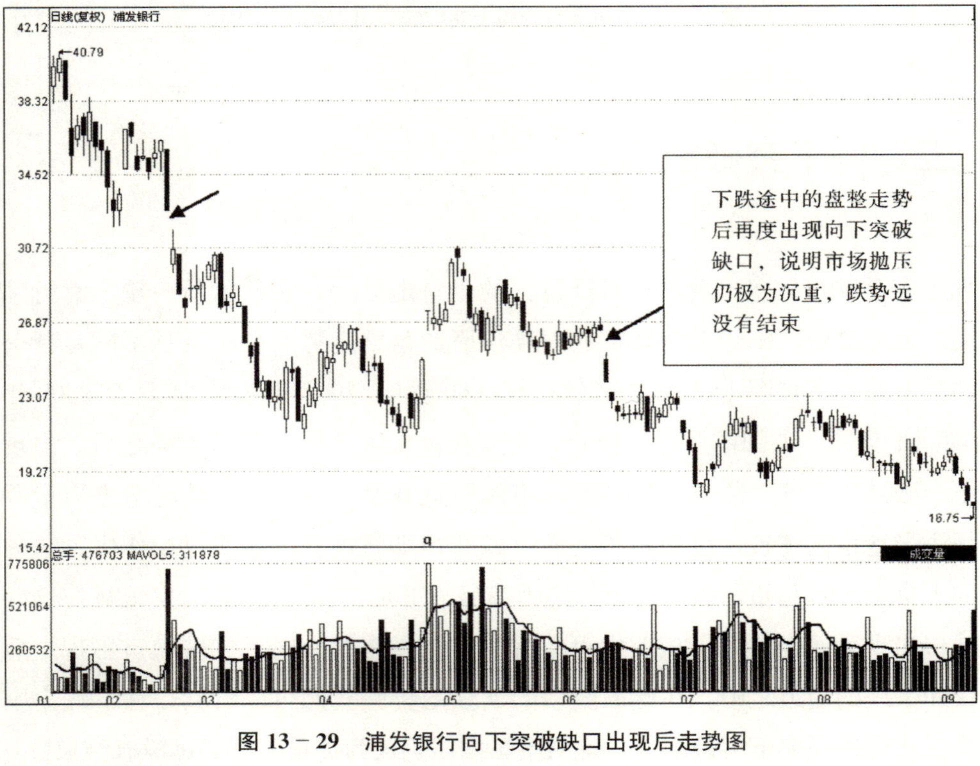

图 13－29　浦发银行向下突破缺口出现后走势图

图 13 - 30 为光大证券（601788）2010 年 1 月 15 日至 5 月 20 日期间走势图。如图标注所示，此股在长期的盘整走势后，出现了一个向下跳空的突破缺口，结合此股在前期的盘整走势中就出现了股价重心缓慢下移这种现象，我们可以认为这时的向下突破缺口是空方抛压加重、做空盘开始大量涌出的标志，也是其一波下跌走势即将展开的信号。

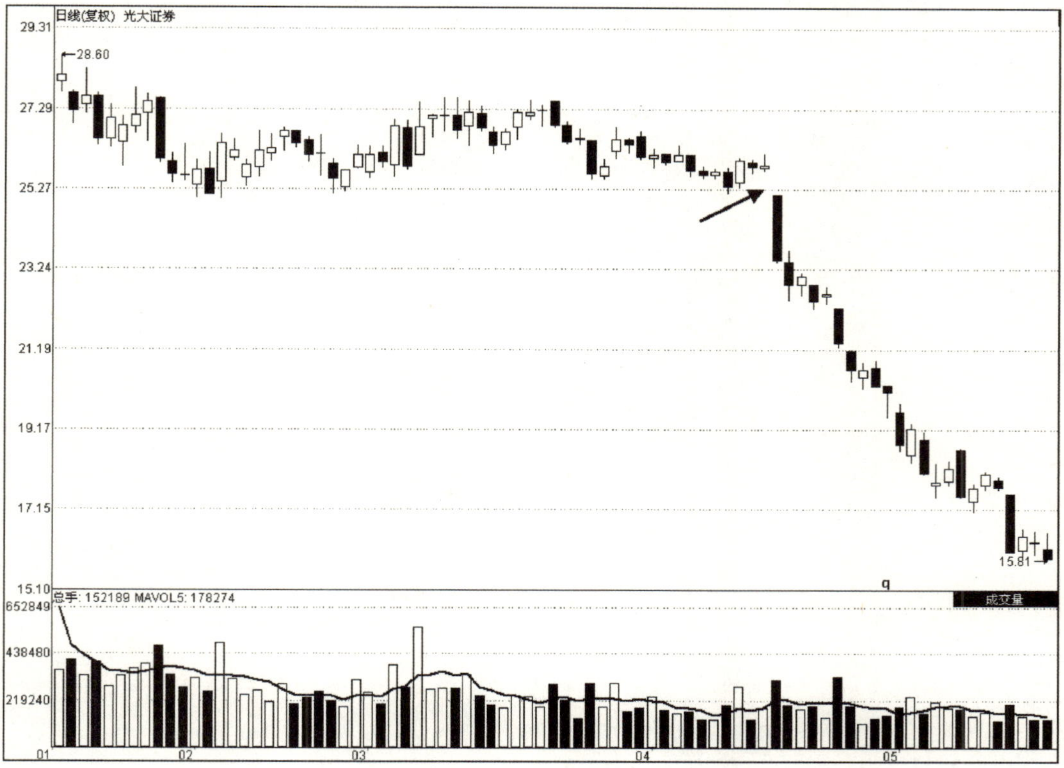

图 13 - 30　光大证券向下突破缺口示意图

第十四天 技术分析核心 2 ——量价结合分析方法

美国著名的投资专家格兰维尔曾经说过，“成交量是股票的元气，而股价是成交量的反映罢了；成交量的变化，是股价变化的前兆”。成交量，在股市的技术分析方法中扮演着极为重要的角色，应用量能的变化形态并结合同期的价格走势来进行分析预测，是技术分析方法的核心内容。在下面的学习中，笔者将向读者详细讲解如何利用量价配合关系来准确把握价格的走势。

第一节 多重视角看成交量

成交量绝非仅仅是市场交易量的体现，聪明的猎人可以从细微的踪迹中来寻找他所要捕捉的猎物；同样，经验丰富的投资者也一样可以从量能的变化形态中解读出深刻的市场含义。那么，透过成交量的形态、成交量的变化方式，我们可以了解到哪些内容呢？

一、成交量是多空双方交锋力度的体现

成交量最简单、最直接地体现出多空双方的交锋规模，如果把多空双方的交战比作一场战役的话，那成交量的大小就可以看作是多方或空方投入兵力的多少。小打小闹的战役与大规模的交战绝不是一回事，它们所包含的含义也是不尽相同的。

二、成交量是主力异动的体现

一只个股因主力资金的参与而更具潜力，但是主力资金不会把自己的控盘计划大白于天下，投资者只能通过盘面上的数据来分析主力行为、揣摩主力意图，此时，利用成交量来分析主力行为就是一种行之有效的方法。我们知道，一只个股在二级市场中的流通筹码是有限的，而主力的参与势必改变股票的原有供求关系，此时量能的放大与缩小就是主力行为的很好体现。例如：若主力开始介入这只个股，势必会首先想尽办法在低位区进行吸筹。主力在建仓时要买入大量的筹码，没有一定的

放量形态出现是难以满足主力的吸筹要求的，而随着主力持仓量开始增多，必将使个股的流通筹码开始趋于减少；此时，透过量能的放大与缩小的变化，我们就能很好地分析出主力的市场行为。

三、成交量是价格上涨的源头动力

价格走势仅仅是多空双方交锋结果的体现，推动股票价格持续上涨的内因自然是多方力量的不断增强，而多方力量的不断增强又体现为量能形态的不断放大。量价分析的实质就是动力与方向的分析，价格走势是方向，成交量则是动力。透过量能形态的放大情况，我们可以看到价格的上涨走势是否牢靠，价格的上涨走势是源于充足买盘资金推动所致，还是少量市场狂热盘推动所致。

第二节　上升行情中的量价齐升形态

在本节及随后几节中，笔者将重点介绍几种最为实用的量价配合关系，首先来看看价格上涨过程中的量价齐升形态。

量价齐升形态是指在平均线呈现多头排列形态的背景下，若价格和一波上涨走势同时引发的量能持续放大，即成交量随着价格的上涨而逐步放大，并且当价格创出了新高后，量能也随之创出新高，这种形态就是量价齐升形态。这一形态的出现说明是充足的买盘力量推动价格的持续上涨，是多方力量充足的表现，也是上升趋势并将延续的信号。若投资者手中持有的个股正处于上升通道，且在运行过程中呈现出这种量价齐升形态，就应积极地持股待涨，不宜中途盲目离场出局。

下页图 14 - 1 为上证指数 2006 年 8 月 9 日至 2007 年 5 月 28 日期间走势图。如图标注所示，随着股指的节节攀升，股市的成交量也节节攀升，呈现出量价齐升的形态。这说明市场做多动能充足，是趋势能够得以稳健运行下去的保证，也是我们持股待涨的信号。

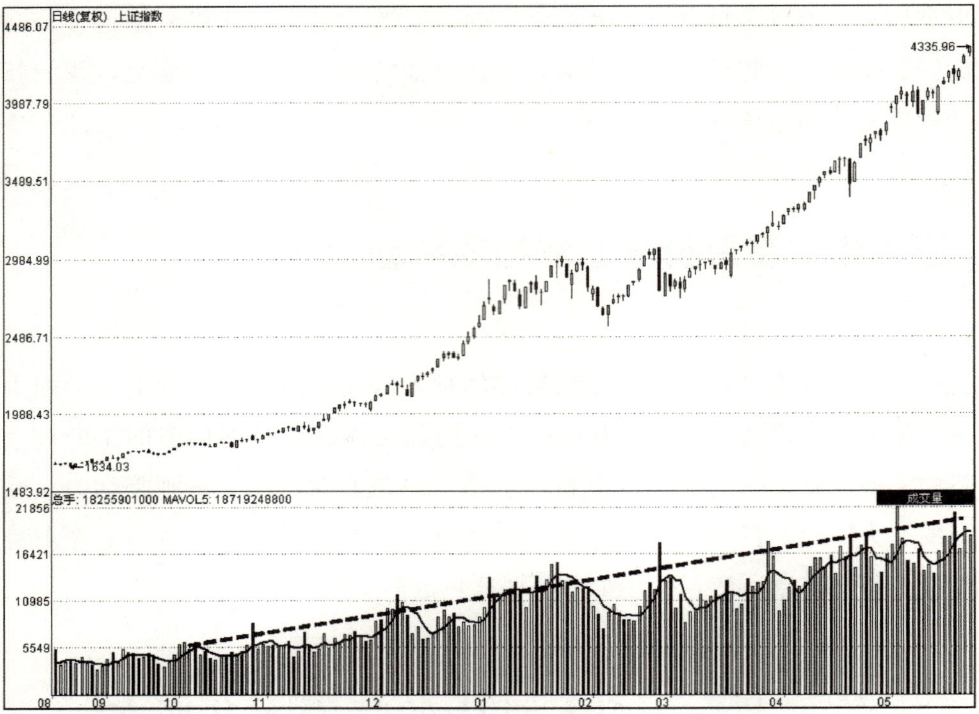

图 14－1　上证指数上升行情中的量价齐升形态示意图

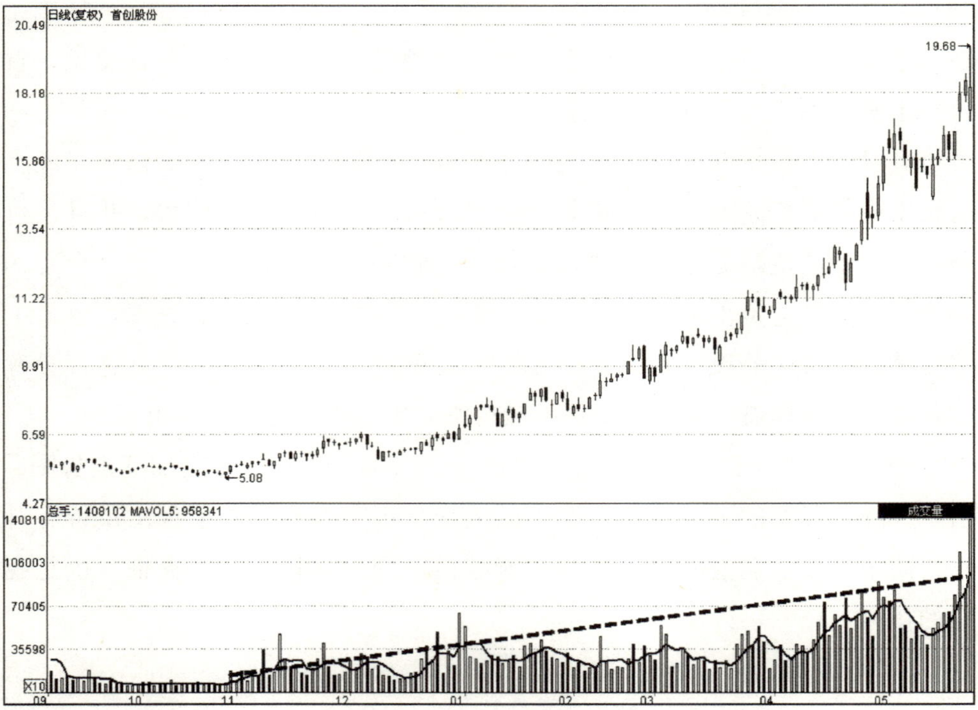

图 14－2　首创股份上升行情中的量价齐升形态示意图

上页图 14－2 为首创股份（600008）2006 年 9 月 7 日至 2007 年 5 月 30 日期间走势图。如图所示，该股在此期间处于上升趋势中，而与股价节节上涨相对应的就是该股的量能也在逐步放大。这种量价齐升的形态是该股得以长久持续上涨的根本原因之一，因为它传达了这样一种信息：该股买盘充足，做多力量源源不断。

第三节　上升行情中的量价背离形态

量价背离形态是指虽然股票价格走势再创新高，但是在这一波创新高的上涨走势中，其成交量却明显地小于前期主升浪时的量能，即价格的创新高并没有带出量能的创新高，量能反而出现了相对缩小（相对于前期上涨走势而言）。量价背离形态一般出现在股市或个股大幅上涨后之后的高位区，它体现市场做多动能严重不足，即将步入顶部阶段的预示，也是我们应择机离场的信号。

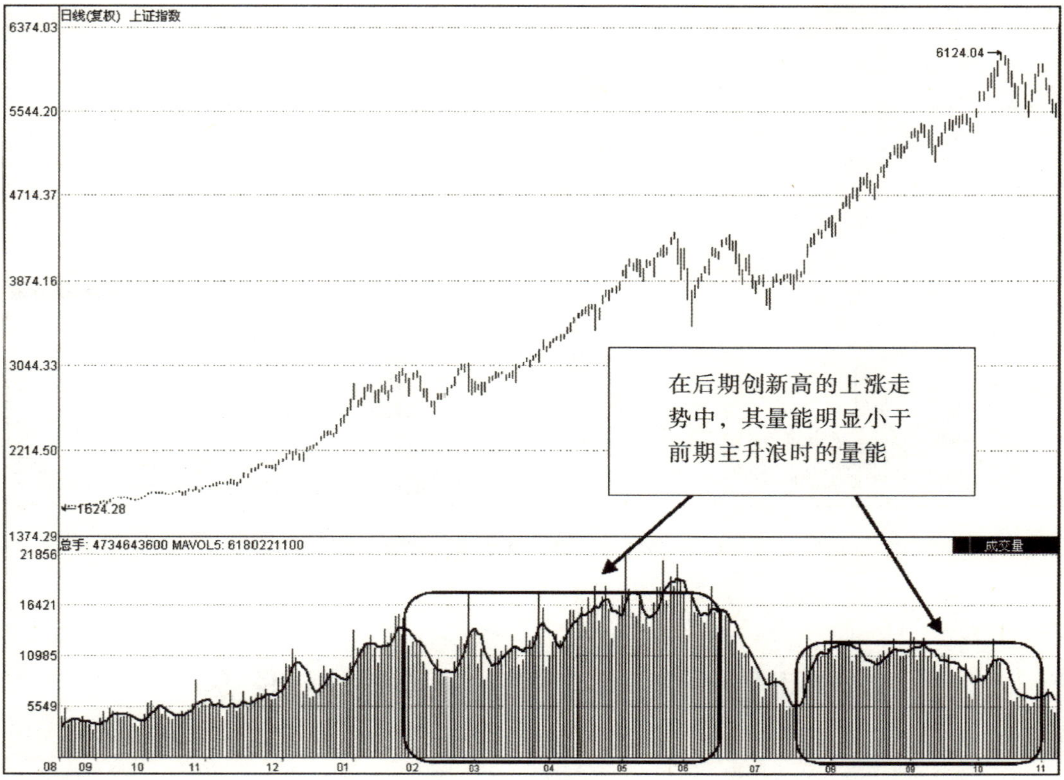

图 14－3　上证指数上升行情中量价背离形态示意图

上页图 14－3 为上证指数 2006 年 8 月至 2007 年 11 月期间走势图。如图标注所示，此股在后期上涨走势中虽然股指再创新高，但是这一波上涨时的量能却明显小于前期主升浪时的量能，这种量价背离形态预示着股价即将见顶，也是牛市即将结束的信号。

图 14－4 为大秦铁路（601006）2006 年 11 月 30 日至 2008 年 1 月 7 日期间走势图。如图标注所示，此股在后期的上涨走势中呈现出明显的量价背离形态，而其时个股又正逢持续上涨后的高位区，因而，这种形态可以说是市场买盘枯竭、走势即将见顶的信号，是我们在实盘操作中应择机离场的典型信号之一。

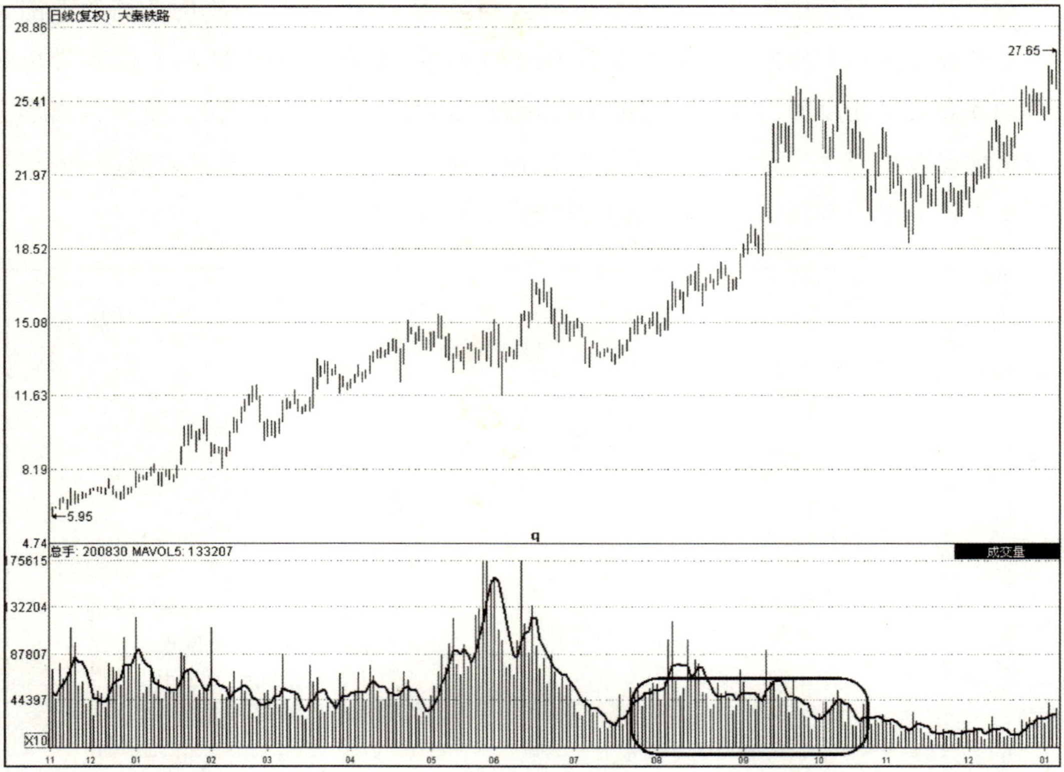

图 14－4　大秦铁路上升行情中量价背离形态示意图

第四节　下跌行情中的缩量形态

股票在上涨时由于面临着重重的获利抛压，因而涨时应放量；但是在下跌的时候却不是这样，下跌过程完全可以在缩量的情况下完成。下跌时，由于没有买盘入场，而且持股者在卖出时往往又是迟疑不决的，因而，少量的买盘就可以促使股价节节走低。这也是为什么在下跌趋势中，我们常常看到个股处于缩量状态的原因所在。

图 14－5 为世纪星源（000005）2007 年 2 月至 2008 年 11 月期间走势图。如图标注所示，通过对比我们可以看出，此股在下跌趋势中完全是处于一种相对缩量状态的。可以说，上涨时需要量能放大来支撑，因而此时的量能放大代表买盘充足；但是在下跌时却不需要量能放大，因为此时的缩量代表买盘无意入场，少量的卖盘在持续不断涌出的状态即可以实现个股的持续下跌，从而让个股真正步入下跌趋势中。这也是涨时轰轰烈烈，跌时默默无声的表现。

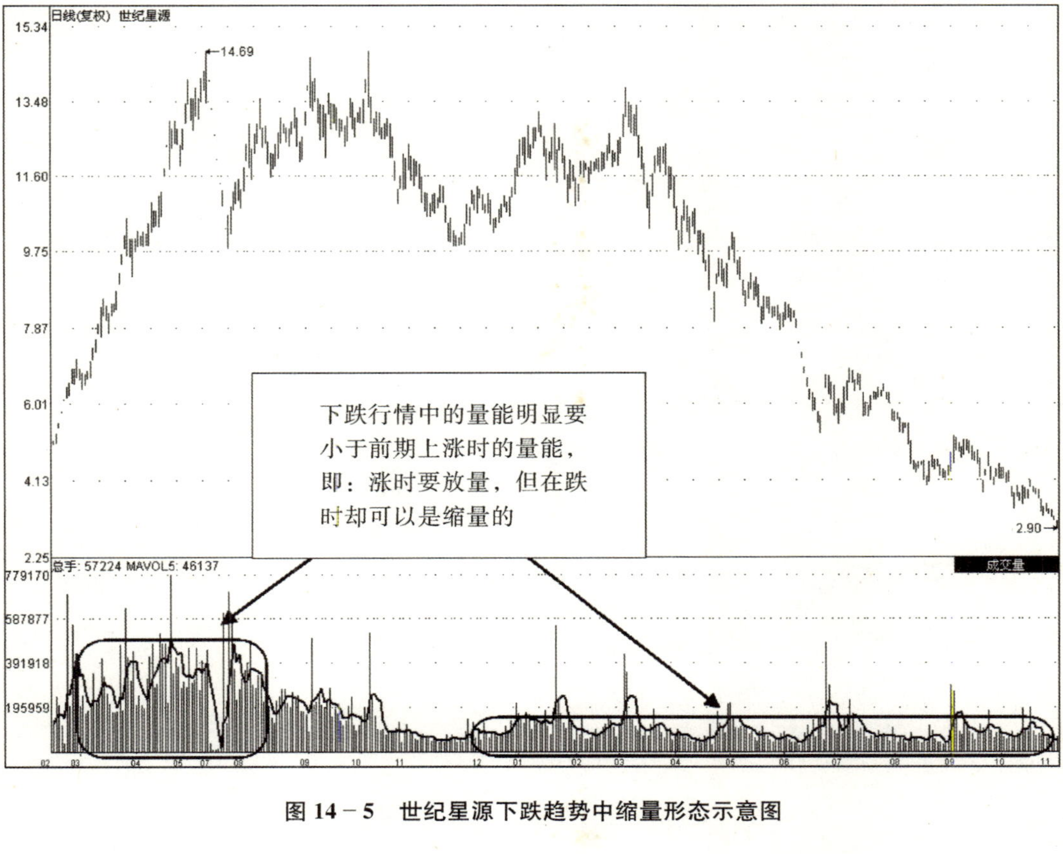

图 14－5　世纪星源下跌趋势中缩量形态示意图